中国绿色GDP绩效评估研究丛书

华中科技大学国家治理研究院
主编 欧阳康　副主编 赵泽林

中国绿色GDP绩效评估报告

（2017年全国卷）

欧阳康　赵泽林　熊治东

华中科技大学国家治理研究院
绿色GDP绩效评估研究课题组

中国社会科学出版社

图书在版编目（CIP）数据

中国绿色GDP绩效评估报告.2017年.全国卷/欧阳康，赵泽林，熊治东著.—北京：中国社会科学出版社，2019.1

（中国绿色GDP绩效评估研究丛书）

ISBN 978-7-5203-2246-1

Ⅰ.①中… Ⅱ.①欧…②赵…③熊… Ⅲ.①国内生产总值—国民经济核算—研究报告—中国—2016 Ⅳ.①F222.33

中国版本图书馆CIP数据核字（2018）第059451号

出 版 人	赵剑英
责任编辑	喻 苗
责任校对	韩天炜
责任印制	王 超

出　　版	中国社会科学出版社
社　　址	北京鼓楼西大街甲158号
邮　　编	100720
网　　址	http://www.csspw.cn
发 行 部	010-84083685
门 市 部	010-84029450
经　　销	新华书店及其他书店

印刷装订	北京君升印刷有限公司
版　　次	2019年1月第1版
印　　次	2019年1月第1次印刷

开　　本	880×1230 1/16
印　　张	15.75
插　　页	2
字　　数	249千字
定　　价	68.00元

凡购买中国社会科学出版社图书，如有质量问题请与本社营销中心联系调换
电话：010-84083683
版权所有　侵权必究

【课题组组长，首席专家】

欧阳康：教授、博士生导师　华中科技大学国家治理研究院院长，哲学研究所所长，《华中科技大学学报》（社会科学版）主编，国家大学生文化素质教育基地主任，"华中学者领军岗"教授，哲学系二级教授，博士生导师。华中科技大学原党委副书记，兼国务院学位委员会马克思主义学科评议组成员，国家社会科学基金评审专家，教育部社会科学委员会委员，教育部学风建设委员会副主任，教育部高校文化素质教育指导委员会秘书长，中共湖北省委决策支持顾问，湖北省政协委员，湖北省欧美同学会副会长，国际哲学家协会常务理事，亚太地区学生事务协会主席等。

主要从事哲学、人学、文化学、高等教育学等研究。主要著作有《社会认识论导论》《哲学研究方法论》《欧阳康自选集》《对话与反思：当代英美哲学、文化及其他》《大学·文化·人生》《马克思主义认识论研究》，由其主编的有《人文社会科学哲学》《当代英美哲学地图》《当代英美著名哲学家学术自述》《中国道路——思想前提、价值意蕴与方法论反思》等。在《中国社会科学》《哲学研究》等刊物发表中英文学术论文300余篇，10余次获国家、教育部和湖北省哲学社会科学优秀成果奖，主持10余项国家、省部级和国际合作科研项目，数十次出国出境从事学术交流与合作研究。

1992年起享受国务院特殊津贴，1996年被评为湖北省"有突出贡献的中青年专家"，1999年入选教育部"跨世纪优秀人才"，人事部"百千万人才工程"。主讲国家大学视频公开课《哲学导论》、国家精品课程资源课《人文社会科学哲学》，为国家教育部重大课题攻关项目"推进国家治理体系和治理能力现代化"首席专家。

电子邮件：kouyang@hust.edu.cn。

【研究团队】

赵泽林：博士后、副教授，执笔人 华中科技大学哲学系、国家治理研究院博士后、副教授、硕士生导师，哲学博士。现主要从事绿色发展与大数据决策支持、人工智能的马克思主义哲学问题研究。近年来，主持"基于大数据的国家治理及其政府决策支持系统研究"等各级各类科研项目5项，参与"推进国家治理体系和治理能力现代化若干重大理论问题研究"等各级各类科研项目4项，出版学术专著1部，参著3部，在《自然辩证法通讯》《自然辩证法研究》《科学技术哲学研究》《哲学动态》等期刊上发表学术论文30余篇，多篇论文被中国人民大学复印报刊资料《科学技术哲学》和党政机关网站转载。

熊治东：博士，执笔人 华中科技大学哲学系、国家治理研究院博士，主要从事马克思主义哲学、国家治理、生态文明与生态治理研究。

【致　谢】

对本课题研究提出宝贵建议的专家学者

王利民　中国社会科学杂志社常务副总编
柯锦华　国务院参事、中国社会科学杂志社哲学社会科学部主任
许宪春　清华大学教授、国家统计局原副局长
张坤民　原国家环境保护局第一副局长、清华大学教授
吴季松　瑞典皇家工程院外籍院士、中国循环经济研究中心主任
李隆兴　世界能源理事会中国国家委员会原副秘书长
李佐军　国务院发展研究中心资源与环境政策研究所副所长
於　方　国家环保部环境规划院研究员

参与本课题研讨的主要专家学者

杨　治　吴　毅　齐海滨　张建华　王国华　宋德勇　钟书华
周敬宣　王晓升　陈　刚　吴　畏　顾建明　杜志章　栗志刚
饶传平　吴兰丽　杨成林　曹志刚　楼宗元　张　豪　袁　蹊

本课题组已出版历次报告的作者

《中国绿色GDP绩效评估报告（2016年湖北卷）》，欧阳康、赵泽林、刘启航
《中国绿色GDP绩效评估报告（2017年湖北卷）》，欧阳康、赵泽林、熊治东
《中国绿色GDP绩效评估报告（2017年全国卷）》，欧阳康、赵泽林、熊治东

定光莉、姜权权、石敬琳、孟雪刚、刘东琪、吴凡、吴修贤、赵小月等同学曾参与2008年至2014年各年度湖北省的数据采集。

【特别鸣谢】

中华人民共和国环境保护部

中华人民共和国教育部社科司

中国社会科学出版社

《中国社会科学》编辑部

中华人民共和国国家发展和改革委员会社会发展研究所

中华人民共和国国务院发展研究中心资源与环境政策研究所

中国共产党湖北省委员会

湖北省人民政府

湖北省统计局

湖北省环境保护厅

华中科技大学

感谢研究团队的积极参与和通力合作！

本书研究还参阅了国内外相关领域多种语言的文献，篇幅有限，在此未能一一列出，特此向相关作者一并致谢！

总　序

　　为了更好地推进中国的生态文明建设和绿色发展，华中科技大学国家治理研究院"绿色 GDP 绩效评估研究"课题组研究并发布了《中国绿色 GDP 绩效评估报告》，并策划出版了本系列丛书。

　　自然是人类生存发展的基础，人与自然是生命共同体，保护生态环境就是保护人类赖以生存发展的自然基础和生态家园。党和国家历来重视社会主义建设中的生态环境保护。新中国成立之初，当时的林垦部就出台了《保护森林暂行条例（草案）》等文件，指导全国各地的生产建设。20 世纪 70 年代，我国成立了新中国成立以来的第一个生态环境保护机构，即"三废"利用领导小组，积极引导社会主义生产建设节约资源，保护生态环境。改革开放以后，传统工业文明在给中国人民带来经济的高速增长时，也给中国的生态环境保护提出了新的课题。党的十八大以来，以习近平同志为核心的党中央，把绿色发展理念提升到治国理政、人类社会健康发展的新高度，提出了经济建设、政治建设、社会建设、文化建设和生态文明建设"五位一体"的总体布局，大力推进生态文明建设，促进绿色发展。尤其是习近平总书记关于"绿水青山就是金山银山"等形象而重要的论断从根本上校正并提升了人们对生态文明和绿色发展的认识，指引着中国经济社会发展的健康方向，为人类社会的永续发展贡献了中国智慧。

　　正是有感于生态文明所具有的特殊意义，近年来我先后应邀参加了一些相关学术会议，并发表了一些专题论文，例如，《生态哲学研究的若干辩证关系》（《人民日报》2014年7月18日）、《生态悖论与生态治理的价值取向》（《天津社会科学》2014年第6期）。而将生态文明的理论探讨引向绿色GDP绩效评估则是担任华中科技大学国家治理研究院院长之后的事情。在我们对国家治理研究院的研究版图的设计中，一方面是全球治理、国家治理、省级治理、县域治理和乡镇治理这样的多层次研究，另一方面则是政治治理、经济治理、社会治理、文化治理和生态治理等多领域研究，还有政府治理、市场治理和企业治理等不同方面的研究。为了更好地探讨生态治理的指标体系和实施途径，2014年6月起国家治理研究院建立了"绿色GDP绩效评估研究"课题组，由我担任课题组组长和首席专家，正在哲学系从事博士后研究的赵泽林博士、博士生刘启航和熊治东作为课题组核心成员参加工作，发挥了非常重要的作用。院内外一些专家学者和师生参与了课题组研究与讨论。课题组经过艰难探索，力图在追求经济高速增长和保护生态环境的双重价值指引之下，以科学数据为支撑，以"绿色GDP绩效评估"作为新的经济社会发展指挥棒，推进国家治理体系和治理能力的现代化，积极探索切实可行的绿色发展模式。这既是华中科技大学国家治理研究院开展"绿色GDP绩效评估研究"的初衷，也是该课题组决定持续推出"中国绿色GDP绩效评估研究丛书"的基本动因。与此同时，国内外许多同行专家学者也给我们发来了合作研究的邀请，索要相关研究成果，并希望我们及时出版此丛书，共同来继承和发展绿色GDP的已有研究，积极推动中国乃至全人类的绿色发展，遂将正式出版本系列丛书，已向相关人员及时报告我们的最新研究进展。

　　"绿色GDP"并非新鲜事物。它是国际社会近一个世纪以来共同努力的结晶。早在20世纪初，一些经济学家就开始探索如何从税收、产权制度设计层面解决经济增长中的生态环境问题。经过近半个世纪的探索，各国学者和政府最终都从不同路径论证了单一的GDP评价体系存在多种局限，修正GDP指标逐渐成为共识。20世纪90年代，联合国在综合各国理论与实践的基础上，修正了以传统GDP为核心指标的国民经济核算体系（System of National Accounts，

SNA)，提出了"综合环境与经济核算体系"（System of Integrated Environmental and Economic Accounting，SEEA）。自此之后，世界各国纷纷开展了相关理论与实践探索。21世纪以来，中国学界也陆续在政府的指导下，开展了多项关于"绿色GDP"的研究，形成了《中国环境经济核算体系框架》等成果。遗憾的是，中国的绿色GDP研究却因为各种历史原因，一度沉寂下来。不过，世界各国各地区对绿色GDP的理论与实践探索者也都认识到，绿色GDP不是"要不要做"的问题，而是"如何做"的问题。

华中科技大学国家治理研究院"绿色GDP绩效评估研究"课题组，提出的绿色GDP绩效评估，就是以管理学、政治学、生态学、统计学等多学科方法，对某一地区的绿色GDP进行绩效测算与评估。这种绿色GDP评估既使多年来人们关注的绿色GDP核算的基本思想得到了传承，又在对绩效的关注上从更加宏观的视野中有所拓展和超越。绿色GDP绩效评估就是要构建科学的理论模型，选取合适的算法，对不同地区的不同状况做出有效区分与精准"刻画"。其目的在于有效区分，并尽可能准确反映某一地区"绿色GDP"的基本情况。该课题组所提出的绿色GDP绩效评估，不仅关注了评估对象的GDP总量，还关注了人均GDP、绿色GDP、人均绿色GDP，并在此基础上测算出绿色发展绩效指数。因此，这种绿色GDP绩效评估不仅具全面性和科学性，也更具直观性和可行性，也更能体现"绿色发展"中"绿色"与"发展"的双重内涵。

2016年5月，经过艰辛努力，华中科技大学国家治理研究院绿色GDP绩效评估研究课题组在"第三届国家治理体系和治理能力建设高峰论坛"上，发布了《中国绿色GDP绩效评估报告（2016年湖北卷）》，成为国内首个由高校智库公开发布的地方性绿色GDP绩效评估报告，引起专家学者的广泛关注。

2017年3月，华中科技大学国家治理研究院与《中国社会科学》编辑部在北京联合举办了绿色GDP绩效评估专家咨询会，来自国务院发展研究中心、《中国社会科学》杂志社、环保部环境规划研究院、北京航空航天大学等单位的专家学者，对课题组的研究表示了充分肯定，并对进一步做好绿色GDP绩效评估项目提出了指导性意见或建议。

2017年6月23日,华中科技大学国家治理研究院与《中国社会科学》编辑部在北京联合发布了《中国绿色GDP绩效评估报告(2017年湖北卷)》,再次引起人民网、光明网、环保部等社会各界的广泛关注。

2017年10月11日,在中国共产党第十九次全国代表大会召开的前夕,华中科技大学国家治理研究院与中国社会科学出版社、《中国社会科学》编辑部联合发布了《中国绿色GDP绩效评估报告(2017年全国卷)》,这是国内首个由高校智库公开发布的全国性绿色GDP绩效评估报告。

走绿色发展道路,是人类社会实现永续发展的必然之路。建设生态文明,是中华民族的千年大计。时代在发展,实践在发展,但我们对人与自然和谐共生共长的价值追求不会改变,我们对相关问题的持续性探索与研究,也将在实践中更加深入。中国共产党的第十九次全国代表大会提出,从2020年到2035年,中国的"生态环境根本好转,美丽中国目标基本实现"。"从2035年到本世纪中叶,在基本实现现代化的基础上,再奋斗十五年,把我国建成富强民主文明和谐美丽的社会主义现代化强国。""为人民创造良好生产生活环境,为全球生态安全作出贡献",这是中国共产党人科学把握时代脉搏,积极回应人民心声做出的庄严承诺。建设美丽中国,既是中国共产党人的历史使命,也是每一位中国人的责任担当。在此,我要特别感谢课题组成员的精诚团结和无私奉献!特别感谢各方面的大力关心和支持帮助!我们也期待有更多的来自社会各界的朋友们,与我们一道为了绿水青山,为了人与自然的和谐共生共长,为了人类社会快速走上积极健康的绿色发展道路而共同努力!

欧阳康

华中科技大学国家治理研究院院长

"绿色GDP绩效评估研究"课题组组长

2018年1月28日

内容摘要

《中国绿色 GDP 绩效评估报告（2017 年全国卷）》是华中科技大学国家治理研究院绿色 GDP 绩效评估课题组，继发布地方性绿色 GDP 绩效评估报告《中国绿色 GDP 绩效评估报告（2016 年湖北卷）》和《中国绿色 GDP 绩效评估报告（2017 年湖北卷）》之后，再次由高校发布的首个全国性绿色 GDP 绩效评估报告。《中国绿色 GDP 绩效评估报告（2017 年全国卷）》发布后，人民网、新华网、光明网等数十家媒体对报告的内容及观点进行了报道。多名专家学者和媒体记者认为，《中国绿色 GDP 绩效评估报告（2017 年全国卷）》的发布，无论是对我国绿色发展转型，还是绿色生活方式和生产方式的构建，均具有重要的现实意义和重大的应用价值，其采用的评估体系与评估方法对在更大范围开展绿色发展绩效评估提供了可资借鉴的经验和可供推广的方案。

相比《中国绿色 GDP 绩效评估报告（2016 年湖北卷）》和《中国绿色 GDP 绩效评估报告（2017 年湖北卷）》，《中国绿色 GDP 绩效评估报告（2017 年全国卷）》具有如下三个突出特点：其一是报告的视野更加开阔，从全国内陆 31 个省市自治区的 GDP、人均 GDP、绿色 GDP、人均绿色 GDP、绿色发展指数五个维度来审视中国绿色发展的整体状况，是对地方性绿色 GDP 绩效评估报告的拓展和超越。其二是报告所采集的数据量更大，结论更加科学可靠。课题组采集了国家统计局、各省市自治区统计局、国家发展改革委员会、各省市自治区发展改革委员会等公开发布的 2014 年至 2015 年共计 620682 个有效数据，测算后的结果性数据为2356个，客观呈现了全国内陆31个省市自治区GDP、人均GDP、绿色GDP、人均绿色GDP、绿色发展指数的年度性平均增速等量化评估结果。其三是报告提供了更为丰富的决策支持信息。报告在结合测算出的GDP、人均GDP、绿色GDP、人均绿色GDP、绿色发展指数等各种科学数据的基础之上，对全国内陆31个省市自治区各自的发展优势和发展短板进行了全方位考察，既有现实的考量，又有历史的视野，并从思想认识、组织领导、制度建设、运行机制、社会协同等方面对中国绿色发展提出了针对性建议。

根据测算，《中国绿色GDP绩效评估报告（2017年全国卷）》对全国内陆31个省市自治区的GDP、人均GDP、绿色GDP、人均绿色GDP、绿色发展指数进行了综合排名。报告指出，2015年全国内陆31个省市自治区的GDP排名依次为广东省、江苏省、山东省、浙江省、河南省、四川省、河北省、湖北省、湖南省、辽宁省、福建省、上海市、北京市、安徽省、陕西省、内蒙古自治区、广西壮族自治区、江西省、天津市、重庆市、黑龙江省、吉林省、云南省、山西省、贵州省、新疆维吾尔自治区、甘肃省、海南省、宁夏回族自治区、青海省、西藏自治区。2015年全国内陆31个省市自治区的人均GDP排名依次为天津市、北京市、上海市、江苏省、浙江省、内蒙古自治区、辽宁省、福建省、广东省、山东省、重庆市、吉林省、湖北省、陕西省、宁夏回族自治区、青海省、海南省、河北省、湖南省、黑龙江省、新疆维吾尔自治区、河南省、四川省、江西省、广西壮族自治区、山西省、西藏自治区、安徽省、贵州省、云南省、甘肃省。2015年全国内陆31个省市自治区的绿色GDP排名依次为广东省、江苏省、山东省、浙江省、河南省、湖北省、四川省、河北省、湖南省、福建省、辽宁省、上海市、北京市、安徽省、内蒙古自治区、陕西省、天津市、江西省、重庆市、广西壮族自治区、黑龙江省、吉林省、云南省、山西省、贵州省、新疆维吾尔自治区、甘肃省、海南省、宁夏回族自治区、青海省、西藏自治区。2015年全国内陆31个省市自治区的人均绿色GDP排名依次为天津市、北京市、上海市、江苏省、浙江省、广东省、福建省、内蒙古自治区、山东省、辽宁省、重庆市、湖北省、吉林省、陕西省、宁夏回族自治区、海南省、河北省、河南省、湖南省、青海省、江西省、四川省、黑龙江省、新疆维吾尔自治区、广西壮族自治区、山西省、西藏自治区、安徽省、贵州省、云南省、甘肃省。2015年全国内陆31个省市自治区的绿色发展绩效指数排名依次为浙江省、上海市、广东省、北京市、江苏省、重庆市、天津市、西藏自治区、福建省、山东省、湖北省、江西省、河南省、四川省、海南省、内蒙古自治区、河北省、云南省、吉林省、陕西省、贵州省、湖南省、广西壮族自治区、山西省、宁夏回族自治区、安徽省、甘肃省、辽宁省、青海省、黑龙江省、新疆维吾尔自治区。

根据评估结果，《中国绿色GDP绩效评估报告（2017年全国卷）》对全国内陆31个省市自治区的绿色发展现状、特点及其趋势进行了多维分析。报告认为：第一，全国内陆31个省市自治区的绿色发展绩效指数、绿色GDP、人均绿色GDP几项指标均有不同程度提升，绿色发展态势良好。在绿色发展绩效指数方面，浙江省、上海市、广东省、北京市、江苏省、重庆市、天津市、西藏自治区、福建省、山东省、湖北省、河南省均连续两年超出当年该评价指标的全国平均水平。在绿色GDP总量方面，广东省、江苏省、山东省、浙江省、河南省、河北省、四川省、湖北省、辽宁省、湖南省、福建省、上海市、北京市均连续两年超过当年该评价指标的全国平均水平。在人均绿色GDP方面，天津市、北京市、上海市、江苏省、浙江省、广东省、福建省、内蒙古自治区、山东省、辽宁省均连续两年超过该评价指标的全国平均水平。第二，部分省市自治区的绿色发展绩效指数、绿色GDP、人均绿色GDP三项指标，均开始超越该省市自治区的GDP、人均GDP传统评价指标，势头迅猛。整体来看，2015年全国内陆31个省市自治区的绿色GDP、人均绿色GDP的增幅均超过了当年GDP、人均GDP的增幅。其中，绿色GDP增幅超越GDP增幅排前三位的省份为宁夏回族自治区、云南省、新疆维吾尔自治区，人均绿色GDP增幅超过人均GDP增幅排名前三位的省份为宁夏回族自治区、新疆维吾尔自治区、陕西省。第三，极少部分省市自治区绿色发展转型正面临转型困境，其绿色GDP、人均绿色GDP增幅，明显低于其GDP、人均GDP增幅，依旧任重道远。广东省、天津市、西藏自治区、福建省、贵州省绿色GDP增幅均低于

GDP 增幅。贵州省、广东省、福建省、天津市的人均绿色 GDP 增幅均低于人均 GDP 增幅。这表明，相关省份的绿色转型发展方式尚未真正形成，正处于绿色转型发展的艰难起步阶段。

课题组认为，虽然 2015 年全国内陆 31 个省市自治区的绿色发展取得了一定的成就，但是仍然面临着诸多问题，需要进一步贯彻绿色发展理念，落实绿色发展战略。为此，《中国绿色 GDP 绩效评估报告（2017 年全国卷）》从五个方面提出了对策和建议。一是，在思想认识上，仍需要继续强化各地党政领导干部对"绿色发展"理念的思想认识，进一步解放思想，将党中央提出的绿色发展战略落到实处。二是，在组织领导上，建议成立"中央绿色发展与改革领导小组"，加强绿色发展的战略性顶层设计与全国性统筹协调，建立绿色发展的综合管理机制，实现全国绿色发展"一盘棋"。三是，在制度建设上，将绿色发展与全国各地领导干部的政绩考核挂钩，引入绿色 GDP 绩效评估机制，制定与各地相适应的"绿色发展绩效考核"细则，层层压实主体责任。四是，在运行机制上，根据推进全国绿色发展的现实需要，分清中央与地方责任担当，积极构建与绿色发展相适应的国家治理体系。五是，在社会协同上，建议尽快完善不同层级政府决策机构与智库之间的良性互动长效机制，充分利用专家智慧，强化智库政策研究与国家治理的有效协作，共同推进绿色发展。

《中国绿色 GDP 绩效评估报告（2017 年全国卷）》发布后，迅速引起了专家学者、媒体记者以及社会其他方面的高度关注。多名专家学者和媒体记者撰文指出该报告以五个指标客观呈现了全国内陆 31 个省市自治区的绿色发展情况，研究结论表明多个地方绿色发展大有可为，为全国各地实现绿色发展转型提供了科学支撑，是该领域的重要创新性成果之一，必将引领国家治理现代化的进程。专家们纷纷建议，在报告的基础之上，应继续强化绿色发展的相关理论和实践问题研究，使其成为引领中国绿色发展的标志性成果。发布会后，由《中国绿色 GDP 绩效评估报告（2017 年全国卷）》衍生而来的《推广绿色 GDP 绩效评估引领绿色发展方向》《绿色 GDP 绩效评估：用科学数据指引地方绿色发展》《绿色 GDP 绩效评估论要：缘起、路径与价值》《绿色 GDP 绩效评估指引地方治理的实证新探索》等多项成果陆续被中华人民共和国教育部、光明内参总编室等机构采用。华中科技大学国家治理研究院绿色 GDP 绩效评估课题组也将继续推进和深化绿色发展的理论与实践研究，尽可能地完善绿色 GDP 绩效评估指标体系，年度性地发布研究报告，助力人类绿色发展。

Indicative Abstract

The Report on the Performance Evaluation of China's Green GDP (2017, China) is the first national green GDP performance evaluation report published by the Institute of State Governance of Huazhong University of Science and Technology after the publication of Report on the Performance Evaluation of China's Green GDP (2016 Hubei Province) and Report on the Performance Evaluation of China's Green GDP (2017 Hubei Province). Contents and views are reported by Chinese Environmental News, Chinese Social Sciences Today, People's Daily Online, Xinhua News, Guangming Net. It is believed that the publication of the Report on the Performance Evaluation of China's Green GDP (2017, China) is of great significance and practical value for the construction of green development transformation and green life production. The evaluation system and method adopted provide promotable reference for carrying out green development performance evaluation.

Compared with Report on the Performance Evaluation of China's Green GDP (2016, Hubei Province) and Report on the Performance Evaluation of China's Green GDP (2017, Hubei Province), Report on the Performance Evaluation of China's Green GDP (2017, China) presents three major characteristics: First, the broader view of the report. The comprehensive green development in China is reviewed from five aspects including GDP of 31 provinces, municipalities and autonomous regions, per capita GDP, green GDP, per capita green GDP and green development performance index, which complements and transcends the evaluation report on the performance for local green GDP. Second, the data collected is of greater volume which provides more scientific and reliable conclusion. 620682 available data published by National Bureau of Statistics, Statistics Departments at different levels, National Development and Reform Commission and national development and reform commission at different levels from 2014 and 2015 are collected by the research group. The final amount of data is 2356 which presented the annual average growth rate and other quantitative evaluation results of GDP, per capita GDP, green GDP and per capita green GDP of 31 provinces, municipalities and autonomous regions of mainland China. Third, the report provides more sufficient information for decision-making. The report based on the GDP, per capita GDP, green GDP, per capita green GDP as well as green development performance index, etc carried out the comprehensive and all-dimensional review of strength and weakness towards 31 provinces, municipalities and autonomous regions of mainland China, with both reality and history taken into consideration. Targeted suggestions are put forward towards Chinese green development from ideological cognition, organization leadership, operational mechanism, social cohesion.

According to the calculation, comprehensive ranking of GDP, per capita GDP, green GDP, per capita green GDP as well as green development performance index, etc of 31 provinces, municipalities and autonomous regions of mainland China is presented in the Report on the Performance Evaluation of China's Green GDP (2017, China).

It is pointed out that the ranking of GDP in 31 provinces, municipalities and autonomous regions of mainland China is: Guangdong province, Jiangsu province, Zhejiang province, Henan province, Sichuan province, Hebei province, Hubei province, Hunan province, Liaoning province, Fujian province, Shanghai, Beijing, Anhui province, Shanxi proince, Inner Mongolia Autonomous Region, the Guangxi Zhuang

Autonomous Region, Jiangxi province, Tianjin, Chongqing, Heilongjiang province, Jilin province, Yunnan province, Shanxi province, Guizhou province, the Xinjiang Uygur Autonomous Region, Gansu province, Hainan province, the Ningxia Hui Autonomous Region, Qinghai province, the Xizang Autonomous Region.

The per capita GDP ranking in 31 provinces, municipalities and autonomous regions of mainland China in 2015 is: Tianjin, Beijing, Shanghai, Jiangsu province, Zhejiang province, Inner Mongolia Autonomous Region, Liaoning province, Fujian province, Guangdong province, Shandong province, Chongqing, Jilin province, Hubei province, Shanxi province, the Ningxia Hui Autonomous Region, Qinghai province, Hainan province, Hebei province, Hunan province, Heilongjiang province, Xinjiang Uygur Autonomous Region, Henan province, Sichuan province, Jiangxi province, the Guangxi Zhuang Autonomous Region, Shanxi province, Xizang Uygur autonomous region, Anhui province, Guizhou province, Yunan province, Gansu province.

The green GDP ranking in 31 provinces, municipalities and autonomous regions of mainland China in 2015 is Guangdong province, Jiangsu province, Shandong province, Zhejiang province, Henan province, Hubei province, Sichuan province, Hebei province, Hunan province, Fujian province, Liaoning province, Shanghai, Beijing, Anhui province, Inner Mongolia Autonomous Region, Shanxi province, Tianjin, Jiangxi province, Chongqing, Guangxi Zhuang Autonomous Region, Heilongjiang province, Jilin province, Yunan province, Shanxi province, Guizhou province, Xinjiang Uygur Autonomous Region, Gansu province, Hainan province, Ningxia Hui Autonomous Region.

The per capita green GDP ranking in 31 provinces, municipalities and autonomous regions of mainland China in 2015 is Tianjin, Beijing, Shanghai, Jiangsu province, Zhejiang province, Guangdong province, Fujian province, Inner Mongolia Autonomous Region, Shandong province, Liaoning province, Chongqing, Hubei province, Jilin province, Shanxi province, Ningxia Hui Autonomous Region, Hainan province, Hebei province, Henan province, Hunan province, Qinghai province, Jiangxi province, Sichuan province, Heilongjiang province, Xinjiang Uygur Autonomous Region, Guangxi Zhuang Autonomous Region, Shanxi province, Xizang Uygur autonomous region, Anhui province, Guizhou province, Yunnan province and Gansu province.

The green development performance index ranking in 31 provinces, municipalities and autonomous regions of mainland China in 2015 is Zhejiang province, Shanghai, Guangdong province, Beijing, Jiangsu province, Chongqing, Xizang Uygur autonomous region, Fujian province, Shandong province, Hubei province, Jiangxi province, Henan province, Sichuan province, Hainan province, Inner Mongolia Autonomous Region, Hebei province, Yunnan province, Jilin province, Shanxi province, Guizhou province, Hunan province, Guangxi Zhuang Autonomous Region, Shanxi province, Ningxia Hui Autonomous Region, Anhui province, Gansu province, Liaoning province, Qinghai province, Heilongjiang province, Xinjiang Uygur Autonomous Region.

According to the evaluation result, dimensional analysis towards status quo, characteristics, and trends of green development in 31 provinces, municipalities and autonomous regions of mainland China is presented. According to the report, first, there has been a great upgrade in several indicators including green development evaluation index, green GDP and per capita GDP and green development maintains a good momentum. From the perspective of green development index, the evaluation index of Zhejiang province, Shanghai, Guangdong province, Beijing, Jiangsu province, Chongqing, Tianjin, Xizang Uygur autonomous region, Fujian province, Shandong province, Hubei province, Henan province exceeds that of national average level two years in row. The aggregate green GDP of Guangdong province, Jiangsu province, Shandong province, Zhejiang province, Henan province, Hebei province, Sichuan province, Hubei province, Liaoning province, Hunan province, Fujian province, Shanghai, Beijing, Jiangsu province, Zhejiang province, Guangdong province,

Fujian province, Inner Mongolia Autonomous Region, Shandong province, Liaoning province exceeds that of national average level two years in row. Second, green development performance index, green GDP and GDP in some regions have surpassed the traditional evaluation index of GDP and per capita GDP of these regions. The first three provinces in which the increase amount of green GDP exceeds GDP are the Ningxia Hui autonomous region, Yunan province and the Xinjiang Uygur Autonomous Region. The first three provinces in which the increase amount of per capita green GDP exceeds the per capita GDP are Ningxia Hui autonomous region, Xinjiang Uygur Autonomous Region and Shanxi province. Third, only few provincial and municipal autonomous region are facing the dilemma of green development transformation. However, the increase range of its green GDP and per capita green GDP are far lower than that of GDP and per capita GDP. The increase range of green GDP in Guangdong province, Tianjin, Xizang Autonomous Region, Fujian province and Guizhou province is lower than that of GDP. Per capita green GDP in Guizhou province, Guangdong province, Fujian province and Tianjin is lower than that of per capita GDP. The model for the green transformation of related provinces has not been fully established and is still in the initial stage.

According to the research group, though achievements have been made in green development in 31 provinces, municipalities and autonomous regions in 2015, many problems still remain. The concept of green development should be carried through and strategies for green development should be put into real practice. Therefore, Report on the Performance Evaluation of China's Green GDP (2017, China) provides suggestions from five aspects. First, the perspective of ideological understanding, the concept of green development of political and party leader cadre at local level should be strengthened, minds be emancipated and strategies of green development put forward by central party should be implemented. Second, from the perspective of organizational leadership, it is suggested that the central leading group for green development and reform be established so as to reinforce the coordination between top-down design and national design for green development and an integrated management system for green development be established serving as a board of chess to realize the national green development. Third, from the perspective of system construction, achievement assessment of leaders at different levels should be linked to green development. Evaluation system of green GDP performance should be introduced and the main responsibility should be consolidated at different levels. Fourth, from the perspective of operational mechanism, according to the practical need of green development, a clear distinction between responsibilities of the central and local governments should be drawn and national governance system compatible to the green development should be built in an active manner. Fifth, from the perspective of social cohesion, a positive and long-term system between government decision-making bodies at different levels and think-tanks should be improved, the wisdom of experts should be fully utilized, effective corporation between policy research and national governance enhanced so as to promote the green development in a joint manner.

The publication of report on the performance evaluation of China's Green GDP in 2017 has attracted the great attention among scholars and reporters. Many experts and scholars have written that the report via five indicators presented the status quo of green development of 31 provincial and municipal autonomous regions of mainland China. According to the research conclusion, there is a huge potential for green development in different places and provide the scientific basis, which serves as one of the pioneering achievements in this regard. It is suggested that on the basis of the report, researched on the decision-making in green development should be enhanced so as to make this report the landmark in leading China's green development. After the press conference, achievements deriving from Report on Green GDP Performance Evaluation of China (2017, China) including Promote the green GDP performance evaluation, Lead the way to green development, Green GDP Performance Evaluation: lead the local green development via scientific data, Exposition of green GDP performance Evaluation: origin, approach and value, New Explorations of how green

GDP performance evaluation guiding the local governance are adopted by the Ministry of Education and the internal editor-in-chief of Guangming News agency. Green GDP Performance Evaluation Assessment Research Group of the Institute of State Governance of Huazhong University of Science and Technology will further promote the research on both theory and practice of green development and make the utmost effort to enhance the green GDP performance assessment research, launch several research reports and will continue to make the share of contribution to the green development of humankind and modernization of state governance.

目 录

一 用绿色 GDP 绩效评估指引绿色发展 …………………………（1）
  1. 实现绿色发展是时代赋予的历史使命 ……………………………（2）
  2. 对 GDP 的修正及绿色 GDP 绩效评估 ……………………………（5）
  3. 本书的研究进程 ……………………………………………………（9）

二 绿色 GDP 绩效评估的测算说明 ……………………………（13）
  1. 绿色 GDP 绩效评估的理论框架 …………………………………（14）
  2. 绿色 GDP 绩效评估的指标编制 …………………………………（17）
  3. 绿色 GDP 绩效评估的数据选取 …………………………………（22）

三 2015 年全国内陆 31 省市自治区绿色 GDP 绩效评估结果 ……………………………………………………………（24）
  1. 2015 年全国 31 个省市自治区绿色发展绩效综合排名 …………（26）
  2. 2015 年全国省市自治区 GDP 排名 ………………………………（31）
  3. 2015 年全国 31 个省市自治区人均 GDP 排名 …………………（35）
  4. 2015 年全国 31 个省市自治区绿色 GDP 排名 …………………（38）
  5. 2015 年全国 31 个省市自治区人均绿色 GDP 排名 ……………（41）
  6. 2015 年全国省市自治区绿色发展绩效指数排名 ………………（43）

四 全国内陆 31 省市自治区 2014—2015 年绿色发展
　　绩效分析 ……………………………………………………… (47)
　　1. 浙江省 ……………………………………………………… (47)
　　2. 上海市 ……………………………………………………… (50)
　　3. 广东省 ……………………………………………………… (54)
　　4. 北京市 ……………………………………………………… (57)
　　5. 江苏省 ……………………………………………………… (61)
　　6. 重庆市 ……………………………………………………… (64)
　　7. 天津市 ……………………………………………………… (67)
　　8. 西藏自治区 ………………………………………………… (71)
　　9. 福建省 ……………………………………………………… (74)
　　10. 山东省 ……………………………………………………… (78)
　　11. 湖北省 ……………………………………………………… (81)
　　12. 江西省 ……………………………………………………… (85)
　　13. 河南省 ……………………………………………………… (88)
　　14. 四川省 ……………………………………………………… (92)
　　15. 海南省 ……………………………………………………… (95)
　　16. 内蒙古自治区 ……………………………………………… (99)
　　17. 河北省 ……………………………………………………… (102)
　　18. 云南省 ……………………………………………………… (106)
　　19. 吉林省 ……………………………………………………… (109)
　　20. 陕西省 ……………………………………………………… (113)
　　21. 贵州省 ……………………………………………………… (116)
　　22. 湖南省 ……………………………………………………… (120)
　　23. 广西壮族自治区 …………………………………………… (123)
　　24. 山西省 ……………………………………………………… (127)
　　25. 宁夏回族自治区 …………………………………………… (130)
　　26. 安徽省 ……………………………………………………… (134)

27. 甘肃省 ……………………………………………………………（137）
28. 辽宁省 ……………………………………………………………（141）
29. 青海省 ……………………………………………………………（144）
30. 黑龙江省 …………………………………………………………（148）
31. 新疆维吾尔自治区 ………………………………………………（151）

五 基本结论与建议 ………………………………………………（156）

1. 2015年全国省市自治区绿色发展绩效评估的
基本结论 …………………………………………………………（156）
2. 继续推进我国绿色发展的主要建议 ……………………………（158）

附录一 本课题组近年刊发的主要相关成果 ……………………（164）

附录二 同行专家对《中国绿色GDP绩效评估报告（2016年
湖北卷）》的代表性评审意见 ……………………………（166）

附录三 各类媒体对本课题组相关成果的主要报道 ……………（169）

附录四 生态文明与绿色发展的理性探索 ………………………（175）

附录五 华中科技大学国家治理研究院简介 ……………………（205）

参考文献 …………………………………………………………（207）

Table of Contents

1. First Green development guided by the Green GDP Performance Evaluation ······ (1)

  1.1 Historical mission to realize the green development ············ (2)

  1.2 Revision of the GDP and Green GDP Performance Evaluation ········ (5)

  1.3 Research progress ·· (9)

2. Second Calculation instruction of the Green GDP Performance Evaluation ··· (13)

  2.1 Theoretical Framework of the Green GDP Performance Evaluation ·· (14)

  2.2 Index Compile of the Green GDP Performance Evaluation ·· (17)

  2.3 Data Selection of the Green GDP Performance Evaluation ·· (22)

3. Third Result of the Green GDP Performance Evaluation of national in different provinces, cities and regions of 2015 ·· (24)

  3.1 Comprehensive ranking of the Green Development in different provinces, cities and regions of 2015 ············ (26)

3.2　GDP ranking in different provinces, cities and regions of 2015 ··· (31)

3.3　Per capita GDP ranking in different provinces, cities and regions of 2015 ··· (35)

3.4　Green GDP ranking in different provinces, cities and regions of 2015 ··· (38)

3.5　Per capita Green GDP ranking in different provinces, cities and regions of 2015 ··· (41)

3.6　Green development performance index ranking of provinces in 2015 ··· (43)

4. Fourth Performance Analysis on green development from 2014 to 2015 ··· (47)

4.1　Zhejiang province ··· (47)

4.2　Shanghai ··· (50)

4.3　Guangdong Province ··· (54)

4.4　Beijing ··· (57)

4.5　Jiangsu Province ··· (61)

4.6　Chongqing ··· (64)

4.7　Tianjin ··· (67)

4.8　Xizang Autonomous Region ··· (71)

4.9　Fujian Province ··· (74)

4.10　Shandong Province ··· (78)

4.11　Hubei Province ··· (81)

4.12　Jiangxi Province ··· (85)

4.13　Henan Province ··· (88)

4.14　Sichuan Province ··· (92)

4.15　Hainan Province ··· (95)

4.16　Inner Mongolia Autonomous Region ··· (99)

4.17　Hebei Province ·· (102)

4.18　Yunan Province ··· (106)

4.19　Jilin Province ·· (109)

4.20　Shanxi Province ·· (113)

4.21　Guizhou Province ·· (116)

4.22　Hunan Province ·· (120)

4.23　Guangxi Zhuang Autonomous Region ··· (123)

4.24　Shanxi Province ·· (127)

4.25　Ningxia Hui Autonomous Region ·· (130)

4.26　Anhui Province ··· (134)

4.27　Gansu Province ·· (137)

4.28　Liaoning Province ··· (141)

4.29　Qinghai Province ·· (144)

4.30　Heilongjiang Province ·· (148)

4.31　Xinjiang Uygur Autonomous Region ·· (151)

5. Five Conclusion and Suggestions ·· (156)

5.1　Basic conclusion for the 2015 green performance evaluation in all provinces, municipalities and autonomous regions ·· (156)

5.2　Major suggestions for promoting China's green development ······················· (158)

Appendix I　Related Publication of research projects in recent years ················· (164)

Appendix II Representative review comments on Report on Green GDP Performance Evaluation of China (2016, Hubei Province) ·················· (166)

Appendix III Major Reports from the media on related achievements ·················· (169)

Appendix IV Rational exploration on ecological civilization and green development ·················· (175)

Appendix IV ·················· (205)

References ·················· (207)

一 用绿色GDP绩效评估指引绿色发展

习近平同志在中共中央政治局第四十一次集体学习时指出:"推动形成绿色发展方式和生活方式,是发展观的一场深刻革命。"党的十八大以来,以习近平同志为核心的党中央,深刻领会人类社会历史发展规律,科学把握中国特色社会主义建设的历史方位,把马克思主义生态思想与中国国情相结合,积极推进形成绿色发展方式。然而,"中国当前严峻的自然生态和环境问题,是长期历史发展的产物,是全社会普遍不重视资源节约和环境保护的结果"[①]。我国正处于经济社会发展的急剧转型期和换挡期,生态环境问题还较为突出,环境污染现象还未得到根本性的改变,环境破坏程度日益严重,在某些领域和某些地方还有愈演愈烈的趋势。在绿色发展方面,如何加速经济发展方式的转变,实现绿色发展的精准治理,就成为当前推进绿色发展的关键问题。

习近平总书记指出:"再也不能以国内生产总值增长率来论英雄了,一定要把生态环境放在经济社会发展评价体系的突出位置。如果生态环境指标很差,一个地方一个部门的表面成绩再好看也不行,不说一票否决,但这一票一定要占很大的权重。"2013年,习近平总书记在参加河北省委常委班子专题民主生活会时再次指出:"要给你们去掉紧箍咒,生产总值即便滑到第七、第八位了,但在绿色发展方面搞上去了,在治理大气污染、解决雾霾方面做出贡献

---

① 欧阳康:《生态悖论与生态治理的价值取向》,《天津社会科学》2014年第6期。

了，那就可以挂红花、当英雄。反过来，如果就是简单为了生产总值，但生态环境问题愈演愈烈，或者说面貌依旧，即便搞上去了，那也是另一种评价了。"习近平总书记的这些论述充分表明，当前我国各级领导干部必须切实树立正确的政绩观，真正转变发展理念，建立绿色发展绩效考核制度，下决心走绿色发展之路。

1. 实现绿色发展是时代赋予的历史使命

生态危机问题的出现及其对人类社会带来的巨大挑战，迫使人们不得不重新思考人与自然之间的关系问题。由此引发了关于生态文明建设的若干重大理论和实践问题的探讨。尽管在人类历史上，生态环境问题早已有之，但是其所产生的严重社会问题及其得到人类的普遍重视却是近代工业社会以来的事。在20世纪后半叶，生态危机问题不但没有随着人类社会的快速发展而消除，反而呈现出愈演愈烈的态势，并且逐渐从一个地区性和局部性问题演变为一个带有全球性的普遍问题。正如有西方学者描述的那样："1970年，环境危机震惊了世界；4年之后，在人们仍然为清理环境而斗争的时候，我们发现自己又陷入到未意料到的能源危机中了。这样，就如同在早期环境危机的年代一样，人们又一次陷入了困惑。"[①] 随着人类面临的各种各样困惑的不断积聚，人们不禁反思：人类社会应当走向何方？什么样的发展模式和发展道路才是实现人类持存的必然选择？

在近代工业社会中，受资本逻辑的影响和控制，社会生产的无限制扩张不计自然环境成本和代价，为人类社会的发展带来了较为充裕的物质基础，"资产阶级在它不到一百年的阶级统治中所创造的生产力，比过去一切世代创造的生产力还要多，还要大"[②]。但同时也给人类赖以生存的自然环境造成了极大

---

① [美] 巴里·康芒纳：《封闭的循环——自然、人和技术》，侯文蕙译，吉林人民出版社1997年版，第3页。
② 《马克思恩格斯选集》第1卷，人民出版社1995年版，第277页。

的伤害，严重阻碍了人类社会的可持续发展，使人类文明陷入到一种恶性的循环之中，直接威胁到了人类社会的生存。这不得不引起本课题组的高度重视。基于此，"建设生态文明已成为大多数人的共识"[1]。恩格斯也一再告诫："我们不要过分陶醉于我们人类对自然界的胜利。对于每一次这样的胜利，自然界都对我们进行报复。"[2]

早在2000年12月6日，我国就发布了《全国生态环境保护纲要》，该纲要对我国的环境问题进行了总体性的评价。2003年至2006年间，国家环保总局牵头联合多个部门在全国开展了声势浩大的整治企业违规违法排污的专项行动，加大环保执法力度。2005年12月，颁发了《国务院关于落实科学发展观 加强环境保护的决定》。2006年，国家环保总局和监察部发布了《环境保护违法违纪行为处分暂行规定》，为进一步推进环保执法奠定了制度基础。同年，国家发改委密集出台了多项政策，对高污染、高耗能等行业进行控制，从税收政策、财政政策等方面进行多维管控。在2008年进行的国务院机构改革中，将国家环保总局升级为环境保护部，成为国务院的直属部门。标志着我国对环境保护的重视提高到了一个前所未有的程度。

2010年4月，时任国家副主席的习近平同志出席博鳌亚洲论坛开幕式并发表演讲时鲜明地指出："绿色发展和可持续发展是当今世界的时代潮流。"党的十八大以来，以习近平总书记为核心的党中央将绿色发展提到了转变治国理念的新高度。党的十八届五中全会，习近平同志将绿色发展视为关系我国发展全局的一个重要理念，明确指出："坚持走生产发展、生活富裕、生态良好的文明发展道路。"并将其作为"十三五"乃至更长时期我国经济社会发展的一个基本理念加以落实。"生态文明概念的提出，意味着对人与自然关系的一种全新理解，这里需要一种全新的观念和方法，在新的思想和时代高度上探析生态与文明的时代性统一。"[3] 它标志着我国国家治理理念正在出现前所未有的

---

[1] 欧阳康：《生态哲学研究的若干辩证关系》，《人民日报》2014年7月18日第007版。
[2] 《马克思恩格斯选集》第4卷，人民出版社1995年版，第383页。
[3] 欧阳康：《回归与超越——我国生态文明建设的双重价值取向》，《生态文明与人的发展》2013年11月8日。

转型。正如西方媒体所评论的那样,如果说19世纪以来西方开启的工业文明,使人类社会财富急剧增长,那么21世纪的中国正在带领全世界走向生态文明。

2013年,国务院颁布了《国务院关于加快发展节能环保产业的意见》。习近平总书记强调:"绿色是永续发展的必要条件和人民对美好生活追求的重要体现。绿色发展,就是要解决好人与自然和谐共生问题。人类发展活动必须尊重自然、顺应自然、保护自然,否则就会遭到大自然的报复,这个规律谁也无法抗拒。人因自然而生,人与自然是一种共生关系,对自然的伤害最终会伤及人类自身。只有尊重自然规律,才能有效防止在开发利用自然上走弯路。"2015年1月19日至21日,习近平总书记在云南进行考察时指出:"要把生态环境放在更加突出的位置,像保护眼睛一样保护生态环境,像对待生命一样对待生态环境。"

2015年6月16日至18日,习近平总书记在贵州进行调研时又强调:"要正确处理发展和生态环境保护的关系,在生态文明建设体制机制改革方面先行先试,把提出的行动计划扎扎实实落实到行动上,实现发展和生态环境保护协同推进。"建设生态文明,实现绿色发展已成为时代发展的必然要求。在推进国家治理体系和治理能力现代化建设的过程中,探寻以绿色发展为核心理念的地方治理绩效评估方案不仅十分必要,而且极为紧迫。2016年11月24日,国务院印发了《"十三五"生态环境保护规划》。该规划强调:"'十三五'期间,生态环境保护面临重要的战略机遇。全面深化改革与全面依法治国深入推进,创新发展和绿色发展深入实施,生态文明建设体制机制逐步健全,为环境保护释放政策红利、法治红利和技术红利。经济转型升级、供给侧结构性改革加快化解重污染过剩产能、增加生态产品供给,污染物新增排放压力趋缓。公众生态环境保护意识日益增强,全社会保护生态环境的合力逐步形成。同时,我国工业化、城镇化、农业现代化的任务尚未完成,生态环境保护仍面临巨大压力。区域生态环境分化趋势显现,污染点状分布转向面上扩张,部分地区生态系统稳定性和服务功能下降,统筹协调保护难度大。我国积极应对全球气候变化,推进'一带一路'建设,国际社会尤其是发达国家要求我国承担更多环境责任，深度参与全球环境治理挑战大。"①

2. 对 GDP 的修正及绿色 GDP 绩效评估

有关绿色 GDP 的理论与实践探索，理论上是源自于对国内生产总值（Gross Domestic Product，GDP）这一评价指标体系的修正。GDP 产生于第二次世界大战之后，到 1953 年初步成型。它自面世以来，一直吸引着不同人群的目光和注意力。在现存以"发展"为目标的评价体系中，最引人关注的指标莫过于"GDP"。无论是何种肤色的人，无一不对 GDP 抱有前所未有的热情。即使是明确反对单独以 GDP 来评价经济增长、社会发展程度的著名经济学家萨缪尔森也不得不承认，"GDP 和国民收入账户的其他指标虽然看起来不可思议，但它们的确是 20 世纪的伟大发明之一"②。

GDP 自产生以来经过了两次较大的修改，逐渐形成了今天普遍用于各国的国民经济发展核算标准。"GDP 指标具有两个显著的特点。第一，是它的宏观性。GDP 对所有经济单位（包括住户）的生产活动成果进行核算，而创造这些生产成果的单位分别隶属于国民经济的不同行业，而不同的行业构成了国民经济的全体……第二，是它的可比性。要进行国际经济发展的比较，必须选用一些能够反映宏观经济水平的可比性指标。"③ GDP 以价值指标的形式实现了不同实物量之间的比较，能够直观地反映国民经济的发展概况。作为宏观经济领域中的最重要的指标之一，GDP 为宏观经济决策提供了重要的指标参考。然而，GDP 也存在着一些问题，它并不是万能的，不能最终掩盖 GDP 指引社会发展所存在的缺陷。

单纯用 GDP 指标来指引社会发展，"把 GDP 的增长作为经济增长、经济

---

① 国务院：《"十三五"生态环境保护规划》，2016 年 11 月 24 日。
② [美] 保罗·A. 萨缪尔森、威廉·D. 诺德豪斯：《经济学》，人民邮电出版社 2008 年版，第 424 页。
③ 张颖：《绿色 GDP 核算的理论与方法》，中国林业出版社 2004 年版，第 2 页。

福利增加、居民生活水平提高的主要标志,会引导人们自觉不自觉地去追求产值、攀比速度,而不顾资源的减耗、降级和环境恶化"[1]。因此仅以GDP为评价标准,不能客观地反映经济发展对资源环境造成的负面影响及经济增长的效率、效益和质量。"现行的国内生产总值(GDP)核算没有计量经济过程对环境资源的利用,其计算过程中所扣除的中间消耗仅限于以往生产过程中生产出的产品,不包括自然环境提供的物质和服务。资本形成体现经济产品直接形成的积累,并不考虑自然环境资源存量的减少。这样的GDP核算只反映了经济活动的正面效应,而没有反映其负面效应的影响,容易过高地估计经济规模和经济增长,给人一个不全面的社会经济图像,因此是不完整的、有缺陷的。特别是对依赖于矿产资源、土地资源、水资源和森林资源来获得重要收入的发展中国家和地区来说,这些缺陷尤为突出。"[2]

因此,用更为全面、准确的绿色GDP来代替传统的GDP评价指标,扣除经济发展过程中对资源的消耗、环境的损耗、生态的损耗等就成为必要。美国著名经济学家伯南克认为:"实际GDP与经济福利并不等价。它最多也只是衡量经济福利的一个重要指标,这在很大程度上是因为它只包括那些通过市场定价并出售的产品和服务。还有很多为经济福利做出贡献的因素没有在市场上定价和出售,因此在GDP计算过程中,这些因素大部分甚至完全被忽略了。"[3]这些因素其中就包括了GDP增长中的生态环境损耗。因此,一种考虑GDP增长中的资源、环境、生态损耗的新型核算、评价指标应运而生,这就是绿色GDP。20世纪中叶以来,环境危机严重威胁着人类的生存和发展,部分经济学家基于GDP带来的种种弊端和问题开始思考和探索在GDP核算过程中加入环境损害的因素,尝试将环境因素纳入国民经济核算的指标体系,以此为基础来衡量在促进经济发展过程中对环境的损害程度。这种做法逐渐得到了学者们的认可。

---

[1] 王树林等:《绿色GDP:国民经济核算体系改革大趋势》,东方出版社2001年版,第1页。
[2] 王克强、赵凯等主编:《资源与环境经济学》,复旦大学出版社2015年版,第78页。
[3] [美]罗伯特·弗兰克、本·伯南克:《宏观经济学原理》,清华大学出版社2010年版,第102—103页。

20世纪30年代，美国等资本主义国家的经济学家就已经开始探索这一问题。他们引入了"潜在帕累托改进"（Potential Pareto Improvement）概念，来探索经济发展中资源与环境损耗的价值补偿问题。此后，诺贝尔经济学奖获得者瓦西里·列昂惕夫（Wassily Leontief）等一大批关心可持续发展的经济学家和政策制定者，开始探索如何修正传统GDP。在经过超过半个世纪的探索后，联合国在其1992年的《System of Integrated Environmental and Economic Accounting》（简称SEEA）及1993年的《System of National Economic Accounts》（简称SNA）中提出了生态国内生产总值（EDP）后，挪威、加拿大、澳大利亚等国家和地区，以及世界银行等国际组织纷纷投入大量资源，开展绿色GDP的理论、实践探索。

"在20世纪60—70年代，欧美及日本等发达国家就针对GDP衡量经济增长的弊端，提出了'绿色GDP'核算的设想。1978年，挪威针对绿色GDP核算首先开展了资源、环境核算。在资源、环境核算中，重点核算矿物、生物、水力等流动性资源、环境资源和土地、空气污染以及氮、磷的水污染。此外挪威还对能源、鱼类、森林存量进行了核算，并建立了废气排放、污水排放（主要是人口和农业的污水排放）、废旧物品再生利用、环境费用支出等项目的详尽统计制度，为绿色GDP核算奠定了基础。"[①] 墨西哥于1990年率先扛起了绿色GDP核算的大旗。1993年，在联合国统计机构正式出版的《综合环境经济核算手册》中正式提出了"绿色GDP"概念。在此基础上，提出了涵盖绿色GDP核算体系在内的"综合环境经济核算体系"（SEEA）。从此正式将经济发展中对自然资源和环境的损耗纳入绿色GDP核算的指标体系，形成了绿色GDP核算理论及方法。

我国也是较早开展绿色GDP核算的国家。早在20世纪80年代就有学者开展了相关研究，取得了丰硕的成果。"1981年，全国环境经济学术研讨会在江苏镇江召开。会上有学者首次发表了关于计算污染损失的论文，论文内容涵盖两方面：一是介绍和探讨了关于污染造成经济损失的理论与方法；二是对一

[①] 张颖：《绿色GDP核算的理论与方法》，中国林业出版社2004年版，第5页。

个城市或一个企业环境污染造成的经济损失做了估算和实例分析。1984年,《公元2000年中国环境预测与对策研究》发表,文中首次对全国环境污染损失进行了估算。1988年,在福特基金会的资助下,国务院发展研究中心同美国世界资源研究所合作,展开了'自然资源核算及其纳入国民经济核算体系'的课题研究,正式尝试进行关于自然资源核算的研究。1992年,中国由原来计划经济下的国民经济核算体系转型为世界通行的SNA体系(在我国也称其为新国民经济核算体系),更加快了对其GDP指标的修正研究。1996—1999年,北京大学应用'投入产出表'的基本原理,开展了中国资源—经济—环境的综合核算,该研究侧重于对'中国综合经济与环境核算体系'的核算模式、理论与方法的探索。2001年,国家统计局试编了'全国自然资源实物量表',土地、矿产、森林、水资源四种自然资源被收纳其中。通过编表,基本搞清这四种资源的存量规模和结构状况。该表兼顾各种自然资源的不同特性,突出了宏观核算特点。"[1] 后续开展了"海洋资源实物量核算"及综合经济与资源环境核算等一系列的研究工作。2003年,在海南省开展了绿色GDP的试点研究。当前我国正面临着严峻而复杂的环境危机,开展绿色GDP研究,推进经济社会绿色发展可谓正当其时。

早在十年前,习近平总书记就指出:"我们已进入新的发展阶段……我们既要GDP,又要绿色GDP。"[2] 绿色GDP绩效评估就是要通过统计GDP增长中能源消耗、环境损耗、生态损耗,并对其进行相应的实物量到价值量的换算,扣减掉GDP增长中的能源消耗、环境损耗、生态损耗价值量,得出纯发展性的GDP增长净值。这种测算与评估将在提高自然资源的利用效率、资源与生态环境保护、树立和引导科学的政绩观发展观、促进社会的可持续发展、社会的和谐发展等方面孕育多重新的政策含义和制度创新空间。绿色GDP绩效评估对于完善我国经济社会评价体系,实现我国生态文明建设目标,全面建成小康社会具有十分特殊的重要意义。我们的研究就是基于以上原因及考量展开的。

---

[1] 夏翃:《我国绿色GDP核算研究与发展历程》,《特区经济》2006年第12期。
[2] 习近平:《之江新语》,浙江人民出版社2007年版,第45页。

3. 本书的研究进程

本书的研究经过了艰苦的探索。华中科技大学国家治理研究院在 2014 年 2 月成立后，立即开始思考如何从根本上助力国家治理现代化，与各级地方政府一道探索绿色发展的新模式。2014 年 4 月欧阳康院长协同潘垣院士等向中央提出《根治华北雾霾的技术方案与综合治理建议》获得习近平总书记、李克强总理和张高丽副总理等的重要批示。2014 年 6 月，欧阳康教授在华中科技大学国家治理研究院倡导以探索绿色 GDP 绩效评估为突破口助力绿色发展。2014 年 9 月，欧阳康教授在北京参加世界和平大会之后，决定带领博士生刘启航来探索绿色 GDP 绩效评估。根据项目进展需要，2014 年 11 月，欧阳康教授邀请华中科技大学公共管理学院的杨治副教授、华中科技大学国家治理研究院博士后赵泽林副教授参与到绿色 GDP 项目中来。这期间，根据杨治副教授的提议，本课题组开始引入数据包络算法（Data Envelopment Analysis，DEA）开展绿色 GDP 绩效评估。该算法能够较好地反映 GDP 投入产出效率，但因为其结果并不能全面反映某一地区绿色 GDP、GDP 等经济发展的实际情况，随后，课题组开始寻找新的办法来完善课题组的研究。

2015 年 2 月，欧阳康教授在参加由时任湖北省委书记李鸿忠主持的 2015 年湖北文化界新春座谈会上提出，"湖北在 2014 年交出了一份让全省人民非常满意的答卷：整体发展表现不凡，全国领先、中部第一，形成了强大的发展气场。关于新常态背景下的 2015 年的湖北，我认为，在各省市纷纷调低经济发展目标的时候，湖北要咬定青山不放松，坚定不移地加快发展。在保持快速增长的同时，要高度关注总 GDP、人均 GDP、绿色 GDP 这三个 GDP 的发展"[①]。该观点提出后，受到了包括时任省委书记李鸿忠在内的省委省政府领导的充分肯定。这进一步坚定了课题组对绿色 GDP 展开深入研究的信念。国家治理研

---

① 欧阳康：《在中部崛起中发挥更多思想引领作用》，《湖北日报》2015 年 2 月 11 日。

究院为此专门设置了绿色 GDP 绩效评估重点课题，提供经费支持，由欧阳康教授出任课题组组长。欧阳康教授召集赵泽林、刘启航多次讨论如何进一步落实绿色 GDP 项目的研究工作，并基本上确定了华中科技大学国家治理研究院绿色 GDP 绩效评估研究的核心成员，并落实了各自的分工。

2015 年 5 月，在华中科技大学国家治理研究院召开第二届国家治理体系和治理能力现代化高峰论坛期间，欧阳康教授带领赵泽林、刘启航与环保部原副部长、清华大学张坤民教授以及关心绿色 GDP 的其他与会专家一起，就绿色 GDP 的研究展开了非常深入的交流。在这次会议之后，欧阳康教授提出，一是根据需要补充课题组成员，进一步坚定该项目研究的决心；二是认真比较国内外现有绿色 GDP 的绩效评估方法，积极寻求更好的办法，完善课题组的研究。在经过近两个月的重新思考和补充阅读大量文献后，课题组提出了紧扣绿色 GDP 定义，先算绿色 GDP 绝对值，再算绿色 GDP 相对效率值的基本思路。随后，经过两个多月的绿色 GDP 绝对值算法攻关，课题组在 2015 年 9 月形成了绿色 GDP 矩阵算法的基本思想。该算法是在联合国、中国环境规划院等机构对绿色 GDP 探索的基础上对绿色 GDP 核算的再次修正。其算法充分考虑了经济增长中的能源消耗、环境损失和生态损耗，并考虑了自产性、输入性、二次损耗、环境污染的时效与扩散等问题后，列出了详尽的数据采集表。

2015 年 9 月，经过仔细论证，课题组决定首先在湖北收集必要的基础数据，开始湖北省绿色 GDP 绩效评估的试算。2015 年 11 月，欧阳康、赵泽林、刘启航形成了《关于在湖北开展绿色 GDP 绩效评估的建议案》。该建议案正式编入华中科技大学国家治理研究院主编的 2015 年第 5 期《国家治理参考》送达省委省政府参阅。2016 年 1 月，欧阳康教授向政协湖北省第十一届四次会议提交了《在湖北率先开展绿色 GDP 绩效评估的建议》提案，并在湖北省社会科学界联合会年会讨论时再次谈到了绿色 GDP 绩效评估的必要性和可行性。欧阳康教授认为，"之所以要进行绿色 GDP 评估，也是希望唤起各地方或各企业，在进行经济发展时，不能只注重发展，忽视了资源、环境等问题。绿色 GDP 的提出，也是为了更好利用资源，保护环境，这既是为课题组更好发展提供数据支撑，更是为子孙后代造福。课题组希望能够在今年年底在湖北完成绿色 GDP 评估考核办法。按照课题组设想，首先地方各级统计部门的统计口径要进行一些改变，既要统计 GDP 增长，也要统计消耗了多少资源和能源，包括影响环境的废水废气废物排放；各个产能部门申报自己成果的同时，也要申报资源能源和环境消耗情况；省里分管部门要协同监督，不仅是环保部门的事；发改委在制定发展目标时，也要对生态问题进行考核；干部在任前、任中甚至离任时，都要进行严格的生态审计与评估，把干部政绩与绿色 GDP 绩效评估问题联系起来。对全省各地的绿色 GDP 情况，要进行排名，用数据说话，各级政府必须将环境污染控制在一定范围内"[1]。该观点引起媒体广泛关注，欧阳康教授先后接受了湖北卫视、湖北电台和多家报纸采访报道，迅速引起了社会各界的积极响应。

在华中科技大学国家治理研究院办公室主任杜志章副教授的多次沟通下，课题组对原始数据的采集也获得了较大突破。湖北省统计局给予了课题组非常大的支持，使课题组能够非常全面地获取到 2008 年至 2015 年间湖北省各地市州能源消耗的大量数据。同时，湖北省环保厅也为课题组提供了 2014 年度和 2015 年度湖北省各地市州环境污染排放的各种数据。虽然，我国统计发展的现实决定了课题组并不能非常直接获取到课题组的理论框架所需要的全部数据。但是，已有数据使课题组可以一窥湖北省绿色 GDP 绩效的真面目，从而有相对成熟的现实条件对绿色 GDP 展开核算与绩效评估。

正是在各方面的大力支持下，课题组开始了湖北省绿色 GDP 的绩效评估。湖北省统计局给课题组的数据最大的好处是它精确到了规模以上的 42 个行业，涉及上百万个数据，数据量非常大。在这种情况下，课题组决定开发一个绿色发展的大数据科研处理平台，将课题组提出的矩阵核算理念用计算机程序来表达，把数据分为原始数据、中间数据和结果数据三个层次来处理。之所以开发这个平台，其主要原因是希望尽可能客观准确地核算每个地区的绿色 GDP，对各个地区的绿色 GDP 绩效尽可能做出客观准确评估，为此必须克服大量不同类型的数据所带来的各种可能的人为干扰。经过一个多月的系统设计和程序开

---

[1] 欧阳康：《用考核做实"绿色 GDP"》，《湖北日报》2016 年 2 月 1 日。

发，专门用于绿色发展研究的大数据处理平台终于诞生。随后，在经过近半个月的原始数据导入和数据校对后，终于取得了现在的运算结果。

2016年4月23日，中共湖北省委决策支持工作会议召开，欧阳康教授在大会发言中向时任省委书记李鸿忠同志和与会代表汇报了绿色GDP绩效评估课题研究进展，提出在湖北率先开展绿色GDP绩效评估，推进湖北治理现代化，引领湖北经济社会生态文化建设绿色而又快速发展。会后李鸿忠书记和省委常委傅德辉秘书长对此给予了充分肯定和大力支持。2016年5月，经过华中科技大学国家治理研究院专家组反复研究和讨论，课题组决定正式撰写《中国绿色GDP绩效评估报告（2016年湖北卷）》并对外发布研究结果，得到了社会各界的一致好评。

2017年3月，华中科技大学国家治理研究院与《中国社会科学》编辑部在北京联合举办了绿色GDP绩效评估专家咨询会，来自国务院发展研究中心、《中国社会科学》杂志社、环保部环境规划研究院、北京航空航天大学等单位的专家学者，对本书的研究表示了充分肯定，并对进一步做好绿色GDP绩效评估项目提出了指导性意见或建议。

2017年6月23日，华中科技大学国家治理研究院与《中国社会科学》编辑部在北京联合发布了《中国绿色GDP绩效评估报告（2017年湖北卷）》。该报告的发布受到了人民网、光明日报等媒体的广泛关注。

2017年10月11日，华中科技大学国家治理研究院与中国社会科学出版社在北京联合发布了《中国绿色GDP绩效评估报告（2017年湖北卷）》。该报告的发布受到了人民网、光明网、光明日报、人民日报、中国环境报等30余家媒体的广泛关注和持续报道。

二 绿色 GDP 绩效评估的测算说明

本课题组所涉及的"绿色 GDP 绩效评估",意图在经济学、统计学、生态学、管理学、政治学等多学科视野下,建构基于绿色 GDP 的发展绩效评估理论模型,客观描述评估对象的绿色发展现状。它的目标主要在于,通过绿色 GDP 绩效评估,实现对不同评估对象绿色发展现状的有效区分和科学比较,帮助政府找到绿色发展的政策着力点和指挥棒,鼓励先进,促进后进,有效推进不同地区的绿色发展,并通过比较分析和科学诊断,帮助评估对象寻找最适合自身实际的绿色发展模式,为政府决策提供理论参考和现实依据。绿色 GDP 绩效评估既不同于传统的绿色 GDP 核算,更不是要去替代"绿色 GDP 核算""绿色发展绩效指数"等相关研究,而是要探索绿色发展、绿色 GDP 研究的新思路、新范式,发展与推进绿色发展研究,并以这种研究为不同地区的绿色发展找到科学、可行的指导理论。

本课题组对绿色 GDP 展开测算和绩效评估的第一步就是汲取现有理论文献中的既有成果,在此基础上进行创新,结合我国统计口径,编制既有理论支撑,又能搜集到可靠的原始数据的指标体系和核算框架。然后,构建数据处理平台,利用大数据技术与方法,开展数据测算,并对其结果展开理论分析。为此,本课题组参照了国内外有关专家团队对绿色发展、绿色 GDP 的多种理论成果,在重新厘定绿色 GDP 内涵的基础上,重构了绿色 GDP 的核算框架和绩效评估模型,并据此开发了具有自身特色的绿色发展科研平台,最大限度保证了其结果的科学性和客观性。

1. 绿色 GDP 绩效评估的理论框架

绿色 GDP 并非新鲜事物。早在 20 世纪"70 年代初，经济学家曾主张以 MEW（经济福利尺度）、NEW（国民净福利）指标来代替传统的 GNP（国民生产总值）指标，从本质上对传统国民经济核算总量指标进行修正。然而，MEW 及 NEW 作为传统宏观核算指标的替代，在经济学中不是一个成熟的概念，在实践中并无规范，因而没有被广泛接受和推广。自'可持续发展'观念成为全球共识以来，人们关注的焦点从整体福利更加集中于环境资源问题上。世界银行在 80 年代初提出的'绿色核算'（Green Accounting），以及随后提出的'绿色 GNP/可持续收入'概念，迅速为人们所接受"①。1971 年，在美国麻省理工学院举行的"紧急环境问题研究"讨论会上，一些科学家就已经提出定量测算"从环境中扣除资源和产生废弃物污染环境"的方法。由此出现了"生态需求"（Ecological Requirements）这个术语。它是指从环境中开采资源的需求，以及各类废弃物返回环境的需求总和。许多学者都认为，"生态需求"概念是 1986 年布伦特兰报告的思想先锋，是可持续发展指标体系的先行者之一。但由于这个概念并没有对环境资源种类及其相应需求做出界定，估算指标识别能力较差，难以执行，因而并未在绿色 GDP 的绩效评估中获得广泛应用。但是，把污染等经济行为所产生的社会成本从 GDP 中扣除，这一基本思想得到了托宾（James Tobin）和诺德豪斯（William D. Nordhaus）等人的认可和继承。1973 年，日本政府提出将"净国民福利"（Net National Welfare，NNW）纳入国民经济核算中，其实质是在传统国民经济核算中直接扣除环境污染所致的经济损失。1989 年，卢佩托（Rober Repetoo）提出净国内生产指标（Net Domestic Product），重点考察了经济增长与自然资源损耗之间的关系。1990 年，世界银行资深经济学家戴利（Herman Daly）和科布（John

---

① 周镇宏：《绿色 GDP》，人民日报出版社 2002 年版，第 226 页。

B. Cobb)提出可持续经济福利指标(Index of Suatainable Economic Welfare),将社会因素导致的成本损失纳入经济核算体系之中。1995年9月,世界银行首次向全球公布了用"扩展的财富"作为衡量全球或区域发展的新指标,从而使"财富"概念超越了传统概念所赋予的内涵。1996年,Wackemagel等人提出了"生态足迹"(Ecological Footprint)度量指标,主要用于计算在一定的人口和经济规模条件下,维持资源消费和废弃物吸收所必需的生产土地面积。1997年,Constanza和Iubchenco等人首次系统地设计了"生态服务指标体系"(ESI),测算了全球自然环境为人类所提供服务的价值。[1] 自此之后,实际上许多国家都开始建立适合本国的不同的绿色GDP核算体系,探索绿色GDP的核算方法,以便能够正确估算绿色GDP。

2004年,中央人口资源环境工作座谈会指出,要研究绿色国民经济核算方法,探索将发展过程中的资源消耗、环境损失和环境效益纳入经济发展水平的评价体系,建立和维护人与自然相对平衡的关系。同年3月,我国国家环保总局和国家统计局联合启动"综合环境与经济核算(绿色GDP)研究"项目,可看作我国正式启动绿色GDP的理论与实践探索。6月底,国家环保总局和国家统计局联合举办了建立中国绿色国民经济核算体系国际研讨会,明确提出建立我国绿色GDP核算体系框架。当时的"绿色国民核算体系框架研究"工作技术组形成了《中国环境经济核算体系框架》《中国环境经济核算技术指南》《中国环境经济核算软件系统》等成果,并于2005年开始在10余个省市开始绿色GDP试点工作。与此同时,国家统计局等机构也与加拿大、挪威等国家合作,开展森林资源、水资源等核算工作。2006年国家环保总局和国家统计局发布了《中国绿色GDP核算报告》。随后,我国绿色GDP理论与实践探索一度陷入低潮。但中国环境规划院等研究机构和世界上其他国家、地区的相关机构,不仅没有放弃对绿色GDP的理论与实践探索,而且在逐步深化绿色GDP的研究,并取得了一些新的重要进展。

从GDP到绿色GDP,在经过中西方学界近百年的探索之后,虽然仍未提出十分完备的绿色GDP核算与评价理论,但却在绿色GDP的科学内含、核算、评价原

---

[1] 张颖:《绿色GDP核算的理论与方法》,中国林业出版社2004年版,第9—10页。

理这些基础认识上达成了共识。所谓绿色GDP，即是从现行的GDP中扣除掉自然资源耗减以及环境污染损失之后的剩余国内生产总值。绿色GDP弥补了原有GDP核算模式忽视资源与环境损耗的不足，是对经济增长和社会发展更为全面的核算与评价。在大多数情况下，绿色GDP被认为是环境与经济综合核算的一种俗称，其核心是在GDP中扣减掉资源耗减和环境退化这两种生态损耗。（Environmentally Adjusted Domestic Product）简称EDP与现行GDP的关系可用如下方式表示：

$$EDP = GDP - Usenp$$

即，EDP = 国内生产总值 – 环境资源损耗

在这个基础算法中，资源耗减和环境退化这些表述都难以计量，且比较笼统。有学者则提出了另一种具有典型代表意义的绿色GDP（GGDP）算法：

$$GGDP = GDP - （自然的虚拟部分 + 人文的虚拟部分）$$

其中，自然的虚拟部分包括：环境污染导致环境质量降低造成的损失，自然资源退化与社会经济发展匹配不均衡造成的损失，生态系统质量持续性退化和生态系统功能部分或全部丧失所造成的损失，自然灾害造成的损失（灾害成本），资源稀缺引发的成本上升；物质和能量的不合理利用造成的损失，环境系统、资源系统、生态系统的修复成本。人文虚拟部分包括：疾病和公共卫生条件恶化所造成的损失、失业造成的损失、犯罪所造成的损失、教育水平低下和文盲人口增加所造成的损失、人口数量失控所造成的损失、管理与决策失误所造成的损失等。这似乎确实是一种非常完善的绿色GDP算法。然而，在实际测算中，这种绿色GDP又无所不包，从而无法得到真正实践，最终将绿色GDP陷于海市蜃楼之窠臼。

为此，在课题组的研究中，课题组试图基于已有学者的研究中对绿色GDP的界定之核心共识，重新厘定绿色GDP。一方面，课题组对GDP增长中的资源损耗和环境损耗做了更为细致的划分，使其测算值绿化程度更高。另一方面，课题组充分考虑了绿色GDP测算及其绩效评估的现实可操作性，并不苛求暂时无法实现的"大而全"，而是把绿色GDP看作绿色发展的一种价值追求和改变发展方式指挥棒，重点关注当前GDP局限中的关键痛点，以及亟待解决的资源消耗、环境损耗和生态损耗问题。故此，本书中的绿色GDP可以简要表达如下：

$$GGDP = GDP - Cene - Denv - Leco$$

其中，GGDP：Green Gross Domestic Product

GDP：Gross Domestic Product

Cene：energy consumption

Denv：environmental depletion

Leco：ecological loss

即，绿色GDP=该地区国内生产总值-能源消耗-环境损耗-生态损耗

在这个意义上，本书的绿色GDP其测算值，既非扩大化的绿色GDP，也非过去一般意义的EDP，可以算得上是目前最为严格意义的绿色GDP。这是本课题组开展绿色GDP绩效评估的基本理论模型和基础算法。在上述基本算法模型中，从实物量到价值量的换算一直是绿色GDP核算与绩效评估的难点。在本次研究中，课题组参考了大量文献，经过多次研讨和反复试算，最终采用了SEEA推荐的市场价格法实现实物量到价值量的换算。这种方法的最大诟病在于资源定价难以达成共识。为保证本研究结果的客观性，本研究中所涉及任何自然资源、环境损失、生态损失的定价都采用了国家发展和改革委员会、中国物价统计年鉴等权威机构及出版物公开发布的数据来进行测算。这既与GDP本身的测算策略保持了相对一致，又用同一个尺度来评价不同对象，最大限度保证了其结果的科学性、公平性。

2. 绿色GDP绩效评估的指标编制

本次绿色GDP绩效评估的指标体系编制，遵循严格意义的绿色GDP内涵所决定的绩效算法模型，借鉴了管理学中"关键指标法"的基本理念，但又尽可能穷尽已有数据的基本思想来开展研究。这是一种在管理学、人工智能、医学等学科中已经成熟的研究方法，同时也是与已有绿色GDP理论研究不同的研究思路、研究方法。它使绿色GDP绩效评估变得可行且具有创新。绿色GDP这一概念的提出本身是不断发展的过程，其概念内涵也是在学者们不断努力的探索中，逐渐得到丰富和明晰的。近一个世纪以来，各专家学者对绿色GDP伟大的贡献之一，就是使今天的人们对绿色GDP有了明确的界定。这既

是过去的绿色GDP研究者不具备的有利条件，也是后来研究者有可能构建新的绿色GDP核算理论和基础框架的逻辑新起点。

为此，课题组根据最为严格意义上的"绿色GDP"定义，结合我国相关统计学、能源学、生态学等学科的研究成果对能源的分类办法，以及我国长期形成的、可供采用的统计学实践数据，构建了基础数据统计与评价指标体系（见表2—1）、绿色GDP绩效评估所需的3个一级指标，11个二级指标，52个三级指标构成的统计与评价指标体系（见表2—2）；构建了GDP增长中各种损耗的45个分行业统计与评价指标体系（见表2—3），然后对GDP增长中的各种损耗进行分行业的统计与评价，从而构建出不同于以往类似研究中的从上到下垂直的线性指标体系，而是提出了新的"矩阵型"的二维指标体系，最终形成了可以直接使用的10个统计与评价数据采集表单。

表2—1　　　　基础数据统计与评价指标体系

序号	指标
1	国内生产总值
2	常住人口数量
3	第一产业生产总值
4	第二产业生产总值
5	第三产业生产总值

表2—2　　　绿色GDP绩效评估三级统计与评价指标体系

序号	一级指标	二级指标	三级指标
1	能源消耗	煤类	原煤
2			无烟煤
3			炼焦烟煤
4			一般烟煤
5			褐煤
6			洗精煤
7			其他洗煤

续表

序号	一级指标	二级指标	三级指标
8			煤制品
9			焦炭
10			其他焦化产品
11			其他煤制品
12		燃气类	焦炉煤气
13			高炉煤气
14			转炉煤气
15			发生炉煤气
16			气态天然气
17			液态天然气
18			煤田煤层气
19			其他类天然气
20		燃油类	原油
21			汽油
22			煤油
23			柴油
24			燃料油
25			其他油类
26		其他能源消耗	其他能源消耗
27	环境损耗	废水类污染排放	生活污水排放
28			工业废水排放
29			其他类废水排放
30		废气类污染排放	二氧化硫排放
31			氮氧化物排放
32			其他废气排放
33		固态污染物排放	烟粉尘排放
34			生活垃圾排放
35			一般工业固体废物排放
36			其他固体垃圾排放

续表

序号	一级指标	二级指标	三级指标
37		其他类环境损失	其他类环境损失
38			耕地
39			草地
40	生态损耗	基础类生态损耗	湿地
41			其他类土地
42			地表水
43			地下水
44			其他类淡水
45			其他类非生物类损耗
46			陆生生物损耗
47		生物类损耗	水生生物损耗
48			其他类生物损耗
49			森林损耗
50			其他绿色植被
51			其他生物类
52		其他生态损耗	其他生态损耗

表2—3　GDP增长中各种损耗的分行业统计与评价指标体系

序号	行业大类	行业分类
1		煤炭开采和洗选业
2		石油和天然气开采业
3		黑色金属矿采选业
4	采矿业	有色金属矿采选业
5		非金属矿采选业
6		开采辅助活动
7		其他采矿业
8		农副食品加工业
9		食品制造业
10		酒、饮料和精制茶制造业

续表

序号	行业大类	行业分类
11	制造业	烟草制品业
12		纺织业
13		纺织服装、服饰业
14		皮革、毛皮、羽毛及其制品和制鞋业
15		木材加工和木、竹、藤、棕、草制品业
16		家具制造业
17		造纸和纸制品业
18		印刷和记录媒介复制业
19		文教、工美、体育和娱乐用品制造业
20		化学原料和化学制品制造业
21		医药制造业
22		化学纤维制造业
23		橡胶和塑料制品业
24		非金属矿物制品业
25		黑色金属冶炼和压延加工业
26		有色金属冶炼和压延加工业
27		金属制品业
28		通用设备制造业
29		专用设备制造业
30		汽车制造业
31		铁路、船舶、航空航天和其他运输设备制造业
32		电气机械和器材制造业
33		计算机、通信和其他电子设备制造业
34		仪器仪表制造业
35		其他制造业
36		废弃资源综合利用业
37		金属制品、机械和设备修理业
38	电、热、燃气、水供应业	电力、热力生产和供应业
39		燃气生产和供应业

续表

序号	行业大类	行业分类
40		水的生产和供应业
41		其他电、热、燃气、水供应业
42		农业
43	农林牧渔业	牧业
44		渔业
45	其他非上述行业	其他非上述行业

3. 绿色 GDP 绩效评估的数据选取

据不完全统计，课题组从中国统计年鉴、各省市自治区的统计年鉴、中国价格统计年鉴等公开的近三百多万个相关数据中，根据编制的绿色 GDP 绩效评估"矩阵"统计与评价体系，选取了本次计算约 620682 个可采用的公开数据开展全国内陆 31 个省市自治区的绿色 GDP 绩效评估。本书中包含了测算后的结果性数据约 2356 个。

为准确反映除香港、澳门、台湾外，内陆地区 31 个省、市、自治区的绿色 GDP 发展状况，确保分析结果最大限度反映全国经济社会发展的实际情况，本次数据采集凸显了以下特色：第一，不使用任何源自学术专著、论文等纯粹学理性的研究性数据。第二，不使用任何非公开数据。为此，课题组查询了 2014 年、2015 年全国内陆 31 个省市自治区[①]公开发布的统计年鉴、环境状况公报、中国统计年鉴、中国价格统计年鉴、中国物价统计年鉴、中国能源统计年鉴、国家发展与改革委员会数据简报，以及课题组对相关环保企业等参与经济运行的第三方直接调研数据。

为了保证本研究在处理数据时，能够克服数据量大、类型繁杂、运算复杂

---

① 以下所称 31 个省市自治区均指全国除港、澳、台以外内陆地区的 31 个省、市、自治区。

所带来的人为因素干扰，客观呈现结果，课题组还专门开发了"绿色发展科研平台"。它是课题组严格根据绿色 GDP 概念内涵以及在 2015 年提出的绿色 GDP 矩阵算法而产生的计算机程序化、实体化成果。该软件平台采用了目前最为流行的 Java 语言，结合最先进的 SQL 数据库技术，运用 28 个基础算法和若干个计算机程序运行所必需的程序算法，实现了除原始数据外，其他过程均由上十万条程序语句自动完成计算、无人干预的大数据跨平台处理。其结果的呈现采用了既适合于专业人士深度分析，又适合于非专业人士能快速理解其意义的柱形图、曲线图呈现方式，非常直观地展现了运算结果。

三 2015年全国内陆31省市自治区绿色GDP绩效评估结果

多层面呈现全国内陆31个省市自治区的绿色GDP绩效，是客观反映全国绿色发展状况的重要方式。为此，课题组经过大量的数据处理，得出了2014年、2015年全国内陆31个省市自治区的绿色GDP、人均GDP和绿色指数结果，完成了2014年、2015年全国内陆31个省市自治区的绿色发展绩效综合排名，2014年、2015年全国内陆31个省市自治区的GDP绩效排名，2014年、2015年全国内陆31个省市自治区的人均GDP绩效排名，2014年、2015年全国内陆31个省市自治区的绿色GDP绩效排名，2014年、2015年全国内陆31个省市自治区的人均绿色GDP绩效排名，以及2014年至2015年全国内陆31个省市自治区的绿色发展绩效指数年度变化曲线图，共计38个数据表，37个数据分析图。

本书限于篇幅，主要以反映2015年全国的绿色GDP绩效评估结果为重点，只提供2015年全国内陆31个省市自治区的绿色发展绩效综合排名、2015年全国内陆31个省市自治区的GDP绩效排名、2015年全国内陆31个省市自治区的人均GDP绩效排名、2015年全国内陆31个省市自治区的绿色GDP绩效排名、2015年全国内陆31个省市自治区的人均绿色GDP绩效排名。如需要有关各省市自治区绿色发展的更加专业而详尽的针对性分析，可与本课题组组长欧阳康教授联系。

2015年全国内陆31个省市自治区绿色发展绩效综合排名，是选取2015年全国内陆31个省市自治区公开发布的GDP、人口数量，然后计算出人均GDP、绿色GDP、人均绿色GDP、绿色发展绩效指数4个结果，直接合成了"2015年度全国绿色GDP绩效综合排名"。为保证该排名的客观性，本次排名不涉及任何形式的权重，仅仅在于客观呈现测算结果。故，该综合排名只是上述5个指标的直接呈现，而非任何运算结果。

2014年、2015年全国内陆31个省市自治区GDP绩效排名，是选取2014年、2015年全国内陆31个省市自治区公开发布的GDP数据，利用"绿色发展科研平台"专用软件直接合成该排名，未经任何后期数据更改。

2014年、2015年全国内陆31个省市自治区人均GDP绩效排名，是选取2014年、2015年全国内陆31个省市自治区公开发布的GDP、常住人口数量数据，利用"绿色发展科研平台"专用软件直接合成该排名。其计算公式为：人均国内生产总值＝国内生产总值（GDP）/常住人口数量。

2014年、2015年全国内陆31个省市自治区绿色GDP绩效排名，是选取2014年、2015年全国内陆31个省市自治区公开发布的GDP、人口数量，以及该地区GDP增长中45个不同国民经济行业在能源消耗、环境损失和生态损耗方面52个指标，共计450240个有效数据，利用"绿色发展科研平台"专用软件经过大量数据处理得出的结果。其基本算法为：GGDP = GDP − Cene − Denv − Leco，即，绿色GDP＝该地区国民生产总值−能源消耗−环境损耗−生态损耗。

2014年、2015年全国内陆31个省市自治区人均GDP绩效排名，是选取2014年、2015年全国内陆31个省市自治区公开发布的常住人口数量，利用"绿色发展科研平台"专用软件经过大量数据处理得出的结果。其基本算法为：人均绿色GDP＝绿色国内生产总值（GGDP）/常住人口数量。

2014年、2015年全国内陆31个省市自治区绿色发展绩效指数排名，是直接选取2014年、2015年全国内陆31个省市自治区公开发布的GDP，利用"绿色发展科研平台"专用软件经过大量数据处理得出的结果。其基本算法为：绿色发展绩效指数＝绿色国内生产总值（GGDP）/国内生产总值（GDP）。它是反映该地区绿色发展程度和某地区绿色发展空间的重要指标。为了更加明确区分不同评估对象绿色发展绩效指数的差异性，从《中国绿色GDP绩效评估报告（2017

年全国版)》开始,将绿色发展绩效指数的表示方式,调整为百分制,即绿色发展绩效指数=绿色国内生产总值(GGDP)×100%/国内生产总值(GDP)。

2014年至2015年全国内陆31个省市自治区绿色发展绩效指数年度变化曲线,是选取2014年至2015年全国内陆31个省市自治区公开发布的GDP、人口数量,以及全国内陆31个省市自治区在2014年至2015年的GDP增长中,各地区45个不同国民经济行业在能源消耗、环境损耗和生态损耗方面的52个指标,共计450240个有效数据,利用"绿色发展科研平台"专用软件经过大量数据处理得出的结果。该数据不仅能够客观反映该地区在2014年至2015年的绿色发展程度,而且能够较好地客观预测该地区绿色发展水平变化的可能趋势,对该地区的绿色发展规划和具体政策制定具有重要的参考价值。

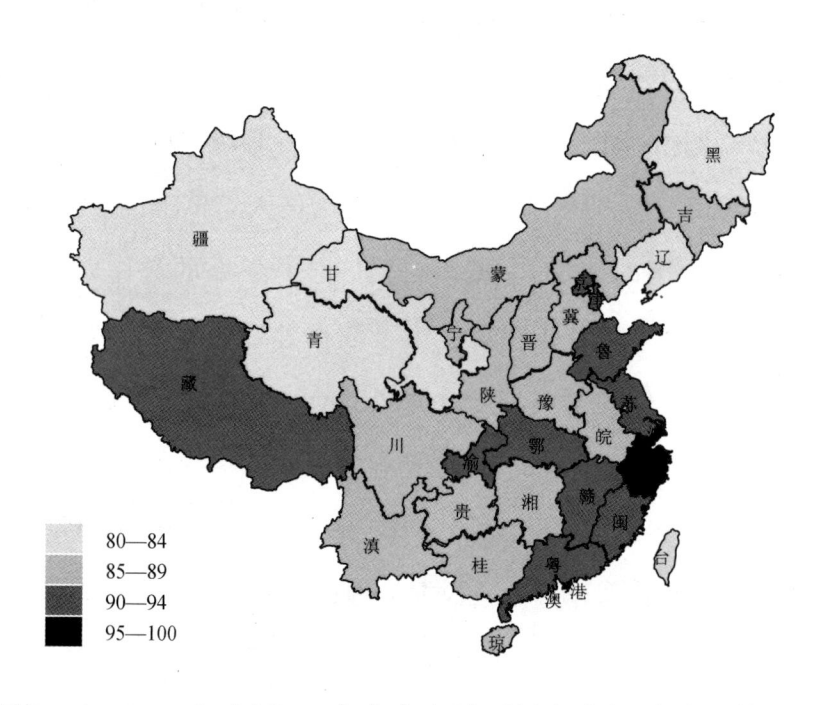

1. 2015年全国31个省市自治区绿色发展绩效综合排名

2015年全国31个省市自治区绿色发展绩效指数地图如图3—1所示:

图3—1 2015年全国31个省市自治区绿色发展绩效指数地图

(因篇幅限制,南海未予显示)

2015年全国31个省市自治区绿色发展五项指标排名如表3—1所示：

表3—1　2015年全国31个省市自治区绿色发展五项指标排名一览

序号	地区	绿色发展绩效指数	人均绿色GDP	绿色GDP	人均GDP	GDP
1	浙江	1	5	4	5	4
2	上海	2	3	12	3	12
3	广东	3	6	1	9	1
4	北京	4	2	13	2	13
5	江苏	5	4	2	4	2
6	重庆	6	11	19	11	20
7	天津	7	1	17	1	19
8	西藏	8	27	31	27	31
9	福建	9	7	10	8	11
10	山东	10	9	3	10	3
11	湖北	11	12	6	13	8
12	江西	12	21	18	24	18
13	河南	13	18	5	22	5
14	四川	14	22	7	23	6
15	海南	15	16	28	17	28
16	内蒙古	16	8	15	6	16
17	河北	17	17	8	18	7
18	云南	18	30	23	30	23
19	吉林	19	13	22	12	22
20	陕西	20	14	16	14	15
21	贵州	21	29	25	29	25
22	湖南	22	19	9	19	9
23	广西	23	25	20	25	17
24	山西	24	26	24	26	24
25	宁夏	25	15	29	15	29

续表

序号	地区	绿色发展绩效指数	人均绿色GDP	绿色GDP	人均GDP	GDP
26	安徽	26	28	14	28	14
27	甘肃	27	31	27	31	27
28	辽宁	28	10	11	7	10
29	青海	29	20	30	16	30
30	黑龙江	30	23	21	20	21
31	新疆	31	24	26	21	26

表3—1表明：

浙江省、江苏省、广东省位列绿色发展均衡性"前三甲"。无论是考察绿色发展绩效指数、绿色GDP、人均绿色GDP，还是GDP、人均GDP，浙江省、广东省、江苏省在上述五个指标的评价中均位列前10。尤其是浙江省绿色发展绩效指数排名第1位、人均绿色GDP排名第5位、绿色GDP排名第4位、人均GDP排名第5位、GDP排名第4位。江苏省绿色发展绩效指数排名第5位、人均绿色GDP排名第4位、绿色GDP排名第2位、人均GDP排名第4位、GDP排名第2位。这表明，当前的浙江省在绿色发展方面表现最为均衡，其次是江苏省和广东省。

甘肃省、新疆维吾尔自治区、山西省的绿色发展尚需花大力气。无论是考察绿色发展绩效指数、绿色GDP、人均绿色GDP，还是GDP、人均GDP，甘肃省、新疆维吾尔自治区、山西省在上述五个指标的评价中均位列后10位。尤其是甘肃省绿色发展绩效指数排名第27位、人均绿色GDP排名第31位、绿色GDP排名第27位、人均GDP排名第31位、GDP排名第27位。新疆维吾尔自治区绿色发展绩效指数排名第31位、人均绿色GDP排名第24位、绿色GDP排名第26位、人均GDP排名第21位、GDP排名第26位。

甘肃省、西藏自治区、新疆维吾尔自治区在绿色发展绩效评估中呈现极端表现。甘肃省人均绿色GDP、人均GDP排名均位列第31位。西藏自治区绿色

GDP、GDP 排名均位列第 31 位。新疆维吾尔自治区的绿色发展绩效指数位列第 31 位。这在一定程度上说明，在保持 GDP 增速的情况下，甘肃省的绿色发展主要是缓解绿色 GDP 规模与人口增量之间的矛盾问题。而西藏自治区的绿色发展面临的最大问题还是"发展"。对新疆维吾尔自治区而言，则面临"发展"与"绿色"的双重压力。

天津市、北京市、上海市"人均绿色创富效率最高"。考察人均绿色 GDP 指标，排名前三位的分别是天津市、北京市、上海市。天津市 2015 年人均绿色 GDP 为 100383.00 元；北京市 2015 年人均绿色 GDP 为 99921.15 元；上海市 2015 年人均绿色 GDP 为 99267.21 元。这也在一定程度上表明，天津市、北京市、上海市绿色发展效率较高。

甘肃省、云南省、贵州省"人均绿色创富效率较低"。考察人均绿色 GDP 指标，甘肃省、云南省、贵州省则分别位列后三位。甘肃省 2015 年人均绿色 GDP 为 22083.51 元，云南省 2015 年人均绿色 GDP 为 25191.64 元，贵州省 2015 年人均绿色 GDP 为 25758.38 元。这在一定程度上表明，甘肃省、云南省、贵州省绿色发展效率明显偏低。人口增长与地区经济社会发展之间仍存有较大的矛盾冲突，最需要"绿色精准扶贫"。

2015 年相比 2014 年全国省市自治区绿色发展五项指标排名位次升降如表 3—2 所示：

表 3—2　2015 年相比 2014 年全国省市自治区绿色发展五项指标排名位次升降一览

序号	地区	绿色发展绩效指数	人均绿色 GDP	绿色 GDP	人均 GDP	GDP
1	浙江	↑2	0	0	0	0
2	上海	0	0	0	0	0
3	广东	↓2	↑1	0	↓1	0
4	北京	↑3	0	0	0	0
5	江苏	↑3	0	0	0	0
6	重庆	↑3	0	↑1	↑1	↑1
7	天津	↓3	0	↓1	0	↓2
8	西藏	↓3	0	0	↑1	0

续表

序号	地区	绿色发展绩效指数	人均绿色GDP	绿色GDP	人均GDP	GDP
9	福建	↓3	↑1	↑1	↑1	0
10	山东	↑2	0	0	0	0
11	湖北	↓1	↑1	↑2	0	↑1
12	江西	↓1	0	0	↑1	0
13	河南	↑2	0	0	0	0
14	四川	↑2	↑1	0	0	↑2
15	海南	↓2	0	0	↑3	0
16	内蒙古	↑1	↓2	0	0	↓1
17	河北	↑2	↓2	↓2	↓1	↓1
18	云南	↓2	↓1	0	↓1	0
19	吉林	↓1	↓1	0	↓1	0
20	陕西	↑5	0	↑1	0	↑1
21	贵州	↓7	↑1	0	↑1	↑1
22	湖南	↑1	↑1	↑1	↑2	↑1
23	广西	↓2	↑1	↓1	↑1	↑2
24	山西	↑2	↓1	0	↓2	0
25	宁夏	↑4	↑2	0	0	0
26	安徽	↓4	0	0	↓1	0
27	甘肃	↓3	0	0	0	0
28	辽宁	0	0	↓2	0	↓3
29	青海	↑1	↑2	0	↑2	0
30	黑龙江	↓3	↓4	0	↓1	↓1
31	新疆	0	0	0	↓5	↓1

说明：表中"0"意为该地区的评价指标位次没有升降；"↓n"意为该地区的评价指标位次与上年相比下降n位；"↑n"意为该地区的评价指标位次与上年相比上升n位。

表3—2表明：

相比2014年，湖南省、重庆市、青海省、四川省在绿色发展绩效潜力表现强劲，均有3个以上评价指标排名位次上升，而没有哪个指标的排名位次下降。考察2015年31个省市自治区的绿色发展绩效指数、绿色GDP、人均绿色GDP、GDP、人均GDP五个指标，湖南省人均GDP排名上升2位，人均绿色GDP、绿色GDP、GDP的排名均上升1位。重庆市绿色发展绩效指数排名上升3位，绿色GDP、人均GDP、GDP排名均上升1位。青海省人均绿色GDP、人均GDP排名分别上升2位、绿色发展绩效指数排名上升1位。

相比2014年，黑龙江省、天津市、云南省、吉林省绿色发展绩效指数、绿色GDP、人均绿色GDP、GDP、人均GDP五个指标的排名均有不同程度的下降。黑龙江省的人均绿色GDP排名下降4位，绿色发展绩效指数排名下降3位，人均GDP、GDP的排名则分别下降1位。天津市绿色发展绩效指数的排名下降3位，GDP的排名下降2位，绿色GDP排名下降了1位。云南省绿色发展绩效指数、人均绿色GDP、人均GDP分别下降2位、1位、1位。吉林省绿色发展绩效指数、人均绿色GDP、人均GDP的排名分别下降了1位。

相比2014年，浙江省、北京市、江苏省绿色发展绩效指数、绿色GDP、人均绿色GDP、GDP、人均GDP五个指标的排名位次保持相对稳定，并呈现明显上升趋势。浙江省在绿色GDP、人均绿色GDP、GDP、人均GDP四个指标保持排名位次稳定的情况下，其绿色发展绩效指数还提升了2位，由2014年的排名第3位上升至第1位。北京市在绿色GDP、人均绿色GDP、GDP、人均GDP四个指标保持排名位次稳定的情况下，其绿色发展绩效指数则提升了3位，由2014年的排名第7位上升至第4位。江苏省在绿色GDP、人均绿色GDP、GDP、人均GDP四个指标保持排名位次稳定的情况下，其绿色发展绩效指数同样提升了3位，由2014年的排名第8位上升至第5位。

2. 2015年全国省市自治区GDP排名

以上数据表明：

全国内陆31个省市自治区的经济正稳步增长，规模可观。以2015年全国内陆31个省市自治区的GDP规模为例，除香港、澳门、台湾之外，全国内陆31个省市自治区中，已经有25个省市自治区跨入万亿元俱乐部。其中广东省、江苏省、山东省已经超越了5万亿元，而浙江省、河南省、四川省则已经跨入3万亿元俱乐部。其中，经济规模最大的广东省，其2015年的GDP值已经接近当年韩国的GDP总值（见图3—2、表3—3）。

省份	GDP（亿元）
广东	72812.55
江苏	70116.38
山东	63002.33
浙江	42886.49
河南	37002.16
四川	30053.10
河北	29806.11
湖北	29550.19
湖南	28902.21
辽宁	28669.00
福建	25979.82
上海	25123.45
北京	23014.60
安徽	22005.60
陕西	18021.86
内蒙古	17831.51
广西	16803.12
江西	16723.78
天津	16538.19
重庆	15717.27
黑龙江	15083.70
吉林	14063.13
云南	13619.17
山西	12766.50
贵州	10502.56
新疆	9324.80
甘肃	6790.32
海南	3702.76
宁夏	2911.77
青海	2417.05
西藏	1026.39

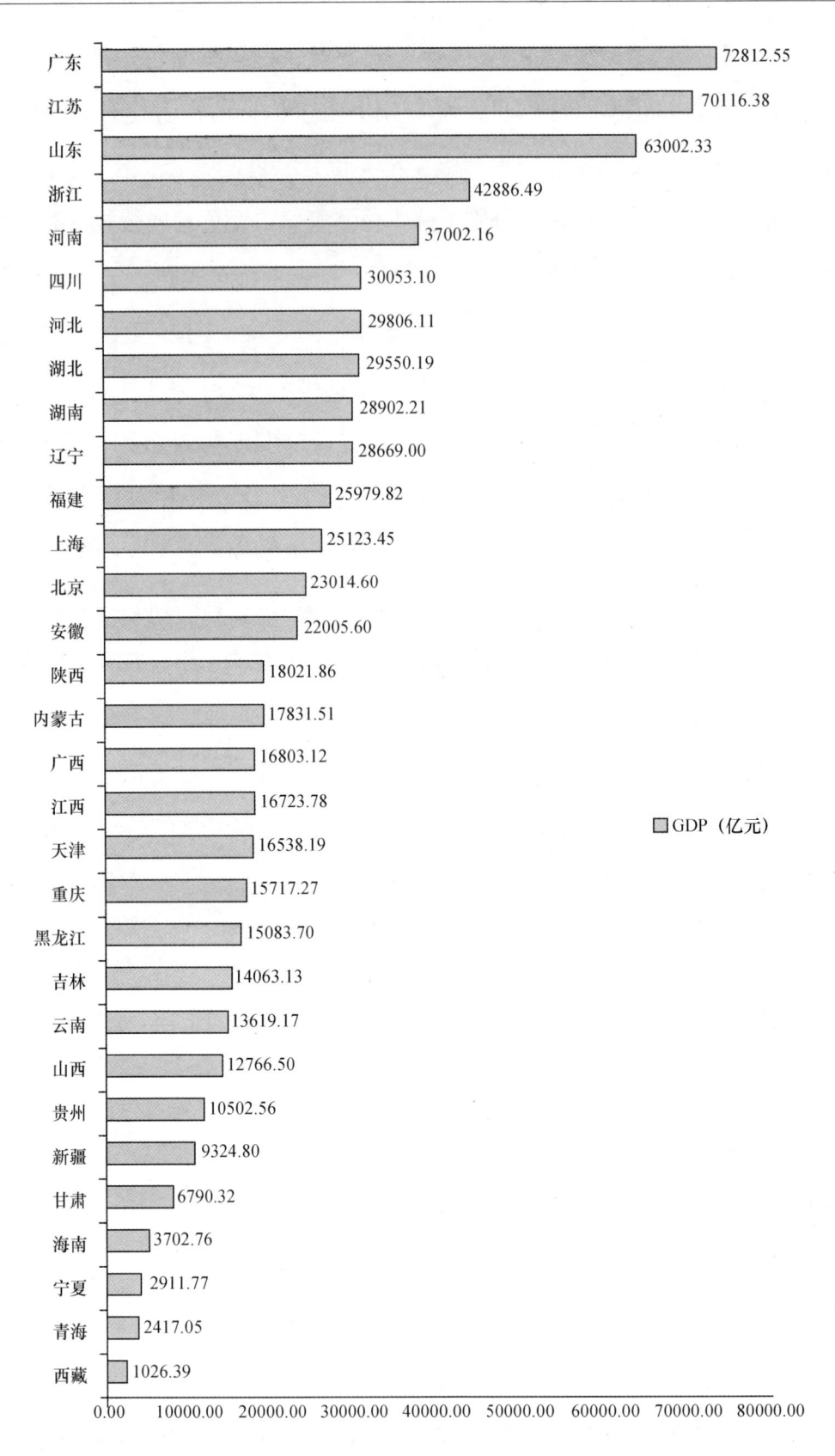

图 3—2　2015 年全国 31 个省市自治区 GDP 绩效排名

表3—3　　2015年全国内陆31个省市自治区GDP数据表

排名	地区	数值（亿元）
1	广东	72812.55
2	江苏	70116.38
3	山东	63002.33
4	浙江	42886.49
5	河南	37002.16
6	四川	30053.10
7	河北	29806.11
8	湖北	29550.19
9	湖南	28902.21
10	辽宁	28669.00
11	福建	25979.82
12	上海	25123.45
13	北京	23014.60
14	安徽	22005.60
15	陕西	18021.86
16	内蒙古	17831.51
17	广西	16803.12
18	江西	16723.78
19	天津	16538.19
20	重庆	15717.27
21	黑龙江	15083.70
22	吉林	14063.13
23	云南	13619.17
24	山西	12766.50
25	贵州	10502.56

续表

排名	地区	数值（亿元）
26	新疆	9324.80
27	甘肃	6790.32
28	海南	3702.76
29	宁夏	2911.77
30	青海	2417.05
31	西藏	1026.39

全国内陆31个省市自治区的经济增速强劲，令人欣喜。在GDP增速方面，排在前三的重庆、西藏、贵州独领风骚，增速均超过10%，值得注意的是，尽管西藏经济总量全国垫底，但同比增速达到11%，整体经济在加快速度发展。其后的天津、江西、福建GDP增速达到9%以上；GDP增速排在后五位的河北、吉林、黑龙江、山西、辽宁，增速均低于全国平均水平，其中黑龙江增速为5.7%，山西增速为3.1%；辽宁增速全国垫底，为3%，创23年以来的最低值。

我国经济社会发展不平衡现象较为明显，仍存隐忧。2015年GDP总值排名前三名的广东省、江苏省、山东省，均属于我国典型的东部地区。2015年GDP总值排名位列最后三位的宁夏回族自治区、青海省、西藏自治区则是典型的西部内陆地区。2015年GDP总值前10名中，仅有辽宁省属于东北地区，其余9个省市自治区属于中东部地区。而在2015年GDP总值的最后10名中，仅有海南省属于沿海地区，其余9个省市自治区属于西部地区和东北部地区。排名前3的广东省、江苏省、山东省的GDP总值之和，已经接近排名最后3名的西藏自治区、青海省、宁夏回族自治区的GDP总值之和的32倍多，推进全国各地的协调发展的任务仍十分艰巨，任重而道远。

3. 2015 年全国 31 个省市自治区人均 GDP 排名

2015 年全国 31 个省市自治区人均 GDP 排名如图 3—3 所示：

省市自治区	人均GDP（元）
天津	106908.37
北京	106033.63
上海	104019.22
江苏	87905.90
浙江	77426.41
内蒙古	71013.58
辽宁	67780.22
福建	67673.40
广东	67114.53
山东	63981.24
重庆	52103.46
吉林	51076.99
湖北	50500.20
陕西	47513.47
宁夏	43597.20
青海	41076.25
海南	40653.04
河北	40142.91
湖南	39909.04
黑龙江	39568.99
新疆	39516.39
河南	39031.81
四川	36632.25
江西	36629.73
广西	35035.70
山西	34842.12
西藏	31681.64
安徽	31667.29
贵州	29756.51
云南	28721.52
甘肃	26121.14

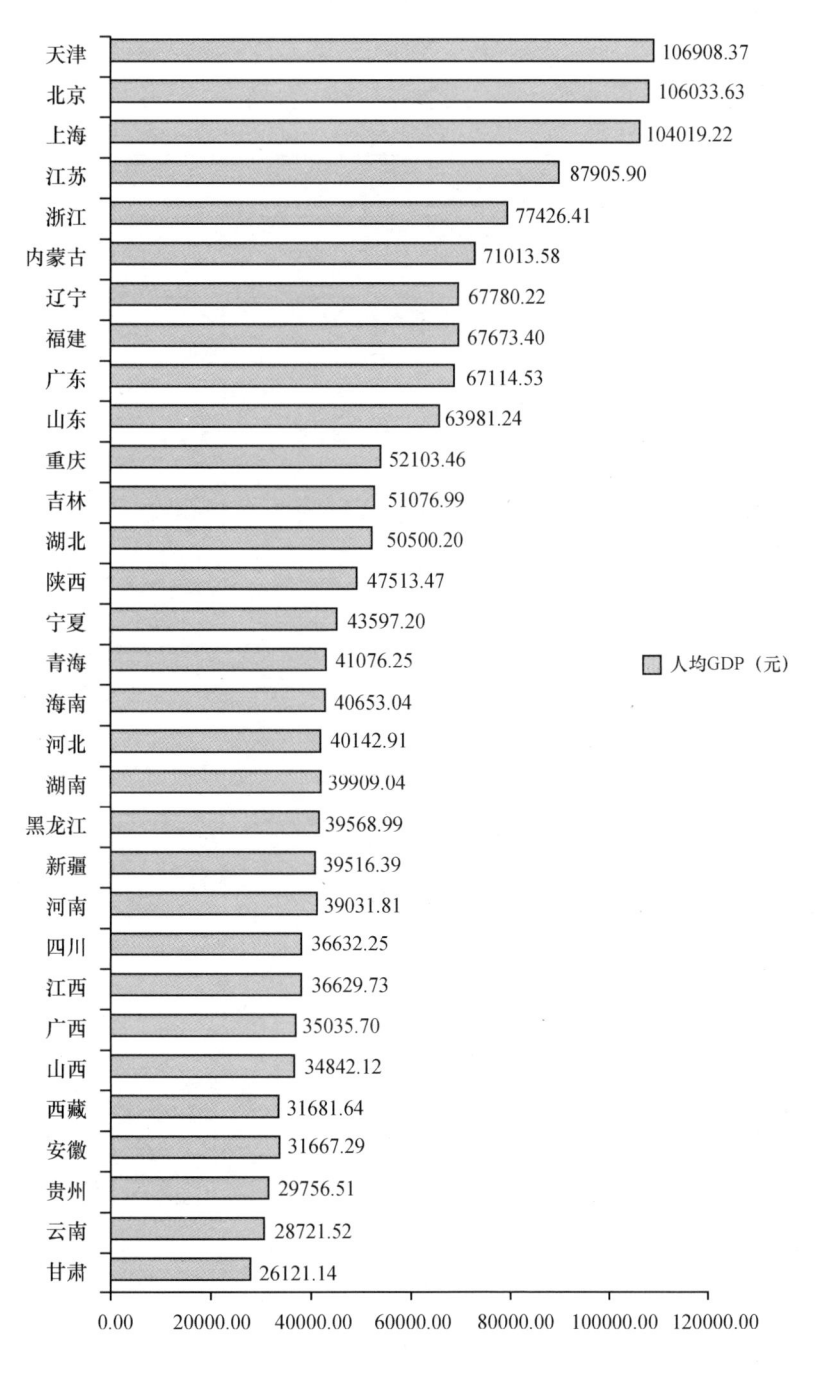

图 3—3 2015 年全国 31 个省市自治区人均 GDP 排名

2015年全国31个省市自治区人均GDP数据如表3—4所示：

表3—4　　2015年全国31个省市自治区人均GDP数据表

排名	地区	数值（元）
1	天津	106908.37
2	北京	106033.63
3	上海	104019.22
4	江苏	87905.90
5	浙江	77426.41
6	内蒙古	71013.58
7	辽宁	67780.22
8	福建	67673.40
9	广东	67114.53
10	山东	63981.24
11	重庆	52103.46
12	吉林	51076.99
13	湖北	50500.20
14	陕西	47513.47
15	宁夏	43597.20
16	青海	41076.25
17	海南	40653.04
18	河北	40142.91
19	湖南	39909.04
20	黑龙江	39568.99
21	新疆	39516.39
22	河南	39031.81
23	四川	36632.25
24	江西	36629.73
25	广西	35035.70
26	山西	34842.12
27	西藏	31681.64
28	安徽	31667.29
29	贵州	29756.51
30	云南	28721.52
31	甘肃	26121.14

表3—4中的数据表明：

我国人均GDP值已经进入新的历史阶段，基本跨入"中等收入水平"。人均GDP作为衡量一个国家或地区贫富状况的标志性指标，也是衡量经济发展水平的重要指针。从2015年全国省市自治区的人均GDP统计值来看，全国内陆31个省市自治区的人均GDP值均超过4000美元。其中，天津市人均GDP值达到了106908.37元，北京市人均GDP值达到了106033.63元、上海市人均GDP值达到了104019.22元，均超过了10万元的分界线。

我国财富生产的动力源泉已经发生重大转变。在过去很久一段历史时期内，我国的经济社会发展都主要依赖人口数量的增长。但是，从2015年全国省市自治区人均GDP数值来看，人口数量位列第1位的河南省人均GDP值位列第22位，仅有39031.81元。人口数量位列第2位的山东省人均GDP值位列第10位，仅有63981.24元。人口数量位列第3位的四川省人均GDP值位列第23位，仅有36632.25元。而人口数量相对较少的天津市、北京市、上海市人均GDP却位列前三名。它表明，传统社会中人口增长带来的经济增长红利正在变弱，人口的数量优势驱动经济社会增长的原动力正在逐渐丧失。

我国人均"创富水平"存在较大差异，贫富差距仍较大。对比2015年全国内陆31个省市自治区的人均GDP值，排名前3位的天津市、北京市、上海市的人均GDP值，这三个直辖市中的任一个省级行政区的人均GDP值，都几乎是排名末位的甘肃省人均GDP值的4倍，是人均GDP值排名后8位的江西省、广西壮族自治区、山西省、西藏自治区、安徽省、贵州省、云南省、甘肃省的3倍之多，是绝大部分省市自治区的2倍多。它一方面反映了这些具有较大差距地区的不同人口状况，同时也反映了不同地区的财富增长特点及其可能的财富保有水平与能力。

4. 2015 年全国 31 个省市自治区绿色 GDP 排名

2015 年全国 31 个省市自治区绿色 GDP 排名如图 3—4 所示：

省市自治区	绿色GDP（亿元）
广东	68802.33
江苏	66046.83
山东	57503.91
浙江	41097.49
河南	33164.86
湖北	26947.07
四川	26697.04
河北	26357.29
湖南	24975.09
福建	24148.29
辽宁	24115.74
上海	23975.71
北京	21687.88
安徽	17041.90
内蒙古	15773.71
陕西	15638.39
天津	15528.75
江西	15148.69
重庆	14763.90
广西	14511.95
黑龙江	12307.76
吉林	12249.18
云南	11945.37
山西	10938.59
贵州	9091.42
新疆	7470.76
甘肃	5740.72
海南	3279.73
宁夏	2491.58
青海	1993.14
西藏	962.02

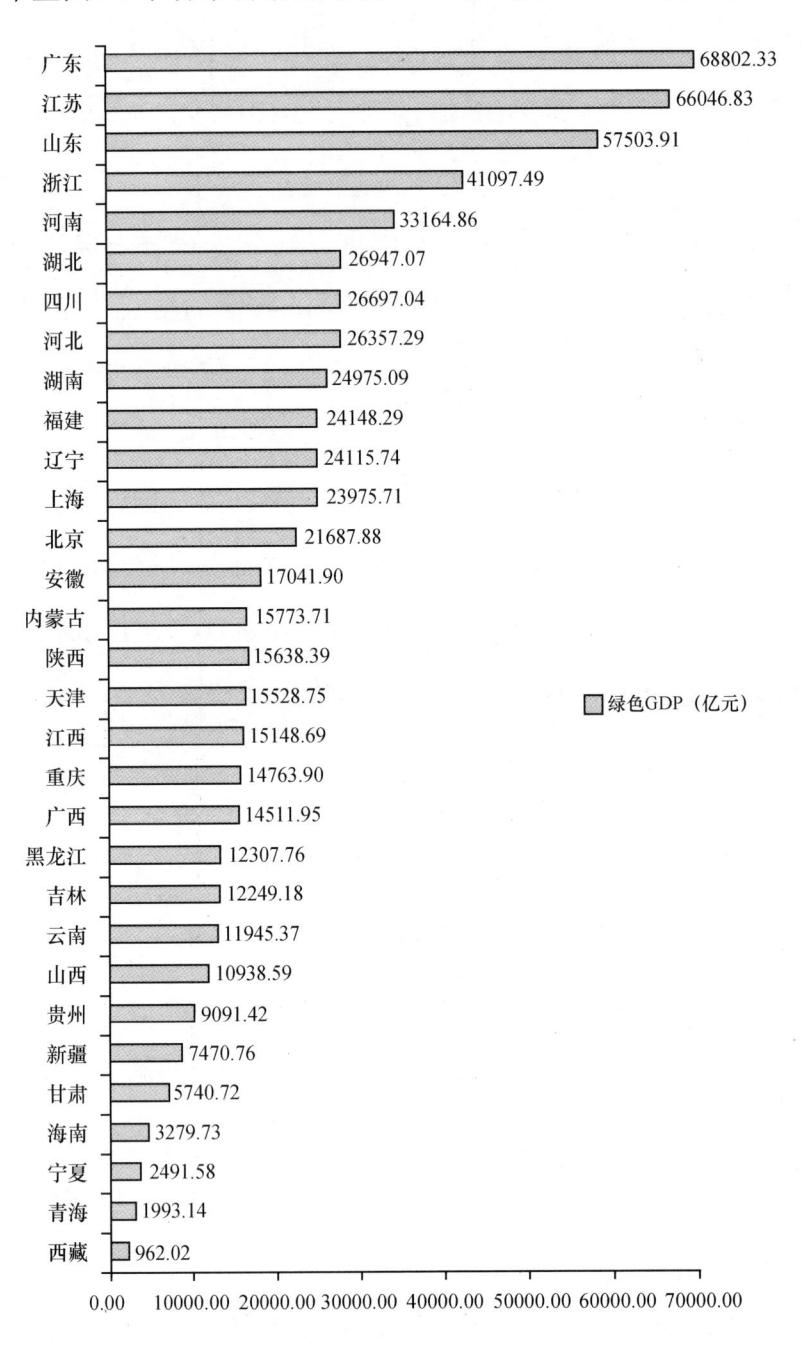

图 3—4　2015 年全国 31 个省市自治区绿色 GDP 排名

2015年全国31个省市自治区绿色GDP数据如表3—5所示：

表3—5　　2015年全国31个省市自治区绿色GDP数据表

排名	地区	数值（亿元）
1	广东	68802.37
2	江苏	66046.83
3	山东	57503.91
4	浙江	41097.49
5	河南	33164.86
6	湖北	26947.07
7	四川	26697.04
8	河北	26357.29
9	湖南	24975.09
10	福建	24148.29
11	辽宁	24115.74
12	上海	23975.71
13	北京	21687.88
14	安徽	17041.90
15	内蒙古	15773.71
16	陕西	15638.39
17	天津	15528.75
18	江西	15148.69
19	重庆	14763.90
20	广西	14511.95
21	黑龙江	12307.76
22	吉林	12249.18
23	云南	11945.37
24	山西	10938.59
25	贵州	9091.42
26	新疆	7470.76
27	甘肃	5740.72
28	海南	3279.73
29	宁夏	2491.58
30	青海	1993.14
31	西藏	962.02

表3—5中的数据表明：

全国31个省市自治区维持了较为稳定的绿色发展态势。绿色GDP是扣除某地区的能源消耗、环境损耗和生态损耗之后的发展净值。按照一般规律而言，GDP总量较大的省份，其能源消耗、污染排放也相对较大。因此，各省市自治区的GDP与绿色GDP排名位次往往具有相对一致性。对比2015年各省市自治区的GDP总值和绿色GDP总值，广东省、江苏省、山东省、浙江省、河南省、四川省、河北省、湖南省、辽宁省、上海市、北京市、安徽省、江西省、黑龙江省、吉林省、云南省、山西省、贵州省、新疆维吾尔自治区、甘肃省、海南省、宁夏回族自治区、青海省、西藏自治区，共24个省市自治区表现出这一特点。考虑到各省市自治区GDP增长的惯性，可以预见的是，其各省市自治区也可能表现出相应的稳定性。

部分省市自治区正在通往绿色发展的道路上。仔细对比各省市自治区的GDP与绿色GDP排名位次会发现，重庆市、天津市、福建省、湖北省的绿色GDP排名位次均高于其各自的GDP排名位次。其中，天津市、湖北省的GDP排名位次与其绿色GDP排名位次相差最大。天津市的GDP排名第19位，而其绿色GDP排名第17位，上升了2个位次。湖北省的GDP排名第8位，而其绿色GDP排名第6位，同样上升了2个位次。这也从侧面表明，重庆市、天津市、福建省、湖北省在能源利用效率、相同GDP的污染排放控制等方面工作较为理想，收到了较好的效果，相比其他省份表现更为优秀。

部分省市自治区GDP增长仍然未能摆脱传统的经济发展方式。仔细对比各省市自治区的GDP与绿色GDP排名位次会发现，四川省、陕西省、广西壮族自治区的绿色GDP排名位次均低于其各自的GDP排名位次。其中，广西壮族自治区的GDP排名位次与其绿色GDP排名位次相差最大，其GDP排名第17位，而其绿色GDP排名仅为第20位。这在一定程度上表明，四川省、陕西省、广西壮族自治区在能源利用效率、相同GDP的污染排放控制等方面不及其他省市自治区。

5. 2015年全国31个省市自治区人均绿色GDP排名

2015年全国31个省市自治区人均绿色GDP排名如图3—5所示：

地区	人均绿色GDP（元）
天津	100383.00
北京	99921.15
上海	99267.21
江苏	82803.83
浙江	74196.60
广东	63418.17
福建	62902.55
内蒙古	62818.42
山东	58397.39
辽宁	57015.25
重庆	48943.00
湖北	46051.56
吉林	44488.78
陕西	41229.60
宁夏	37305.77
海南	36008.53
河北	35498.03
河南	34984.03
湖南	34486.36
青海	33872.10
江西	33179.84
四川	32541.49
黑龙江	32286.88
新疆	31659.36
广西	30258.45
山西	29853.43
西藏	29694.86
安徽	26979.96
贵州	25758.38
云南	25191.64
甘肃	22083.51

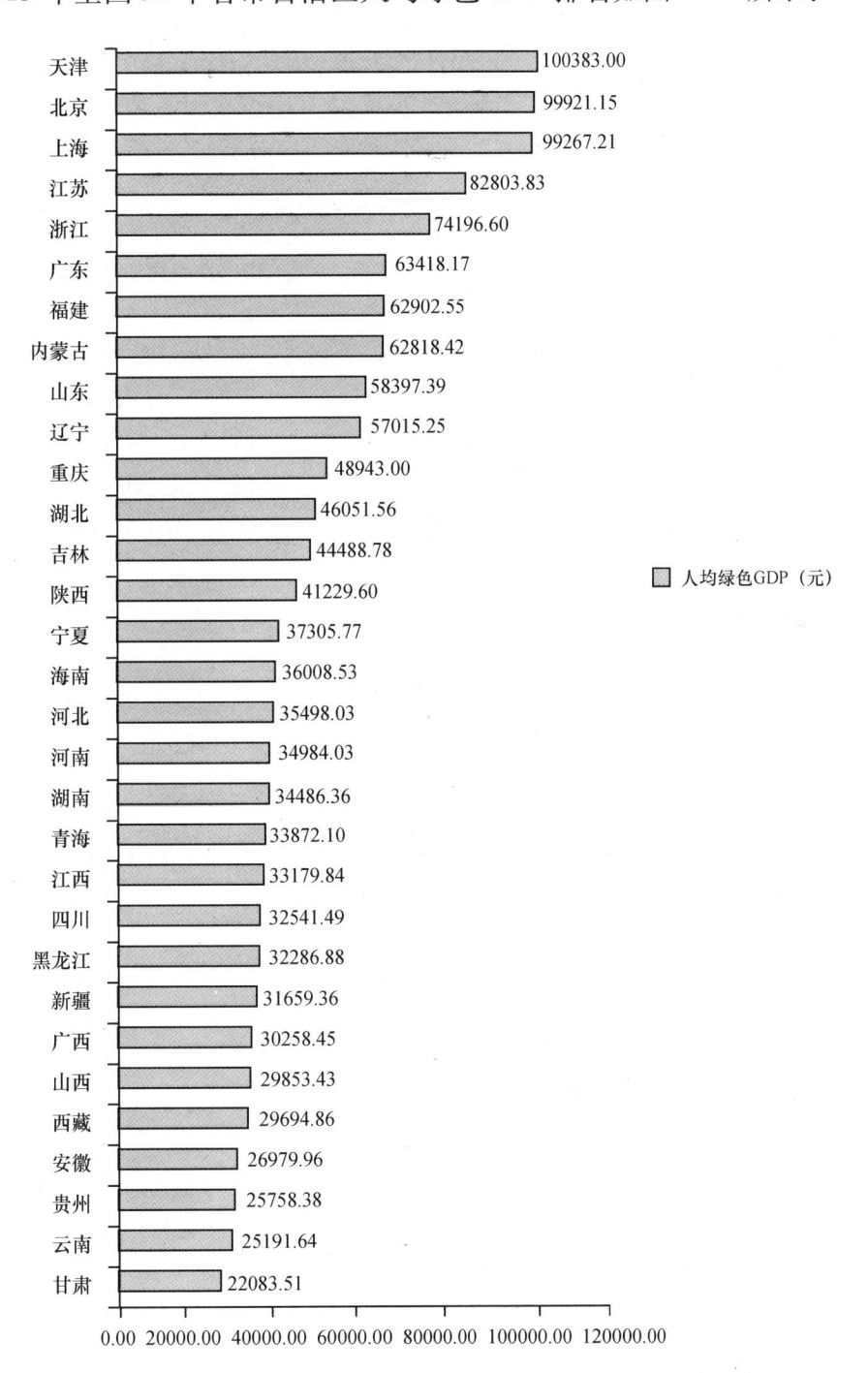

图3—5　2015年全国省市自治区人均绿色GDP排名

2015年全国省市自治区人均绿色 GDP 数据如表3—6所示：

表3—6　　2015年全国省市自治区人均绿色 GDP 数据表

排名	地区	数值（元）
1	天津	100383.00
2	北京	99921.15
3	上海	99267.21
4	江苏	82803.83
5	浙江	74196.60
6	广东	63418.17
7	福建	62902.55
8	内蒙古	62818.42
9	山东	58397.39
10	辽宁	57015.25
11	重庆	48943.00
12	湖北	46051.56
13	吉林	44488.78
14	陕西	41229.60
15	宁夏	37305.77
16	海南	36008.53
17	河北	35498.03
18	河南	34984.03
19	湖南	34486.36
20	青海	33872.10
21	江西	33179.84
22	四川	32541.49
23	黑龙江	32286.88
24	新疆	31659.36
25	广西	30258.45
26	山西	29853.43
27	西藏	29694.86
28	安徽	26979.96
29	贵州	25758.38
30	云南	25191.64
31	甘肃	22083.51

表3—6中的数据表明：

全国部分省市自治区人均 GDP 与人均绿色 GDP 表现出了一定的正相关性。

天津市、北京市、上海市、江苏省、浙江省、重庆市、陕西省、宁夏回族自治区、湖南省、西藏自治区、甘肃省的人均GDP排名位次与其各自的人均绿色GDP排名位次保持了一致。引入人口数量来考察这些省市自治区的发展状况时，人口数量因素并没有对其排名位次产生较大影响，而是呈现出相对一致的正相关性。这表明，这些省市自治区在GDP增长中的能源消耗、污染排放等并不具备人群差异性，受到与人口相关的差异因素影响并不大。

部分省市自治区人均"绿色程度"要高于一般情况，受人口因素影响的绿色生活方式正在形成。仔细对比各省市自治区的人均GDP与人均绿色GDP排名位次会发现，广东省、福建省、山东省、湖北省、海南省、河北省、河南省、江西省、四川省的人均绿色GDP排名位次均高于其各自的人均GDP排名位次。其中，河南省的人均GDP排名位次与其人均绿色GDP排名位次相差最大。河南省的人均GDP排名第22位，而其人均绿色GDP排名第18位，相差了4个位次。这也从侧面表明，上述省市自治区在引领绿色生活方式方面有了一定探索，与人口因素相关的绿色生活方式可能正在形成。

部分省市自治区的人均"绿色程度"并不高，形成较高的"绿色生产效率"尚需时日。再次仔细对比各省市自治区的人均GDP与人均绿色GDP排名位次会发现，内蒙古自治区、吉林省、青海省、黑龙江省、新疆维吾尔自治区、辽宁省的人均绿色GDP排名位次均低于其各自的人均GDP排名位次。其中，青海省的人均GDP排名位次与其人均绿色GDP排名位次相差最大。青海省的人均GDP排名第16位，而其人均绿色GDP排名第20位，相差4个位次。这也从侧面表明，上述省市自治区在形成较高的"绿色生产效率"方面仍有很大提升空间。

6. 2015年全国省市自治区绿色发展绩效指数排名

2015年全国省市自治区绿色发展绩效指数排名如图3—6所示：

省市	绿色发展绩效指数
浙江	95.83
上海	95.43
广东	94.49
北京	94.24
江苏	94.20
重庆	93.93
天津	93.90
西藏	93.73
福建	92.95
山东	91.27
湖北	91.19
江西	90.58
河南	89.63
四川	88.83
海南	88.58
内蒙古	88.46
河北	88.43
云南	87.71
吉林	87.10
陕西	86.77
贵州	86.56
湖南	86.41
广西	86.36
山西	85.68
宁夏	85.57
安徽	85.20
甘肃	84.54
辽宁	84.12
青海	82.46
黑龙江	81.60
新疆	80.12

绿色发展绩效指数（参考值为100）

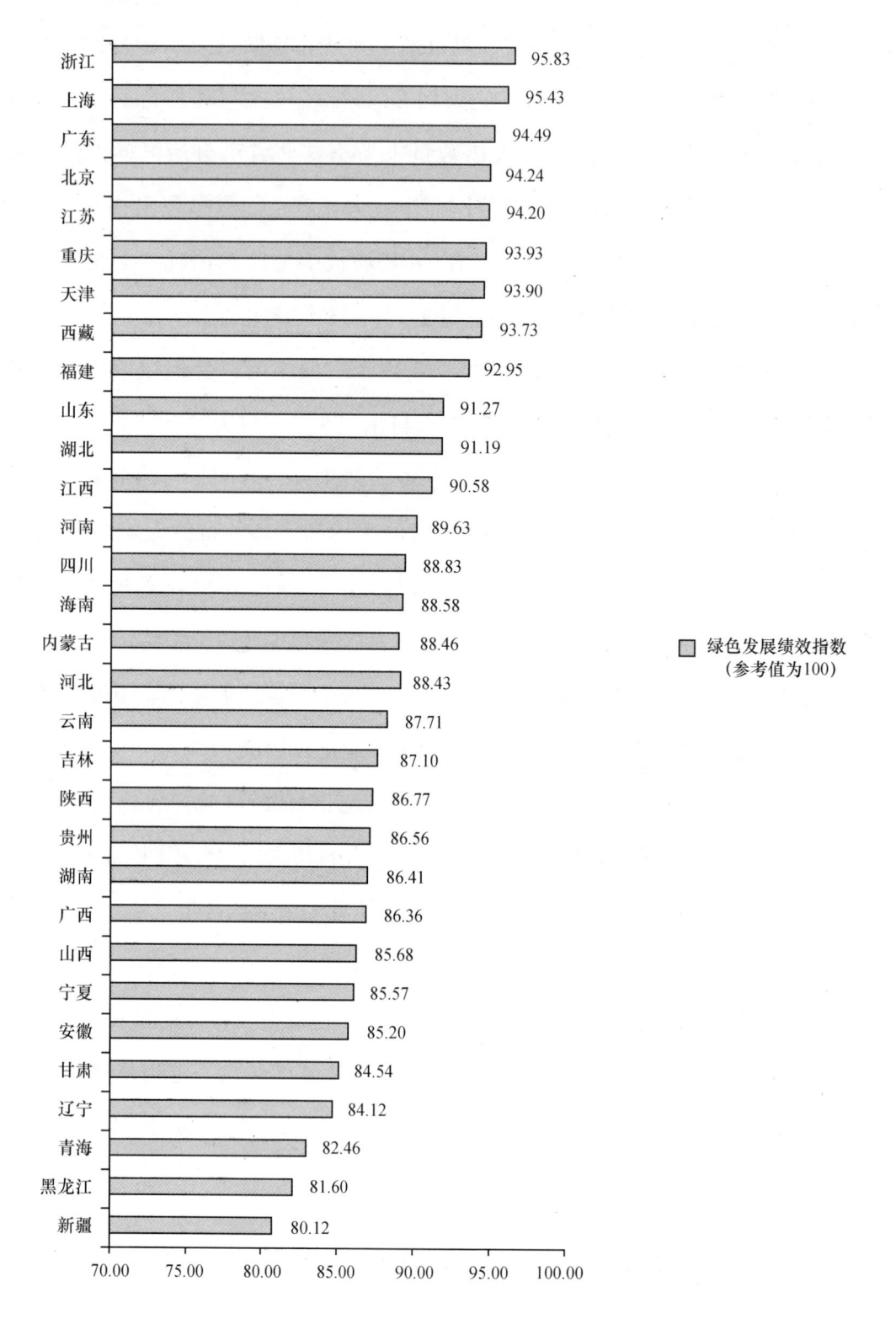

图3—6　2015年全国省市自治区绿色发展绩效指数排名

2015年全国省市自治区绿色发展绩效指数数据如表3—7所示：

表3—7　2015年全国省市自治区绿色发展绩效指数数据表

排名	地区	数值（参考值100）
	全国	88.90
1	浙江	95.83
2	上海	95.43
3	广东	94.49
4	北京	94.24
5	江苏	94.20
6	重庆	93.93
7	天津	93.90
8	西藏	93.73
9	福建	92.95
10	山东	91.27
11	湖北	91.19
12	江西	90.58
13	河南	89.63
14	四川	88.83
15	海南	88.58
16	内蒙古	88.46
17	河北	88.43
18	云南	87.71
19	吉林	87.10
20	陕西	86.77
21	贵州	86.56
22	湖南	86.41
23	广西	86.36
24	山西	85.68
25	宁夏	85.57
26	安徽	85.20
27	甘肃	84.54
28	辽宁	84.12
29	青海	82.46
30	黑龙江	81.60
31	新疆	80.12

表3—7中的数据表明：

全国各省市自治区绿色发展取得初步成效。本课题组所提出的绿色发展绩效指数，是反映评估对象绿色化程度的重要相对性指标。根据测算，2015年全国省市自治区绿色发展绩效指数的平均值为88.90。排名前三名的浙江省、上海市、广东省的绿色发展绩效指数分别为95.83、95.43、94.49。随后的上海市、广东省、北京市、江苏省、重庆市、天津市、西藏自治区、福建省、山东省、湖北省、江西省、河南省均在平均线以上。这表明，我国近几年大力推进经济社会发展转型，已经初见成效，绿色发展已经初现成熟迹象。

绿色发展程度呈现"东南—中—西北、东北"逐渐降低的梯度现象。2015年全国省市自治区绿色发展绩效指数显示，绿色发展绩效指数排名前5的浙江省、上海市、广东省、北京市、江苏省均属于东部沿海经济较发达地区。而排名最后5名的甘肃省、辽宁省、青海省、黑龙江省、新疆维吾尔自治区均属于我国西北、东北地区。其余部分省市自治区则位居中游。东南沿海江浙一带的绿色发展程度较高，既是历史使然，也是当前该地区高科技驱动经济增长的重要结果。同时，该结果也表明，本书提出的绿色发展绩效指数对不同区域的绿色发展特征做出了有效区分，并揭示了当前我国绿色发展的地域差异。

全国各省市自治区绿色发展水平差异较大，大部分地区绿色发展潜力充裕。2015年全国省市自治区绿色发展绩效指数中，排名最后1位的新疆维吾尔自治区的绿色发展绩效指数仅为80.12，这与排名第1位的浙江省绿色发展绩效指数相差了近16个百分点，与全国省市自治区的绿色发展绩效指数平均值相差了9个百分点。排名倒数第2位的黑龙江省的绿色发展绩效指数为81.60，与排名第1位的浙江省绿色发展绩效指数相差了近15个百分点，与全国省市自治区的绿色发展绩效指数平均值相差了近8个百分点。排名倒数第3位的青海省的绿色发展绩效指数为82.46，与排名第1位的浙江省绿色发展绩效指数相差了近14个百分点，与全国省市自治区的绿色发展绩效指数平均值相差了近7个百分点。这表明，新疆维吾尔自治区、黑龙江省、青海省在绿色发展方面还有很大的努力空间。

四 全国内陆31省市自治区2014—2015年绿色发展绩效分析

1. 浙江省

浙江，简称"浙"，省会杭州，境内最大河流为钱塘江，因江流曲折，称之江、折江，又称浙江，省以江名。下辖11个地级市、36个市辖区、20个县级市、34个县。地处中国东南沿海长江三角洲南翼，东临东海，南接福建，西与安徽、江西相连，北与上海、江苏接壤。浙江是吴越文化、江南文化的发源地，是中国古代文明的发祥地之一。浙江地形自西南向东北呈阶梯状倾斜，西南以山地为主，中部以丘陵为主，东北部是低平的冲积平原，"七山一水两分田"是浙江地形的概貌。地处亚热带季风气候区，降水充沛，年均降水量为1600毫米左右，是中国降水较丰富的地区之一。浙江海岸线总长6400余千米，居中国首位，同时是中国岛屿最多的省份，海洋资源十分丰富，岸长水深，可建万吨级以上泊位的深水岸线290多千米，占中国的1/3以上，东海大陆架盆地有着良好的石油和天然气开发前景，港口、渔业、旅游、油气、滩涂五大主要资源得天独厚。浙江是中国第三批自由贸易试验区，以民营经济为主形成了具有鲜明特色的"浙江经济"，属于长江经济带南翼，与安徽、江苏、上海共同构成的长江三角洲城市群已成为国际6大世界级城市群之一。

浙江省经济基础好，区位优势突出，劳动力资源丰富，教育科技文化发达，产业优势明显，生态环境质量良好，体制机制相对较为完善，为经济社会发展提供了得天独厚的条件。近年来，浙江省经济社会持续平稳健康发展，通过打出转型升级系列组合拳，取得了良好的效果，在市场化改革、制度供给、倒逼转型机制和信息经济等方面形成了新的先发优势，转型升级已经找到跑道、见到曙光。但浙江省在经济社会发展中也存在一些矛盾和问题，主要是自主创新能力不强，粗放型增长方式和低层次低价格产业竞争模式尚未根本扭转，城乡区域发展还不够平衡，资源和环境约束趋紧，金融、安全生产、社会治安、网络安全等领域潜在风险隐患较多等。

"十三五"时期，浙江省国民经济和社会发展规划是：经济保持中高速增长，全省生产总值年均增长7%以上，到2020年生产总值、人均生产总值、城镇居民人均可支配收入、农村居民人均纯收入均比2010年翻一番，经济发展质量和效益稳步提升；自主创新能力加快提升，率先进入国家创新型省份和人才强省行列；产业迈向中高端水平，工业化和信息化、先进制造业和现代服务业融合发展水平进一步提高，农业现代化取得新进展，新产业新业态引领作用明显增强；以交通为重点的现代化基础设施更加完善，建成一批具有国际影响力的重大开放平台，开放型经济水平全面提升；都市区建设明显提速，海洋经济区和生态功能区布局更加合理，主体功能区布局基本形成，新型城市化有序推进，常住人口城市化率达到70%左右，户籍人口城市化率加快提高，中心城市极核功能大幅提升，城乡之间、区域之间居民收入水平差距进一步缩小；能源资源开发使用效率大幅提高，能源和水资源消耗、建设用地、碳排放总量得到有效控制，生态环保投入力度持续增加，生态环境质量继续改善，主要污染物排放总量大幅减少，地表水达到或优于Ⅲ类水质比例达到80%，地级及以上城市空气质量优良天数比例达到80%；就业质量不断提升，居民人均可支配收入年均实际增长7.5%，低保水平逐步提高，文化、卫生、体育等公共服务体系和社会保障体系更加健全；治理体系更完善，重要领域和关键环节改革取得决定性成果，治理水平不断提高。

浙江省的绿色发展程度较高，绿色发展绩效指数呈现明显高位运行特征。

经测算,浙江省2014年的绿色发展绩效指数为94.18,排名第3。2015年的绿色发展绩效指数为95.83,增长近2个百分点,排名第1。根据本课题组此次研究所做的测算,浙江省在2014年、2015年两年间的绿色发展绩效指数平均值为95.01。这表明,浙江省的绿色发展在过去多年间的发展中,已经奠定厚实的绿色发展基础,否则是无法保持如此稳定的领先优势的。更重要的是,这种绿色发展的竞争优势并没有减退迹象,相反,是在稳步增长,值得深入分析,并提炼相关治理经验。(见图4—1、表4—1)

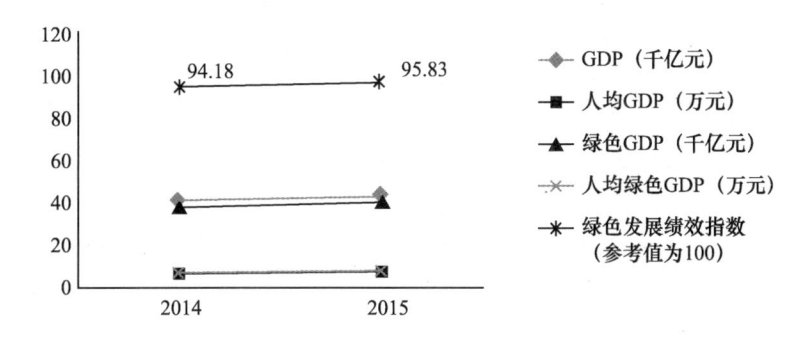

图4—1 2014—2015年浙江省绿色发展综合绩效年度变化曲线图

表4—1 2014—2015年浙江省绿色发展综合绩效年度变化数据表

指标＼年度	2014	2015
绿色发展绩效指数（参考值为100）	94.18	95.83
绿色发展绩效指数排名	3	1
GDP（千亿元）	40.17	42.89
GDP 排名	4	4
人均 GDP（万元）	7.29	7.74
人均 GDP 排名	5	5
绿色 GDP（千亿元）	37.83	41.10
绿色 GDP 排名	4	4
人均绿色 GDP（万元）	6.87	7.42
人均绿色 GDP 排名	5	5

浙江省的经济规模较大，基本稳定在全国各省市自治区经济规模的第一方阵。浙江省2014年的GDP总量为40173.03亿元，排名第4，2015年的GDP总量为42886.49亿元，增幅高达6.75%，排名第4。浙江省2014年的绿色GDP总量为37834.09亿元，排名第4，2015年的绿色GDP总量为41097.49亿元，增幅高达8.63%，排名第4。比较GDP与绿色GDP增幅，浙江省在2015年相比2014年的绿色GDP增幅要高出GDP增幅1.88%。这表明，浙江省的绿色发展经济规模正呈现稳定增长，并已基本保持了强劲的增长势头。

浙江省的人均"绿色创富"水平较高，人均财富处于全国前列。浙江省2014年的人均GDP为72935.78元，排名第5，2015年的人均GDP为77426.41元，增幅高达6.16%，排名第5。浙江省2014年的人均绿色GDP为68689.35元，排名第5，2015年的人均绿色GDP为74196.59元，增幅高达8.02%，排名第5。比较人均GDP与人均绿色GDP增幅，浙江省在2015年相比2014年的人均绿色GDP增幅要高出人均GDP增幅1.86%。这表明，浙江省不仅人均创造财富、持有财富的水平较高，而且其"人均创富"的绿色化程度也相对较高。

综上，浙江省在绿色发展的道路上，已经具有十分强劲的竞争实力。其绿色发展历史，值得深入探究，其绿色发展的未来成就，值得期待，并极有可能创造新的绿色发展典范。

2. 上海市

上海，简称"沪"或"申"，中华人民共和国直辖市，中国国家中心城市，中国的金融、贸易、航运中心，首批沿海开放城市。地处长江入海口，隔东海与日本九州岛相望，南濒杭州湾，西与江苏、浙江两省相接。上海是一座国家历史文化名城，拥有深厚的近代城市文化底蕴和众多历史古迹。江南传统吴越文化与西方传入的工业文化相融合形成上海特有的海派文化，上海人多属江浙民系，使用吴语。早在宋代就有了"上海"之名，1843年后上海成为对外开放的商埠并迅速发展成为远东第一大城市。上海辖16个市辖区，总面积6340平方千米，属亚热带湿润季风气候，四季分明，日照充分，雨量充沛，气候温和湿润，春秋较短，冬暖夏凉。上海是中国重要的经济、交通、科技、工业、金融、会展和航运中心，是世界上规模和面积最大的都会区之一。上海港货物吞吐量和集装箱吞吐量均居世界第一，是一个良好的滨江滨海国际性港口。上海也是中国首个自贸区"中国（上海）自由贸易试验区"所在地。上海与江苏、浙江、安徽共同构成的长江三角洲城市群已成为国际六大世界级城市群之一。

当前，上海经济转型取得重要进展，在经济下行压力加大的情况下仍然保持较高的增速；改革开放取得重要突破，在制度创新，加快政府职能转变、促进贸易投资便利化、营造国际化市场化法治化营商环境方面取得了一系列成果；生态文明建设成效显著，城市环境质量逐步好转。上海发展的明显短板和突出问题主要有：人口总量和结构性矛盾凸显，老龄化程度加剧，高层次人才比重偏低；资源环境底线约束更加趋紧，生态环境质量与市民期盼有较大差距；经济保持稳定增长和转型升级面临的挑战增多，科技创新能力和活力明显不足；提高城市管理水平、保障城市安全运行的压力日渐加大；城乡发展差距依然明显，推进基本公共服务均等化任务较重；城市发展的软环境仍待改善，市民素质和城市文明程度需要提高。

"十三五"时期，上海经济社会发展的奋斗目标是：到2020年人均生产总值达到15万元左右；全社会研发经费支出相当于全市生产总值的比例保持在3.5%以上，每万人口发明专利拥有量达到40件左右。人民生活水平和质量普遍提高，就业机会更加充分，创业更加活跃，城镇调查失业率稳定在5.5%以内，力争到2020年居民人均可支配收入比2010年翻一番，市民享有公平优质多样化教育，平均期望寿命保持世界先进水平，覆盖城乡的基本公共服务均等化全面实现，城乡发展差距明显缩小，社会保障更加公平、更加完善，公共交通出行更为便捷高效。文化软实力显著增强，市民文明素质和城市文明程度提高。重大功能性文化设施布局和公共文化服务体系基本形成，文化产业成为重要产业。生态环境持续改善,到 2020 年,能源消费总量控制在 1.25 亿吨标准煤以下,单位生产总值能耗和主要污染物排放量进一步降低,人均公园绿地面积达到 8.5 平方米,森林覆盖率达到 18%。社会诚信体系更加健全,公共安全体系基本形成,基层社会治理体系不断完善,社会公平正义得到有效维护。

上海市的绿色发展程度较高,绿色发展绩效指数一直处于全国前三位运行。经测算,上海市 2014 年、2015 年,连续两年的绿色发展绩效指数平均值为 95.02。其中,2014 年上海市的绿色发展绩效指数为 94.60,排名第 2。2015 年上海市的绿色发展绩效指数为 95.43,排名第 2。相比而言,2015 年比 2014 年,上海市的绿色发展程度还是有所提升。这表明,上海市跟前述浙江省一样,其绿色发展水平已经较高,并表现出了较好的增长势头。其稳定的增长趋势基本不容怀疑。在无特殊情况下,上海市的绿色发展水平仍将值得期待。(见图 4—2、表 4—2)

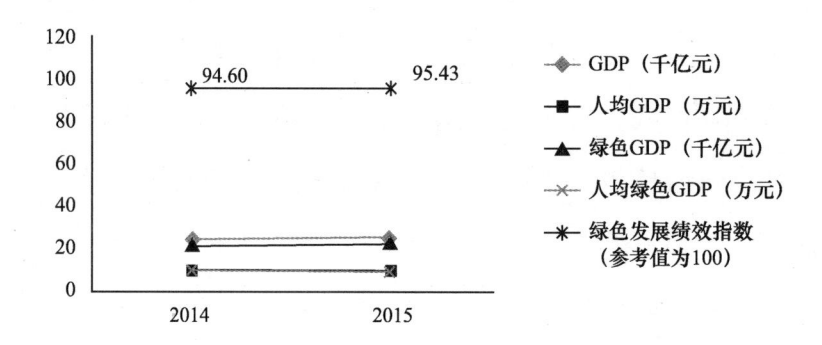

图 4—2　2014—2015 年上海市绿色发展综合绩效年度变化曲线图

表 4—2　　2014—2015 年上海市绿色发展综合绩效年度变化数据表

指标＼年度	2014	2015
绿色发展绩效指数（参考值为 100）	94.60	95.43
绿色发展绩效指数排名	2	2
GDP（千亿元）	23.57	25.12
GDP 排名	12	12

续表

年度 指标	2014	2015
人均GDP（万元）	9.72	10.40
人均GDP排名	3	3
绿色GDP（千亿元）	22.29	23.98
绿色GDP排名	12	12
人均绿色GDP（万元）	9.19	9.93
人均绿色GDP排名	3	3

上海市人均"绿色创富"水平也相对较高，人均财富处于全国前列。上海市2014年的人均GDP为97159.15元，排名第3，2015年的人均GDP为104019.22元，增幅高达7.06%，排名第3。上海市2014年的人均绿色GDP为91912.09元，排名第3，2015年的人均绿色GDP为99267.21元，增幅高达8.00%，排名第3。比较人均GDP与人均绿色GDP增幅，上海市在2015年相比2014年的人均绿色GDP增幅要高出人均GDP增幅0.94%。这表明，上海市人均创造财富、持有财富的水平也相对较高，其"人均创富"的绿色化程度也相对较高。

上海市的经济规模处于第二方阵，这基本决定了其绿色经济发展规模的有限性。上海市2014年的GDP总量为23567.70亿元，排名第12，2015年的GDP总量为25123.45亿元，增幅高达6.60%，排名第12。上海市2014年的绿色GDP总量为22294.93亿元，排名第12，2015年的绿色GDP总量为23975.71亿元，增幅高达7.54%，排名第12。比较人均GDP与人均绿色GDP增幅，上海市在2015年相比2014年的绿色GDP增幅要高出GDP增幅0.94%。这表明，上海市的绿色发展经济规模同样表现出了稳定增长，并已基本保持了强劲的增长势头。

综上，上海市在绿色发展的道路上，同样具有十分强劲的竞争实力。如果上海市能够在经济规模上有大幅提升，则其绿色发展绩效必然会令人刮目相看。

3. 广东省

广东省，以岭南东道、广南东路得名，简称"粤"，省会广州，是中国南端沿海的一个省份，位于南岭以南，南海之滨，与香港、澳门、广西、湖南、江西和福建接壤，与海南隔海相望，划分为珠三角、粤东、粤西和粤北四个区域，下辖21个地级市（其中副省级城市2个），119个县级行政区（60个市辖区、20个县级市、36个县、3个自治县）。广东省在语言风俗、传统、历史文化等方面都有着独特风格，是岭南文化的重要传承地。通行粤语、客家语和闽语，而且粤、客两大方言的中心都在广东。广东省在秦以前，作为中华民族先民的南越族人民已经开始从事农业活动，是中国历史上商品性农业最早发展的地区之一，也是中国最早出现资本主义生产方式的省份之一。至1987年，广东省工业产值占全省工农业总值的79.6%，成为国民经济的主导部门，食品、机械、化工、纺织缝纫业成为广东省支柱工业部门。自1989年起，广东国内生产总值在全国内陆31个省市自治区中，连续占据第一位。广东已成为中国第一经济大省，经济总量占全国的1/8，并超越香港和台湾，成为中国经济规模最大，经济综合竞争力、金融实力最强省份，已达到中上等收入国家水平、中等发达国家水平。

广东省地处改革开放前沿阵地，地理位置优越，交通便利，人力资源丰富，科技实力强大。地区生产总值已超过1万亿美元，经济结构持续优化，实施创新驱动发展战略取得良好开局，珠三角地区优化发展和粤东西北地区振兴发展格局初步形成；重点领域和关键环节改革走在全国前列，对外开放合作实现新突破，设立中国（广东）自由贸易试验区，粤港澳紧密合作、泛珠三角区域合作务实推进并取得重要成果，为广东经济社会发展打下了坚实的基础。但广东的发展也面临着诸多问题，主要有：经济社会发展不协调矛盾依然突出，亟须充分发力补齐率先全面建成小康社会的短板；社会主义市场经济体制仍不够完善，亟须克难攻坚推动全面深化改革取得决定性进展；对外开放合作格局仍不够开阔，亟须加快构建全球视野全方位开放发展新格局；经济发展方式仍比较粗放，亟须以创新驱动产业转型实现产业结构优化升级；资源环境约束依然趋紧，亟须加快形成绿色低碳循环发展的生产生活方式。增强忧患意识，强化责任担当，推动经济发展新常态下的深度调整与转型攻坚，实现经济社会持续健康发展，是摆在广东省面前长期而艰巨的使命任务。

"十三五"时期，广东经济社会发展的目标是：其一，率先全面建成小康社会。确立2018年为率先全面建成小康社会的目标年。到2020年地区生产总值约11万亿元，人均地区生产总值约10万元。城乡居民收入增长与经济增长同步。其二，基本建立比较完善的社会主义市场经济体制。率先在经济社会发展重要领域和关键环节改革上取得决定性成果，形成系统完备、科学规范、运行有效的制度体系。其三，基本建立开放型区域创新体系。加快建设创新驱动发展先行省，构建创新型经济体系和创新发展新模式。其四，基本建立具有全球竞争力的产业新体系。现代服务业和先进制造业发展水平不断提高，战略新兴产业快速发展，农业现代化取得明显进展，产业结构进一步优化。其五，基本形成绿色低碳发展新格局。单位生产总值能耗水耗、单位生产总值二氧化碳以及主要污染物排放的控制水平处于全国前列。城市集中式饮用水源水质高标准稳定达标，空气质量总体保持良好。耕地保有量保持稳定，森林覆盖率进一步提高，生态环境明显改善。

广东省绿色发展绩效指数一直处于全国前三位，但却在2015年有微变。经测算，广东省2014年的绿色发展绩效指数为96.26，排名全国第1位。2015年，广东省的绿色发展绩效指数略微有所下降，为94.49，这比2014年下降了1.77个百分点，排名第3位。此种微调具有多重原因，是经济社会运行中多种因素合力作用的一般性结果，且广东省的绿色发展平均指数为95.38，仍属于非常好的情况。总体而言，广东省绿色发展绩效指数的微小变化，基本属于正常范围的调整。但这不意味着，在绿色发展的征途上，广东省就高枕无忧。（见图4—3、表4—3）

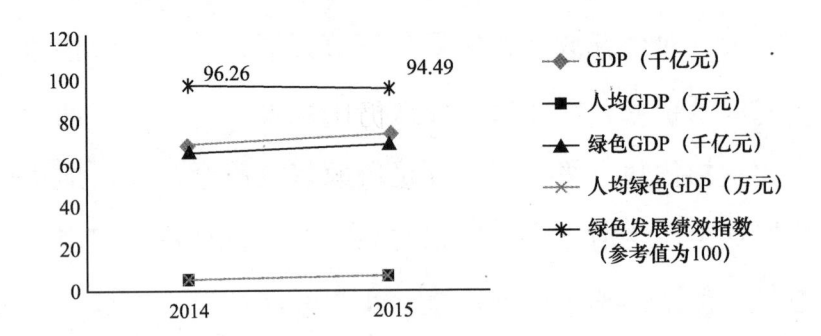

图4—3 2014—2015年广东省绿色发展综合绩效年度变化曲线图

表4—3 2014—2015年广东省绿色发展综合绩效年度变化数据表

指标\年度	2014	2015
绿色发展绩效指数（参考值为100）	96.26	94.49
绿色发展绩效指数排名	1	3
GDP（千亿元）	67.81	72.81
GDP排名	1	1
人均GDP（万元）	6.32	6.71
人均GDP排名	8	9
绿色GDP（千亿元）	65.27	68.80
绿色GDP排名	1	1
人均绿色GDP（万元）	6.09	6.34
人均绿色GDP排名	7	6

广东省的经济规模连续两年处于全国第一位，在全国省市自治区的经济发展中具有明显的引领作用。广东省2014年的GDP总量为67809.85亿元，排名第1，2015年的GDP总量为72812.55亿元，增幅高达7.38%，排名第1。广东省2014年的绿色GDP总量为65273.17亿元，排名第1，2015年的绿色GDP总量为68802.37亿元，增幅高达5.41%，排名第1。比较GDP与绿色GDP增幅，广东省在2015年相比2014年的绿色GDP增幅要低出GDP增幅1.97%。这表明，广东省的经济呈现迅猛的增长势头，同时也带来了能源消耗、污染排

放等方面的一定增长。

广东省人口数量剧增，人均财富量并不是很抢眼。广东省2014年的人均GDP为63231.86元，排名第8，2015年的人均GDP为67114.53元，增幅高达6.14%，排名第9。广东省2014年的人均绿色GDP为60866.44元，排名第7，2015年的人均绿色GDP为63418.17元，增幅高达4.19%，排名第6。比较人均GDP与人均绿色GDP增幅，广东省在2015年相比2014年的人均绿色GDP增幅要低于人均GDP增幅1.95%。这表明，广东省人口数量的迅速增加正在抵消其经济规模所带来的人均财富收益，同时也影响了其绿色发展的前进步伐。

综上，广东省也许正在经历传统经济社会发展方式，向绿色发展实现完全转变的短暂调整，同样也受到人口数量迅速增加的影响，其绿色发展程度正在经历一定程度的微调。塑造绿色生活方式，推进绿色生产方式的变革，可能是广东省保持与其经济规模相适应的绿色发展优势所必然面对的关键问题。

4. 北京市

北京，简称"京"，是中华人民共和国首都、国家中心城市、国际大都市，全国政治中心、文化中心、国际交往中心、科技研发创新中心，是中部战区司令部驻地，是中国共产党中央委员会、中华人民共和国中央人民政府、全国人民代表大会、中国人民政治协商会议全国委员会、中华人民共和国中央军事委员会所在地。北京位于华北平原北部，毗邻渤海湾，上靠辽东半岛，下临山东半岛。北京是首批国家历史文化名城和世界上拥有世界文化遗产数最多的城市，三千多年的历史孕育了故宫、天坛、八达岭长城、颐和园等众多名胜古迹。早在七十万年前，周口店地区就出现了原始人群部落"北京人"。公元前1045年，北京成为蓟、燕等诸侯国的都城。公元938年以来，北京先后成为辽陪都、金中都、元大都、明清国都。1949年10月1日成为中华人民共和国首都。北京市山区面积10200平方千米，约占总面积的62%，平原区面积为

6200平方千米，约占总面积的38%，全市平均海拔43.5米。北京的气候为典型的北温带半湿润大陆性季风气候，夏季高温多雨，冬季寒冷干燥，春、秋短促。

北京经济社会发展基础良好，淘汰落后产能成效显著，服务业发展空间大，新型城镇化建设迈上新台阶，京津冀协同发展后劲足，加上区位优势突出，集政治中心、经济中心、文化中心于一身，为北京的发展营造了良好的环境。近年来，北京市城市功能进一步优化，坚持以首善标准，提升"四个服务"水平，首都核心功能在改革发展中进一步强化。经济发展质量持续提升，经济在保持平稳增长中实现提质增效升级。生态环境建设成效明显，节能减排继续走在全国前列，城市生态空间大幅度增加，城市环境更加整洁干净。城市治理能力不断增强，交通建设成效明显，污水废弃物处理能力增强。社会民生得到明显改善，城乡居民收入增长与经济发展基本同步，社会保障基本实现人群全覆盖。改革开放取得新的突破，简政放权力度加大。但北京自身发展中还面临着一些突出矛盾和困难，特别是人口资源环境矛盾突出，出现了人口过多、交通拥堵、房价高涨、环境污染等"大城市病"，城乡区域发展不平衡，科技、文化创新优势发挥不够，城市文明程度和服务管理水平还不够高，法治建设亟待加强。

"十三五"期间，北京市经济社会的发展目标是：其一，经济保持中高速增长。在发展质量和效益不断提高的基础上，地区生产总值年均增长6.5%，2020年地区生产总值和城乡居民人均收入比2010年翻一番。主要经济指标平衡协调，劳动生产率大幅提高。其二，人民生活水平和质量普遍提高。公共服务体系更加完善，基本公共服务均等化程度进一步提高。就业更加稳定，城镇登记失业率低于4%，收入差距缩小，中等收入人口比重上升，教育实现现代化，群众健康水平普遍提升，人均期望寿命高于82.4岁。其三，市民素质和城市文明程度显著提高。市民思想道德素质、科学文化素质明显提高。文化事业和文化产业蓬勃发展，率先建成公共文化服务体系，全国文化中心地位进一步彰显。其四，生态环境质量显著提升。生产方式和生活方式绿色、低碳水平进一步提升。单位生产总值能耗、水耗持续下降，城乡建设用地控制在2800

平方千米内,碳排放总量得到有效控制。主要污染物排放总量持续削减,生活垃圾无害化处理率达99.8%以上,污水处理率高于95%,重要河湖水生态系统逐步恢复,森林覆盖率达到44%,环境容量生态空间进一步扩大。其五,各方面体制机制建设更加完善。人民民主更加健全,基本建成法治中国的首善之区。

北京市绿色发展绩效指数呈现逐渐上升,处于全国前列。经测算,北京市的绿色发展绩效指数平均值为93.82,其绿色发展绩效指数水平相对较高。其中,北京市2014年的绿色发展绩效指数为93.40,排名全国第7位。2015年,北京市的绿色发展绩效指数上升至94.24,其绿色发展绩效指数排名也从2014年的第7位,上升至2015年的第4位。这表明,北京市经济社会发展的绿色化程度正在稳步提升,能否维持这种运行状态,还有待于继续观察。(见图4—4、表4—4)

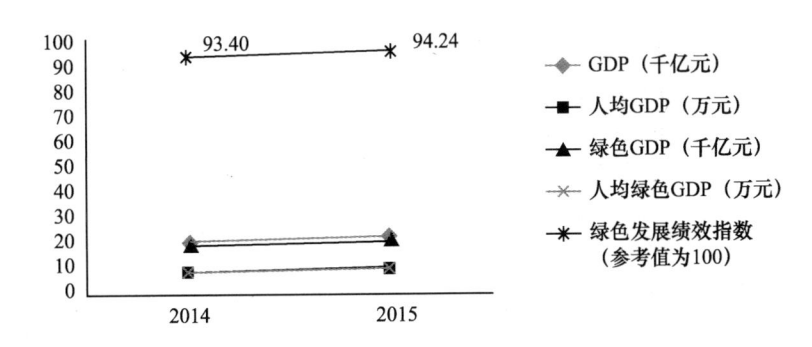

图4—4　2014—2015年北京市绿色发展综合绩效年度变化曲线图

表4—4　　2014—2015年北京市绿色发展综合绩效年度变化数据表

指标＼年度	2014	2015
绿色发展绩效指数（参考值为100）	93.40	94.24
绿色发展绩效指数排名	7	4
GDP（千亿元）	21.33	23.01
GDP排名	13	13

续表

指标 \ 年度	2014	2015
人均GDP（万元）	9.91	10.60
人均GDP排名	2	2
绿色GDP（千亿元）	19.92	21.69
绿色GDP排名	13	13
人均绿色GDP（万元）	9.26	9.99
人均绿色GDP排名	2	2

北京市的经济规模并不大，其绿色发展水平具有相对稳定性。北京市2014年的GDP总量为21330.80亿元，排名第13，2015年的GDP总量为23014.60亿元，增幅高达7.89%，排名第13。北京市2014年的绿色GDP总量为19922.28亿元，排名第13，2015年的绿色GDP总量为21687.88亿元，增幅高达8.86%，排名第13。比较GDP与绿色GDP增幅，北京市在2015年相比2014年的绿色GDP增幅要高出GDP增幅0.97%。这表明，北京市的经济呈现迅猛的增长势头，同时也带来了能源消耗、污染排放等方面的一定增长。

北京市人均"绿色创富"水平较高，人均绿色财富拥有量也相对可观。北京市2014年的人均GDP为99139.25元，排名第2，2015年的人均GDP为106033.63元，增幅高达6.95%，排名第2。北京市2014年的人均绿色GDP为92592.85元，排名第2，2015年的人均绿色GDP为99921.15元，增幅高达7.91%，排名第2。比较人均GDP与人均绿色GDP增幅，北京市在2015年相比2014年的人均绿色GDP增幅要高出人均GDP增幅0.96%。这表明，北京市绿色发展人均效率相对较高，其可能的绿色生产、生活方式正在逐渐形成。

综上，北京市虽然经济规模并非在全国前列，但其独特的政治、经济、文化地位为其推进绿色发展，提升人均财富创造力，提供了独特的条件，同时也为其实现绿色发展，提供了其他省市自治区不可多得的机遇和发展空间。

5. 江苏省

江苏，简称"苏"，省会南京，位于中国东部沿海中心。公元1667年，江南省东西分置而建省，得名于"江宁府"与"苏州府"之首字。江苏省陆地边界线3383千米，面积10.72万平方千米，占中国的1.12%，人均国土面积在中国各省区中最少。江苏地形以平原为主，平原面积达7万多平方千米，占江苏面积的70%以上，比例居中国各省市自治区首位。江苏辖江临海，扼淮控湖，经济繁荣，教育发达，文化昌盛。地跨长江、淮河南北，京杭大运河从中穿过，拥有吴、金陵、淮扬、中原四大多元文化，是中国古代文明的发祥地之一。江苏地理上跨越南北，气候、植被也同时具有南方和北方的特征。江苏东临黄海、太平洋，与上海市、浙江省、安徽省、山东省接壤，与日本九州岛、韩国济州岛、美国第一大州加利福尼亚州隔海相望，已与加利福尼亚州缔结为姐妹省州，成立了"江苏省—加利福尼亚州"联合经济委员会。江苏与上海、浙江、安徽共同构成的长江三角洲城市群已成为国际6大世界级城市群之一。江苏已成为我国综合发展水平较高的省份之一，已步入"中上等"发达国家水平。

江苏位于"长三角"中心地带，经济实力强劲，创新能力强，区域发展较为协调，生态环境良好，生态省建设深入推进，在全国率先划定生态保护红线区域，生态环境保护长效机制逐步健全，可持续发展能力不断增强。资源节约集约利用水平显著提高，单位GDP能耗水耗和二氧化碳排放下降幅度、主要污染物减排均超额完成国家下达的任务。人民群众的幸福感和满意度不断提升。群众性精神文明创建富有成效，社会信用建设走在全国前列。法治建设、平安建设水平保持全国领先，社会治安综合治理工作绩效连续五年位居全国前列，社会安定有序、团结和谐、充满活力。与此同时，江苏经济社会发展中还存在着一些现实难题，主要表现在以下几个方面：不可持续、不协调的深层次矛盾和问题尚未得到根本解决。经济下行压力加大，创新能力还不够强，新增长点支撑作用不强,部分行业产能过剩严重,部分企业生产经营困难,经济风险隐患凸显,城乡区域发展不够平衡;基本公共服务供给不足,收入差距依然较大,人口老龄化加快,消除贫困任务重,公民文明素质和社会文明程度有待提高;资源约束紧,生态环境质量尚未根本好转;制约发展的体制机制障碍仍然存在,改革攻坚任务艰巨,法治建设有待加强。

"十三五"时期,江苏经济社会发展的总体目标是:其一,全省率先全面建成小康社会,苏南有条件的地方在探索基本实现现代化的路子上迈出坚实步伐,人民群众过上更加美好的生活,经济强、百姓富、环境美、社会文明程度高的新江苏建设取得重大成果。其二,经济保持中高速增长,提前实现地区生产总值和城乡居民人均收入比2010年翻一番。其三,创新型省份建设取得重要突破,自主创新能力显著增强,主要创新指标达到创新型国家和地区中等以上水平,具有全球影响力的产业科技创新中心框架体系基本形成,"大众创业、万众创新"体制机制更加健全,苏南国家自主创新示范区建设取得重大成果。其四,产业国际竞争力大幅提升,城乡区域发展更加协调,改革开放进一步深化,人民生活水平和质量普遍提高。其五,生态环境质量明显改善。生产方式和生活方式绿色、低碳水平上升,实现生态省建设目标。能源资源开发利用效率大幅提高,主要污染物排放总量大幅减少,环境风险防范体系更加健全,城乡生态环境和人居环境显著改善,绿色江苏建设深入推进,生态文明制度体系更加健全。

江苏省绿色发展程度正在稳步提升,绿色发展绩效指数位列全国前列。经测算,江苏省的绿色发展绩效指数平均值为93.41,其绿色发展绩效指数水平相对较高。其中,江苏省2014年的绿色发展绩效指数为92.61,排名全国第8位。2015年,江苏省的绿色发展绩效指数上升至94.20,其绿色发展绩效指数排名也从2014年的第8位,上升至2015年的第5位,其排名跨过了福建省、天津市和西藏自治区。这表明,江苏省的绿色化程度正在稳步提升,接下来需要做的可能就是如何稳定这种绿色发展态势,并在稳中求升。(见图4—5、表4—5)

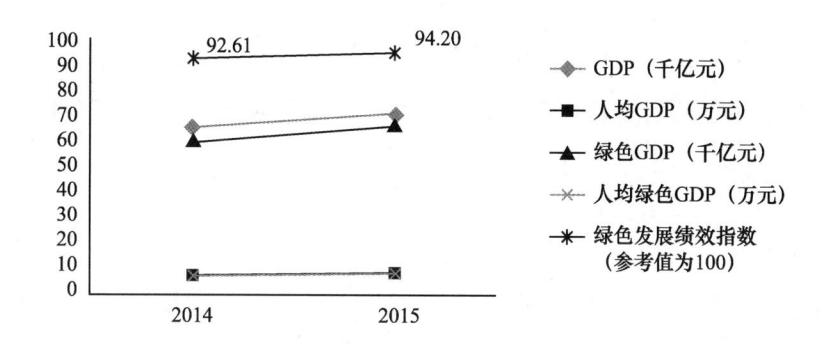

图4—5 2014—2015年江苏省绿色发展综合绩效年度变化曲线图

表4—5 2014—2015年江苏省绿色发展综合绩效年度变化数据表

年度 指标	2014	2015
绿色发展绩效指数（参考值为100）	92.61	94.20
绿色发展绩效指数排名	8	5
GDP（千亿元）	65.09	70.12
GDP排名	2	2
人均GDP（万元）	8.18	8.79
人均GDP排名	4	4
绿色GDP（千亿元）	60.28	66.05
绿色GDP排名	2	2
人均绿色GDP（万元）	7.57	8.28
人均绿色GDP排名	4	4

江苏省的经济规模已经晋升至全国前三，并已基本形成较大的经济总量。江苏省2014年的GDP总量为65088.32亿元，排名第2，2015年的GDP总量为70116.38亿元，增幅高达7.72%，排名第2。江苏省2014年的绿色GDP总量为60280.90亿元，排名第2，2015年的绿色GDP总量为66046.83亿元，增幅高达9.57%，排名第2。比较GDP与绿色GDP增幅，江苏省在2015年相比2014年的绿色GDP增幅要高出GDP增幅1.85%。这表明，江苏省在保持较高经济增长规模的同时，其绿色化程度也在逐步提升。

江苏省人均"绿色创富"水平处于全国第一方阵，人均绿色财富拥有量同样相对可观。江苏省2014年的人均GDP为81768.63元，排名第4，2015年的人均GDP为87905.90元，增幅高达7.51%，排名第4。江苏省2014年的人均绿色GDP为75729.20元，排名第4，2015年的人均绿色GDP为82803.84元，增幅高达9.34%，排名第4。比较人均GDP与人均绿色GDP增幅，江苏省在2015年相比2014年的人均绿色GDP增幅要高出人均GDP增幅1.83%。这表明，江苏省绿色发展人均效率相对较高，其可能的绿色生产、生活方式正在逐渐形成。

综上，江苏省经济规模正在迅猛增加，与广东省携手共进，遥遥领先于其他省市自治区。更令人可喜的是，江苏省的绿色GDP、人均绿色GDP、绿色发展绩效指数等绿色评估值都在稳步提升。如此，江苏省极有可能与相邻的浙江省、上海市，再次实现"江浙绿色富甲天下"的新神话，值得期待。

6. 重庆市

重庆，简称"巴"和"渝"，别称巴渝、山城、渝都、桥都、雾都等，是中华人民共和国中央直辖市、国家中心城市、超大城市、世界温泉之都、长江上游地区经济中心、金融中心和创新中心，政治、文化、科技、教育、艺术等中心。中西部水、陆、空型综合交通运输枢纽。重庆因嘉陵江古称"渝水"，故重庆简称"渝"。北宋崇宁元年（1102年），改渝州为恭州。南宋淳熙十六年（1189年）正月，孝宗之子赵惇先封恭王，二月即帝位为宋光宗皇帝，称为"双重喜庆"，遂升恭州为重庆府，重庆由此而得名。1891年，成为中国最早对外开埠的内陆通商口岸。1929年，正式建市。抗日战争时期，中华民国政府定重庆为战时首都和永久陪都。新中国建立初期，重庆为中央直辖市，是中共中央西南局和西南军政委员会驻地。1954年，西南大区撤销后改为四川省辖市。1983年，成为全国第一个经济体制综合改革试点城市，实行计划单列。为带动西部地区开发及长江上游地区经济社会发展、统一规划实施百万三峡移民，1997年3月八届全国人大五次会议批准设立重庆直辖市。

重庆是我国著名的老工业基地之一，工业基础雄厚，拥有中国（重庆）自由贸易试验区、中新（重庆）战略性互联互通示范项目、两江新区、渝新欧国际铁路、重庆两路寸滩保税港区、重庆西永综合保税区、重庆铁路保税物流中心、重庆南彭公路保税物流中心、万州保税物流中心等战略项目。当前，重庆已经形成了电子信息、汽车、装备制造、综合化工、材料、能源和消费品制造等千亿元级产业集群，农业农村和金融、商贸物流、服务外包等现代服务业快速发展，为重庆经济社会发展创造了条件。但重庆的发展也面临着系列挑战，主要有以下几方面：集大城市、大农村、大山区、大库区于一体，总体上仍处于欠发达阶段、属于欠发达地区的基本市情没有根本改变，经济社会发展不协调、不可持续的问题依然突出，城乡区域发展差距较大，经济总量不够大、结构不够优、产业比较单一，创新要素聚集不足、创新驱动能力较弱，资源环境约束趋紧，社会事业发展相对滞后，保障和改善民生压力较大，社会治理创新需要加快推进等。

"十三五"时期重庆社会发展目标是：经济发展实现新跨越，经济保持年均增长9%左右，到2020年全市地区生产总值迈上2.5万亿元台阶，转变经济发展方式和经济结构战略性调整取得重要进展，加快建设国家重要现代制造业基地、国内重要功能性金融中心、西部创新中心和内陆开放高地，充分发挥西部开发开放战略支撑功能和长江经济带西部中心枢纽功能，基本建成长江上游地区经济中心；生态文明建设全面加强，生产方式和生活方式绿色、低碳水平明显提升，长江干流和主要支流水质保持总体稳定，大气环境质量进一步改善，森林覆盖率和森林蓄积量稳步提高，能源利用效率不断提高，单位地区生产总值能耗、二氧化碳排放强度和主要污染物排放量持续减少，生态环境质量明显提升，建成生态文明城市；社会治理创新取得新的成效，继续完善社会管理体制，优化社会治理格局，充分释放社会组织活力。抓住发展动力转换这个关键，统筹投资、消费、出口"三驾马车"和改革、开放、创新"三大动力"，统筹区域协调发展，统筹城乡协调发展，统筹推进"四化"深度融合、协调互动，培育形成经济发展的"混合动力"；强化完善社会治理体系这个基本保障，创新社会治理体制，改进社会治理方式，最大限度增加和谐因素，增强社会发展活力,确保全市人民安居乐业、社会更加安定有序。

重庆市绿色发展程度同样在稳步提升,绿色发展绩效指数已经晋升全国前列。经测算,重庆市的绿色发展绩效指数平均值为 93.25,其绿色发展绩效指数水平相对较高。其中,重庆市 2014 年的绿色发展绩效指数为 92.56,排名全国第 9 位。2015 年,重庆市的绿色发展绩效指数上升至 93.93,其绿色发展绩效指数排名也从 2014 年的第 9 位,上升至 2015 年的第 6 位,其排名跨过了福建省、天津市和西藏自治区。这表明,重庆市具有较好的绿色发展态势,继续稳中求升,可能是其最为重要的工作之一。(见图 4—6、表 4—6)

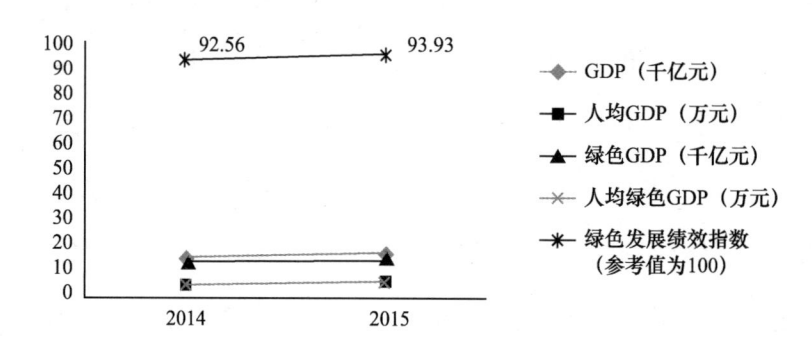

图 4—6　2014—2015 年重庆市绿色发展综合绩效年度变化曲线图

表 4—6　　2014—2015 年重庆市绿色发展综合绩效年度变化数据表

年度 指标	2014	2015
绿色发展绩效指数 (参考值为 100)	92.56	93.93
绿色发展绩效指数排名	9	6
GDP(千亿元)	14.26	15.72
GDP 排名	21	20
人均 GDP(万元)	4.77	5.21
人均 GDP 排名	12	11
绿色 GDP(千亿元)	13.20	14.77
绿色 GDP 排名	20	19
人均绿色 GDP(万元)	4.41	4.89
人均绿色 GDP 排名	11	11

重庆市经济规模并不大，仍有必要进一步通过提升绿色发展效率，快速增加经济总量。重庆市2014年的GDP总量为14262.60亿元，排名第21，2015年的GDP总量为15717.27亿元，增幅高达10.20%，排名第20。重庆市2014年的绿色GDP总量为13201.22亿元，排名第20，2015年的绿色GDP总量为14763.90亿元，增幅高达11.84%，排名第19。比较GDP与绿色GDP增幅，重庆市在2015年相比2014年的绿色GDP增幅要高出GDP增幅1.64%。这表明，重庆市绿色化程度也在逐步提升，其经济规模也有一定程度的增长。

重庆市人均"绿色创富"水平还有提升空间，人均绿色财富还可再增加。重庆市2014年的人均GDP为47678.68元，排名第12，2015年的人均GDP为52103.46元，增幅高达9.28%，排名第11。重庆市2014年的人均绿色GDP为44130.59元，排名第11，2015年的人均绿色GDP为48943.00元，增幅高达10.90%，排名第11。比较人均GDP与人均绿色GDP增幅，重庆市在2015年相比2014年的人均绿色GDP增幅要高出人均GDP增幅1.62%。这表明，重庆市绿色发展人均效率并不是很高，其绿色发展效率还有很大提升空间。

综上，重庆市作为我国西部地区唯一的直辖市，与其他直辖市一样，其经济规模并不是很大，但却在保持较高的经济增长速度的同时，绿色化程度也在稳步提升。如何继续保持绿色化程度不下滑，并稳步提升经济总量，可能仍是重庆市绿色发展中应该重点思考的问题。

7. 天津市

天津，简称"津"，中国四个中央直辖市之一，中国国家中心城市，超大城市，常住人口约1600万。位于华北平原海河五大支流汇流处，东临渤海，北依燕山，陆界长1137千米，海岸线长约153千米。天津因漕运而兴，明永乐二年十一月二十一日（1404年12月23日）正式筑城，是中国古代唯一有确切建城时间记录的城市。历经600多年历史，造就了天津中西合璧、古今兼容的独特城市风貌。地貌总轮廓为西北高而东南低，有山地、丘陵和平原三种地形，平原约占93%，除北部与燕山南侧接壤之处多为山地外，其余均属冲积平原。位于中纬度亚欧大陆东岸，主要受季风环流的支配，属暖温带半湿润季风性气候。海岸线位于渤海西部海域，南起歧口，北至涧河口，有丰富的滩涂资源、海洋生物资源、海水资源、海洋油气资源。2014年12月12日，位于天津市滨海新区的中国（天津）自由贸易试验区正式获得国家批准设立。2015年4月21日，中国（天津）自由贸易试验区正式挂牌，成为中国北方地区第一个自贸区。

天津市地理位置优越，是北京通往东北、华东地区铁路的交通咽喉和远洋航运的港口，有"河海要冲"和"畿辅门户"之称。天津处于环渤海经济圈的中心，是目前中国北方经济中心、环渤海地区经济中心、中国北方国际航运中心、中国北方国际物流中心、国际港口城市和生态城市、国际航运融资中心，滨海新区被誉为"中国经济第三增长极"。腹地辽阔，辐射华北、东北、西北13个省市自治区，对外面向东北亚，是中国北方最大的沿海开放城市。滨海新区的天津港是世界等级最高、中国最大的人工深水港、吞吐量世界第四的综合性港口。天津工业门类齐全、技术先进、配套能力强，发展潜力巨大。天津经济社会发展也面临诸多风险挑战，主要表现在：综合实力还不够强，经济总量不大，产业结构不够优化；创新能力亟待提升，民营经济发展不充分，全社会创新创造创业活力有待进一步释放；资源约束趋紧，污染防治任务依然艰巨；社会保障体系不够完善，公共服务水平不够高，基层社会治理有待加强；安全基础比较薄弱，安全生产形势依然严峻；市民文明素质和社会文明程度仍需提高，人才发展总体水平不高，高层次人才尤其是领军型人才紧缺。

"十三五"时期，天津着力打造经济升级版，提升社会发展整体效能，增强改革开放新优势，其国民经济和社会发展规划是：其一，经济保持平稳较快增长，实体经济不断壮大，产业结构优化升级，质量效益明显提高，协同发展取得新进展，开放型经济和城市国际化程度达到新水平，综合实力和城市影响力大幅提升,全市生产总值年均增长8.5%,服务业增加值占全市生产总值比重超过55%。其二,完善创新创业生态系统,创新人才大量集聚,自主创新能力增强,全社会研发经费支出占全市生产总值比重达到3.5%,综合科技进步水平保持全国前列。其三,加快推进生态文明建设,基本形成资源节约型、环境友好型的空间格局、产业结构、生产方式、生活方式,空气质量、水质达标率显著提高,林木绿化率大幅提升,建设生态良好、环境优美的绿色宜居之都。其四,增强文化软实力,市民思想道德素质、科学文化素质、健康素质明显提高,建设社会文明的魅力人文之都。其五,完善公共服务体系、稳步提高均等化水平,健全民主法制,居民收入增长和经济增长、劳动报酬提高和劳动生产率提高保持同步,居民主要健康指标达到世界先进水平,人民生活更加殷实。"十三五"期间,基本实现"一基地三区"定位,全面建成高质量小康社会。

天津市绿色发展程度处于全国前列,但2015年的绿色发展绩效指数有所微跌。经测算,天津市的绿色发展绩效指数平均值为93.94,其绿色发展绩效指数水平相对较高。其中,天津市2014年的绿色发展绩效指数为93.98,排名全国第4位。2015年,天津市的绿色发展绩效指数则下跌至93.90,其绿色发展绩效指数排名也从2014年的第4位,下跌至2015年的第7位。考虑到其绿色发展绩效指数并没有太大变化,其位次变化也并不是很明显,这种变化基本属于正常的调整范围,但值得进一步加强观测。(见图4—7、表4—7)

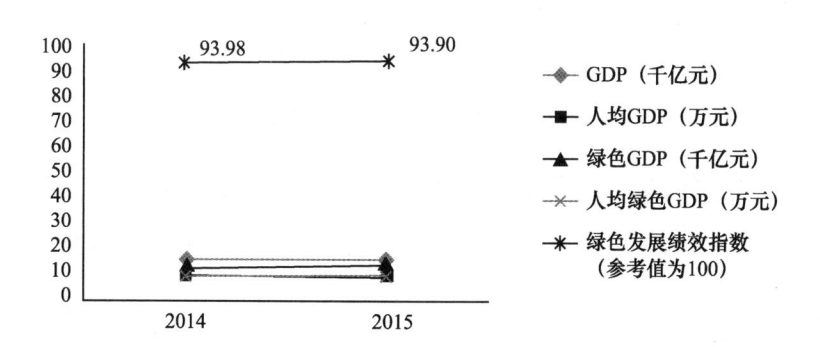

图4—7 2014—2015年天津市绿色发展综合绩效年度变化曲线图

表4—7 2014—2015年天津市绿色发展综合绩效年度变化数据表

指标＼年度	2014	2015
绿色发展绩效指数（参考值为100）	93.98	93.90
绿色发展绩效指数排名	4	7
GDP（千亿元）	15.73	16.54
GDP排名	17	19
人均GDP（万元）	10.37	10.69
人均GDP排名	1	1
绿色GDP（千亿元）	14.78	15.53
绿色GDP排名	16	17
人均绿色GDP（万元）	9.74	10.04
人均绿色GDP排名	1	1

天津市经济规模处于全国中游，绿色经济总量也基本处于相一致的水平。天津市2014年的GDP总量为15726.93亿元，排名第17，2015年的GDP总量为16538.19亿元，增幅高达5.16%，排名第19。天津市2014年的绿色GDP总量为14780.18亿元，排名第16，2015年的绿色GDP总量为15528.75亿元，增幅高达5.06%，排名第17。比较GDP与绿色GDP增幅，天津市在2015年相比2014年的绿色GDP增幅要低于GDP增幅0.10%。这表明，天津市绿色化程度与其经济规模的增长，基本保持了同步，并没有出现明显的绿色发展转型迹象，值得关注。

天津市人均"绿色创富"水平处于全国前三位，人均绿色财富量相对可观。天津市2014年的人均GDP为103684.25元，排名第1，2015年的人均GDP为106906.37元，增幅高达3.11%，排名第1。天津市2014年的人均绿色GDP为97442.53元，排名第1，2015年的人均绿色GDP为100383.00元，增幅高达3.02%，排名第1。比较人均GDP与人均绿色GDP增幅，天津市在2015年相比2014年的人均绿色GDP增幅低于人均GDP增幅0.09%。这也再次表明,天津市的绿色发展转型在2015年并没有明显改变的迹象,其生产方式、生活方式可能还在原有的惯性轨道上。

综上,天津市作为我国紧邻北京市的直辖市,几乎拥有与北京市不相上下的发展优势和条件。其人均GDP、人均绿色GDP值令人羡慕。其经济社会发展规模、绿色发展效率都还有很大提升空间。

8. 西藏自治区

西藏自治区,简称"藏",首府拉萨,是中国五个少数民族自治区之一。下辖5个地级市、2个地区。全区面积约为120万余平方千米,约占全国总面积的1/8,在全国各省市自治区中仅次于新疆维吾尔自治区。位于中国青藏高原西南部,北邻新疆维吾尔自治区,东连四川省,东北紧靠青海省,东南连接云南省,南与缅甸、印度、不丹、尼泊尔等国家毗邻,西与克什米尔地区接壤,陆地国界线4000多千米,是中国西南边陲的重要门户。西藏海拔4000米以上的地区占全区总面积的85.1%,素有"世界屋脊"和"地球第三极"之称,是世界上海拔最高的地方。全区地形可分为藏北高原、雅鲁藏布江流域、藏东峡谷地带三大区域。境内山脉大致可分为东西向和南北向两组,主要有喜马拉雅山脉、喀喇昆仑山—唐古拉山脉、昆仑山脉、冈底斯—念青唐古拉山脉和横断山脉,境内超过8000米的高峰有5座,其中,海拔8844.43米的世界第一高峰珠穆朗玛峰就耸立在中尼边界上。唐宋时期称为西藏为"吐蕃",元明时期称为"乌斯藏",清代称为"唐古特""图伯特"等,清康熙年间起称"西藏"至今。1951年5月23日,西藏和平解放。1965年9月9日,西藏自治区正式成立。

西藏地域辽阔,人口稀少,生态环境优良,土地资源丰富,未利用土地占土地总面积的30.71%,可利用潜力很大,天然草地面积超过内蒙古和新疆,位居全国第一,是中国主要的牧区之一。西藏是中国湖泊最多的地区,湖泊总面积约2.38万平方千米,约占全国湖泊总面积的30%。能源资源主要有水能、太阳能、地热能、风能等可再生能源，水能资源理论蕴藏量为2亿千瓦，约占全国的30%，居中国首位；太阳能资源居全国首位，是世界太阳能最丰富的地区之一；是中国地热活动最强烈的地区；矿产资源种类多，储量丰富；野生动植物资源丰富，种类多，数量大。西藏经济发展的初级性、依赖性、粗放性特征仍然明显，基础设施、产业规模、人力资源、开放水平、创新能力等瓶颈制约仍然存在，深化改革、脱贫攻坚、改善民生、生态文明建设任务仍然艰巨，反分裂斗争形势依然严峻。

"十三五"时期，西藏自治区经济和社会发展规划是：人民生活水平全面提升，地区生产总值保持两位数增长，全社会固定资产投资翻一番，消费水平显著提升，城乡居民人均可支配收入比2010年翻一番以上、接近全国平均水平，城乡居民住房条件显著改善，各族群众就业比较充分；解决区域性整体贫困，贫困人口脱贫；教育、文化、医疗、社会保障等公共服务体系更加健全，基本公共服务能力和均等化水平全面提升，主要指标接近或达到西部地区平均水平；地区生产总值保持两位数增长，全社会固定资产投资翻一番，居民消费水平显著提升；特色优势产业实力显著增强，三次产业协调发展，自我发展能力明显增强，城镇化水平进一步提升；基础设施条件全面改善，能源保障水平大幅提高，骨干水利工程建设取得重大进展，信息网络基础设施明显改善，经济社会信息化全面提高；生态文明建设取得明显成效，主体功能区布局基本形成，生态安全屏障功能明显增强，江河源头区、草原、河湖、湿地、天然林等生态系统及生物多样性得到有效保护，耕地保有量保持稳定，主要污染物和碳排放总量、单位生产总值能耗和水资源消耗量控制在国家核定范围，城镇环境空气质量保持优良；创建民族团结模范区，各族群众思想道德素质和科学文化素质明显提高，优秀传统文化得到全面保护传承，全社会法治意识不断增强，社会治理体系不断完善，治理能力全面提高。

西藏自治区绿化程度处于全国前列。经测算，西藏自治区的绿色发展绩效指数平均值为93.64，其绿色发展绩效指数水平相对较高。其中，西藏自治区2014年的绿色发展绩效指数为93.55，排名全国第5位。2015年，西藏自治区的绿色发展绩效指数则为93.73，排名全国第8位。西藏自治区绿色发展绩效指数的排名位次下跌并非绿色化程度降低而为,而是因为其他省市自治区均在提升绿色化程度,绿色发展绩效指数均有更大幅度提升所致。(见图4—8、表4—8)

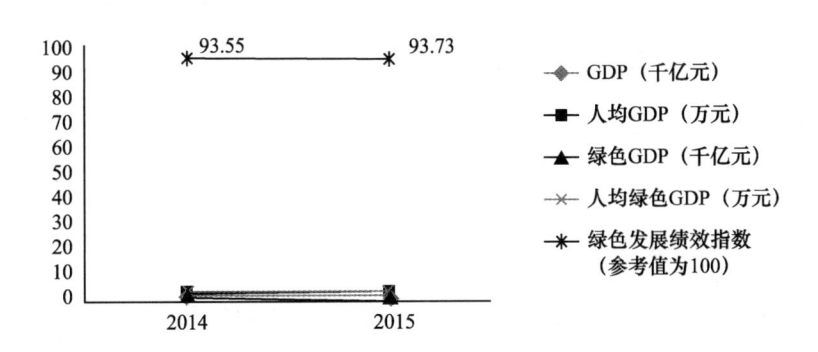

图4—8　2014—2015年西藏自治区绿色发展综合绩效年度变化曲线图

表4—8　　2014—2015年西藏自治区绿色发展综合绩效年度变化数据表

年度 指标	2014	2015
绿色发展绩效指数（参考值为100）	93.55	93.73
绿色发展绩效指数排名	5	8
GDP（千亿元）	0.92	1.03
GDP排名	31	31
人均GDP（万元）	2.90	3.17
人均GDP排名	28	27
绿色GDP（千亿元）	0.86	0.96
绿色GDP排名	31	31
人均绿色GDP（万元）	2.71	2.97
人均绿色GDP排名	27	27

西藏自治区经济规模全国末位,绿色发展水平仍较为低下。西藏自治区2014年的GDP总量只有920.83亿元,排名第31,2015年的GDP总量为1026.39亿元,增幅高达11.46%,排名第31。西藏自治区2014年的绿色GDP

总量为 861.45 亿元，排名第 31，2015 年的绿色 GDP 总量为 962.02 亿元，增幅高达 11.67%，排名第 31。比较 GDP 与绿色 GDP 增幅，西藏自治区在 2015 年相比 2014 年的绿色 GDP 增幅要高于 GDP 增幅 0.21%。这表明，西藏自治区仍保持了较高经济增长速度，绿色化程度与其经济规模的增长基本保持着同步，其"原生态的绿色发展模式"并没有太大改变。

西藏自治区的人均"绿色创富"水平处于全国末端，仍有相当大的提升空间。西藏自治区 2014 年的人均 GDP 为 28997.95 元，排名第 28，2015 年的人均 GDP 为 31681.64 元，增幅高达 9.25%，排名第 27。西藏自治区 2014 年的人均绿色 GDP 为 27127.95 元，排名第 27，2015 年的人均绿色 GDP 为 29694.86 元，增幅高达 9.46%，排名第 27。比较人均 GDP 与人均绿色 GDP 增幅，西藏自治区在 2015 年相比 2014 年的人均绿色 GDP 增幅要高于人均 GDP 增幅 0.21%，基本一致。这也再次表明，西藏自治区的绿色发展转型在 2015 年并没有明显改变的迹象，其生产方式、生活方式可能还在原有的惯性轨道上。

综上，西藏自治区因为独特的自然环境，及其长期形成生产方式、生活方式，使之成为我国开发程度较低的地区，也是我国生态环境保持最好的地区之一。但是，绿色发展并不是不发展，而是既要"绿色"，也要"发展"。因此，西藏自治区面临的最大问题，可能仍是发展，而且还是要"绿色发展"。

9. 福建省

福建，简称"闽"，省会福州。位于中国东南沿海，东北与浙江省毗邻，西北与江西省接界，西南与广东省相连，东隔台湾海峡与台湾相望。南北最长为 530 千米，西东最宽为 480 千米。福建省现有福州、莆田、泉州、厦门、漳州、龙岩、三明、南平、宁德 9 个地级市和平潭 1 个综合实验区。福建属于亚热带季风季候，地理特点是"依山傍海"，九成陆地面积为丘陵地带，被称为"八山一水一分田"。全省山地丘陵面积约占全省土地总面积的 90%，森林覆盖率高达 65.95%，居全国前列。海岸线长度居全国第二位，海岸曲折，陆地海岸线长达 3751.5 千米，共有岛屿 1500 多个。海坛岛现为全省第一大岛。福建位于东海与南海的交通要冲，海路可以到达南亚、西亚、东非，是历史上海上丝绸之路、郑和下西洋的起点，也是海上商贸集散地。与中国其他地方不同，福建沿海的文明是海洋文明，而内地客家地区是农业文明。依山傍海的特点也造就了福建丰富的旅游资源；而且除了海坛岛、鼓浪屿、武夷山、泰宁、清源山、白水洋、太姥山等自然风光外，还有土楼、安平桥、三坊七巷等人文景观。福建的民族组成比较单一，汉族占总人口的 97.84%，畲族为最主要的少数民族，占总人口的 1%，还有少量回族、满族等，其他民族比重极小。福建汉族内部语言文化高度多元，分化成多个族群。

福建地处东南沿海，地理位置优越，山海资源丰富，生态环境优越，文化底蕴深厚，产业升级成效显著，对台联系紧密，战略地位十分重要。近年来，福建省对外开放水平持续提升，闽台经济融合进一步深化，平潭综合实验区开放开发和福建自由贸易试验区、21 世纪海上丝绸之路核心区建设稳步推进，福州新区获批为国家级新区，发展的动力活力进一步增强。但福建省仍面临一些深层次矛盾和问题：面临加快结构调整与保持经济稳定增长、产业转型升级与创新动力不足、保持整体竞争力与要素成本上升、区域优先发展与均衡发展等矛盾，存在产业结构不够优、竞争力不够强，社会事业发展相对滞后，生态环境保护压力和难度加大等突出问题。传统要素优势正在减弱，结构性矛盾依然突出，经济运行潜在风险加大，资源和生态环境约束趋紧。居民生活水平有待提高，产业结构有待调整。

"十三五"时期，福建经济社会发展的主要目标是：其一，综合实力大幅提升。经济保持稳定较快、高于全国平均增长，地区生产总值年均增长 8.5%，一般公共预算总收入达 5800 亿元以上，全社会固定资产投资年均增长 15%，消费品零售总额年均增长 11%。其二，城乡区域更加协调。新型城镇化建设加快推进，发展格局进一步优化，福州、厦漳泉两大都市区同城化步伐加快，辐射作用进一步加强，中小城市和特色小城镇加快培育，区域间协作协同效益显著。其三，改革开放取得重大进展。重点领域和关键环节改革取得实质性突破，若干领域走在全国前列，若干区域成为全国改革排头兵和试验田。其四，创新创业活力显著增强。理论创新、制度创新、科技创新、文化创新等上新水平，创新在全社会蔚然成风。基本形成适应创新驱动发展要求的制度环境和人文环境。其五，人民生活水平全面提高。城乡居民人均收入年均增长8%，提前比2010年翻一番，到2018年现行国定扶贫标准贫困人口全部脱贫、2020年现行省定扶贫标准规定的贫困人口全部脱贫。

福建省绿色发展水平较高，绿色发展绩效指数稳居全国前列。经测算，福建省的绿色发展绩效指数平均值为93.18，其绿色发展绩效指数水平相对较高。其中，福建省2014年的绿色发展绩效指数为93.41，排名全国第6位。2015年，福建省的绿色发展绩效指数则为92.95，排名全国第9位。相比2014年，2015年福建省的绿色发展绩效指数排名下降了3个位次。其绿色发展绩效指数值也有相应下降。不过，这个下降幅度并不是很大，并没有撼动福建省绿色发展水平仍然较高的全国地位，基本可以看作是年度性的正常调整所致。（见图4—9、表4—9）

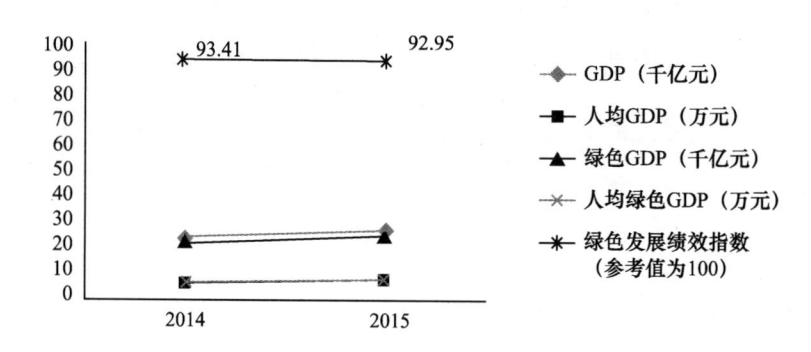

图4—9　2014—2015年福建省绿色发展综合绩效年度变化曲线图

表4—9　　2014—2015年福建省绿色发展综合绩效年度变化数据表

年度 指标	2014	2015
绿色发展绩效指数 （参考值为100）	93.41	92.95
绿色发展绩效指数排名	6	9
GDP（千亿元）	24.06	25.98

续表

年度 指标	2014	2015
GDP 排名	11	11
人均 GDP（万元）	6.32	6.77
人均 GDP 排名	9	8
绿色 GDP（千亿元）	22.47	24.15
绿色 GDP 排名	11	10
人均绿色 GDP（万元）	5.90	6.29
人均绿色 GDP 排名	8	7

福建省的经济规模一直处于全国中上游，绿色发展水平也相对较高。福建省2014年的GDP总量为24055.76亿元，排名第11，2015年的GDP总量为25979.82亿元，增幅高达8.00%，排名第11。福建省2014年的绿色GDP总量为22469.64亿元，排名第11，2015年的绿色GDP总量为24148.29亿元，增幅高达7.47%，排名第10。比较GDP与绿色GDP增幅，福建省在2015年相比2014年的绿色GDP增幅要低于GDP增幅0.53%。这表明，福建省仍保持了较高经济增长速度，绿色化程度与其经济规模的增长基本保持着同步，其发展模式似乎并没有太大改变。

福建省的人均"绿色创富"水平基本可以算作第一阵列，人均绿色财富水平相对可观。福建省2014年的人均GDP为63204.83元，排名第9，2015年的人均GDP为67673.40元，增幅高达7.07%，排名第8。福建省2014年的人均绿色GDP为59037.40元，排名第8，2015年的人均绿色GDP为62902.55元，增幅高达6.55%，排名第7。比较人均GDP与人均绿色GDP增幅，福建省在2015年相比2014年的人均绿色GDP增幅要低于人均GDP增幅0.52%，两者保持基本一致。这也再次表明，福建省的绿色发展转型在2015年同样没有明显改变迹象，其生产方式、生活方式可能还在原有的惯性轨道上。

综上，福建省是我国东南沿海大省，其经济规模较为庞大，并拥有得天独厚的沿海、沿边开放资源，这应该是为其绿色发展创造了极好的条件。但从本次的研究结果来看，福建省的绿色发展在其经济规模、绿色发展的人均效率方面，还有很大提升空间。

10. 山东省

山东，简称"鲁"，省会济南，因居太行山以东而得名。先秦时期隶属齐国、鲁国，故别名齐鲁，是儒家文化发源地。下辖17个地级市（包括2个副省级城市）。地处华东沿海、黄河下游、京杭大运河中北段，是华东地区的最北端省份，西部为黄淮海平原，连接中原，从北向南分别与河北、河南、安徽、江苏四省接壤，北隔渤海海峡与辽东半岛相对，东部及东南部临靠较宽阔的黄海。山东境内中部山地突起，西南、西北低洼平坦，东部缓丘起伏，形成了以山地丘陵为骨架、平原盆地交错环列其间的地形。气候属暖温带季风气候类型，降水集中，雨热同季。山东是传统儒家文化发源地，儒家思想的创始人有曲阜的孔子、邹城的孟子，以及墨家思想的创始人滕州的墨子、军事家孙子等，均出生于今山东。姜太公在临淄建立齐国，成就了齐桓公、管仲、晏婴、鲍叔牙、孙武、孙膑、邹衍等一大批名人志士，齐国还创建了世界上第一所官方举办、私家主持的高等学府——稷下学宫。山东省海洋资源得天独厚，东部近海海域占渤海和黄海总面积的37%，滩涂面积占全国的15%，为近海养殖提供了无与伦比的优越条件，大型优良海港众多，沿海开放条件优越。

山东是中国经济最发达的省份之一，经济实力强劲，是中国人口第二大省，人力资源十分丰富。山东也是著名的农业大省，农业历史悠久，耕地率属全国最高省份，农业增加值长期稳居各省份第一位。不仅栽培植物、饲养畜禽品种资源丰富，而且可资利用的野生动、植物资源也很丰富。山东工业发达，工业总产值及工业增加值居中国各省市自治区前三位，特别是一些大型企业较多，是中国重要的粮棉油肉蛋奶的产地，轻工业特别是纺织和食品工业相当发达。山东省经济社会发展仍面临一些深层次矛盾和问题：原有粗放型发展模式已难以为继，资源环境承载力接近饱和；科研成果转化和激励机制不完善，人才特别是高端人才不能满足转型发展的需要，创新驱动的引擎作用尚未得到充分发挥；重点领域改革攻坚难度加大，对外开放的广度和深度有待于进一步拓展；人口老龄化趋势明显，劳动适龄人口数量下降；基本公共服务不够均衡，消除贫困任务艰巨；群众利益诉求复杂多元，社会治理难度加大，文明素质和社会文明程度有待提高。

"十三五"时期，山东省国民经济和社会发展规划是：经济保持中高速增长，在提高发展平衡性、包容性、可持续性的基础上，提前实现经济总量和城乡居民人均收入比2010年翻一番，城乡居民收入增幅超过地区生产总值增幅，农村居民收入增幅超过城镇居民收入增幅；产业迈向中高端水平，发展质量效益明显提高，以现代农业为基础、先进制造业为支柱、战略性新兴产业为引领、服务业为主导的现代产业新体系基本形成，创新型省份建设达到更高水平；基本公共服务均等化水平稳步提高，教育现代化加快推进，劳动年龄人口受教育年限明显增加，脱贫攻坚任务顺利完成，社会保障体系健全完善，人民生活水平和质量普遍提高；人民思想道德素质、科学文化素质、健康素质明显提高，社会法治意识不断增强；发展协调性全面增强，空间发展格局更加优化，城乡、地区差距进一步缩小；生态环境质量显著改善，生产方式和生活方式绿色、低碳水平上升，能源资源利用效率大幅提高，水和大气质量持续提升，主体功能区布局和生态安全屏障基本形成；覆盖城乡的公共文化服务体系基本建成，文化发展主要指标达到全国先进水平；省域内治理体系和治理能力现代化水平不断提高，重要领域和关键环节改革取得决定性成果。

山东省绿色发展水平较高，绿色发展绩效指数居于全国前列。经测算，山东省的绿色发展绩效指数平均值为90.09，其绿色发展绩效指数水平相对较高。其中，山东省2014年的绿色发展绩效指数为88.91，排名全国第12位。2015年，山东省的绿色发展绩效指数则为91.27，排名全国第10位。相比2014年，2015年山东省的绿色发展绩效指数有了较为明显的上升，排名也相应提升了2个位次。这个上升幅度在全国来讲，还是很少见的。如果这种提升比较稳定，这也将从一定程度上反映出山东省在绿色发展方面已经开始做出努力。（见图4—10、表4—10）

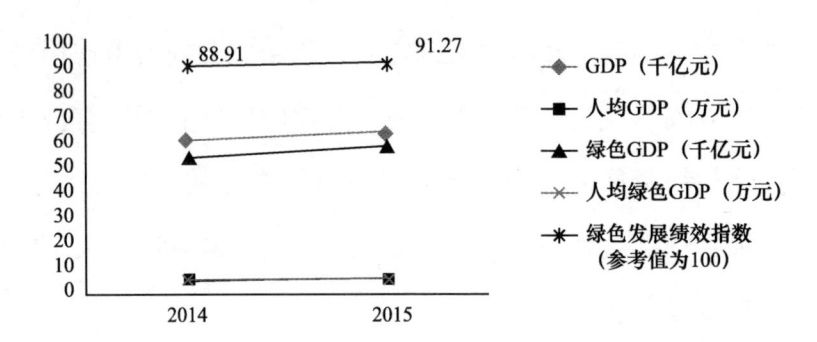

图4—10 2014—2015年山东省绿色发展综合绩效年度变化曲线图

表4—10 2014—2015年山东省绿色发展综合绩效年度变化数据表

年度 指标	2014	2015
绿色发展绩效指数 （参考值为100）	88.91	91.27
绿色发展绩效指数排名	12	10
GDP（千亿元）	59.43	63.00
GDP排名	3	3
人均GDP（万元）	6.07	6.40
人均GDP排名	10	10
绿色GDP（千亿元）	52.84	57.50
绿色GDP排名	3	3
人均绿色GDP（万元）	5.40	5.84
人均绿色GDP排名	9	9

山东省的经济规模已经跃居全国前三名，为实现绿色发展奠定了厚实的基础。山东省2014年的GDP总量为59426.59亿元，排名第3，2015年的GDP总量为63002.33亿元，增幅高达6.02%，排名第3。山东省2014年的绿色GDP总量为52836.65亿元，排名第3，2015年的绿色GDP总量为57503.91亿元，增幅高达8.83%，排名第3。比较GDP与绿色GDP增幅，山东省在2015年相比2014年的绿色GDP增幅要高于GDP增幅2.81%，这在当年的全国还比较少见。这表明，山东省在保持经济规模高速增长的同时，也在逐渐提升其

绿色化程度，如果这一态势能够保持相对稳定，则基本可判定其经济社会发展的绿色转型初现端倪。

山东省的人均"绿色创富"水平处于全国前列，人均绿色财富水平相对可观。山东省2014年的人均GDP为60707.52元，排名第10，2015年的人均GDP为63981.24元，增幅高达5.39%，排名第10。山东省2014年的人均绿色GDP为53975.53元，排名第9，2015年的人均绿色GDP为58397.39元，增幅高达8.19%，排名第9。比较人均GDP与人均绿色GDP增幅，山东省在2015年相比2014年的人均绿色GDP增幅要高于人均GDP增幅2.80%。这也再次表明，山东省在保持经济规模高速增长的同时，应该是已经开始了绿色发展的实际转型。其绿色发展前景令人期待。

综上，山东省的经济总量位居全国前三名，占中国GDP总量的1/9。其人口数量也在稳步增长，并跃居全国人口数量的第二大省。由此，山东省的绿色发展，又面临着人口数量庞大与经济增速不能放缓的双重压力。对于山东省的绿色发展而言，加速形成绿色生产方式和绿色生活方式，二者决不可偏废。

11. 湖北省

湖北省，简称"鄂"，位于中国中部，地处长江中游，洞庭湖以北，故名湖北，历史悠久。湖北东邻安徽，南界江西、湖南，西连重庆，西北与陕西接壤，北与河南毗邻。东西长约740千米，南北宽约470千米。全省国土总面积约18.59万平方千米，占全国总面积的1.94%。全省地势大致为东、西、北三面环山，中间低平，略呈向南敞开的不完整盆地。在全省总面积中，山地占56%，丘陵占24%，平原湖区占20%。湖北境内除长江、汉江干流外，省内各级河流河长5千米以上的有4228条，河流总长5.92万千米，其中河长在100千米以上的河流41条。长江自西向东，流贯省内26个县市，西起巴东县鳊鱼溪河口入境，东至黄梅滨江出境，流程1041余千米。境内的长江支流有汉水、沮水、漳水、清江、东荆河、陆水、滠水、倒水、举水、巴水、浠水、富水等。湖北地处亚热带，位于典型的季风区内。全省除高山地区外，大部分为亚热带季风性湿润气候，光能充足，热量丰富，无霜期长，降水充沛，雨热同季。全省自然地理条件优越，海拔高低悬殊，树木垂直分布层次分明，优越的森林植被呈现出普遍性与多样化的特点。湖北省现辖17个地市州。

湖北工业基础雄厚，教育科技发达，农业历史悠久，人力资源丰富，自然生态良好，是全国著名的"鱼米之乡"，"九省通衢"，交通十分便利，形成了以武汉为中心的中部城市群，位于中国几大经济圈的十字交汇点上，经济发展优势十分明显。然而，湖北属于东中西的接合部，是欠发达地区。新形势下，湖北省经济社会发展还面临着很多挑战，主要表现在：地区发展不够充分、经济总量和人均经济占有量水平不高的省情仍然存在，供给侧结构性改革压力巨大，农业现代化水平不高，生产方式较为粗放，工业整体竞争力不强，服务业发展不足，部分行业产能过剩、企业效益不佳的问题依然存在，面临总量扩大和质量提升的双重任务；体制机制活力不足，开放型经济发展偏弱，民营经济不强，科教优势发挥不够，面临创新驱动不足和要素驱动减弱的双重压力；区域发展不平衡，城乡差距较大，"四大片区"扶贫攻坚任务繁重，生态环境改善任务重，面临四化同步发展和建设生态文明的双重责任；民生改善与人民群众的要求还有较大差距，社会治理能力有待提高，维护社会和谐稳定的压力较大。

"十三五"时期，湖北省经济社会发展目标是：经济增速继续保持高于全国、中部领先，在结构优化、转型提质的基础上，全省生产总值和城乡居民人均可支配收入比2010年提前翻一番。产业迈向中高端水平，实体经济核心竞争力显著提升，培育2个以上收入过万亿元的产业和5个以上收入过5000亿元的产业，基本建成"四基地一枢纽"。高质量就业更加充分，居民收入增长和经济增长同步，收入分配更加合理，社会保障体系趋于完善。现行标准下贫困人口全部脱贫，贫困村全部出列，贫困县全部摘帽，在中部地区率先实现脱贫目标。公共服务体系更加健全，总体实现基本公共服务均等化。精神文化产品更加丰富，荆楚文化品牌更加响亮，现代公共文化服务体系基本建成，文化产业成为支柱产业，迈入文化强省行列。生态环境质量明显改善，"绿满荆楚"行动目标全面实现,能源资源开发利用效率大幅提高,节能减排水平进一步提升,全面完成国家下达的约束性指标任务。水、大气、土壤污染等环境问题得到有效遏制。全面深化改革取得阶段性成果,基本建成法治政府,政府治理能力显著增强,人民权益得到切实保障,社会公平正义得到有效维护。

湖北省绿色发展水平较高,2015年湖北省的绿色发展绩效指数居于全国第11位。经测算,湖北省的绿色发展绩效指数平均值为90.56,其绿色发展绩效指数已经属于较高水平。其中,湖北省2014年的绿色发展绩效指数为89.92,排名全国第10位。2015年,湖北省的绿色发展绩效指数则为91.19,排名全国第11位。相比2014年,2015年湖北省的绿色发展绩效指数下降了1个位次,其绝对值数据并无太大变化。这个微小变化基本可以看作是正常范围内的变动。这也表明,湖北省的绿色发展态势是基本稳定的。(见图4—11、表4—11)

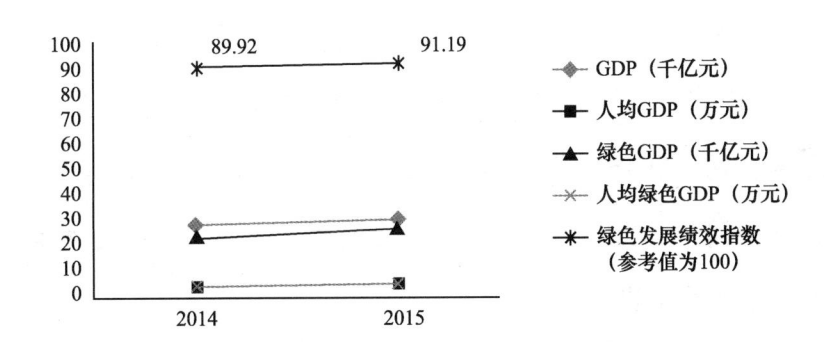

图4—11 2014—2015年湖北省绿色发展综合绩效年度变化曲线图

表4—11　　2014—2015年湖北省绿色发展综合绩效年度变化数据表

指标＼年度	2014	2015
绿色发展绩效指数（参考值为100）	89.92	91.19
绿色发展绩效指数排名	10	11
GDP（千亿元）	27.38	29.55
GDP排名	9	8

续表

年度 指标	2014	2015
人均GDP（万元）	4.71	5.05
人均GDP排名	13	13
绿色GDP（千亿元）	24.62	26.95
绿色GDP排名	8	6
人均绿色GDP（万元）	4.23	4.61
人均绿色GDP排名	13	12

湖北省的经济规模位居全国前列，其绿色发展趋势值得期待。湖北省2014年的GDP总量为27379.22亿元，排名第9，2015年的GDP总量为29550.19亿元，增幅高达7.93%，排名第8。湖北省2014年的绿色GDP总量为24619.27亿元，排名第8，2015年的绿色GDP总量为26947.07亿元，增幅高达9.46%，排名第6。比较GDP与绿色GDP增幅，湖北省在2015年相比2014年的绿色GDP增幅要高于GDP增幅1.53%，这表明，湖北省在保持经济规模高速增长的同时，也在逐渐提升其绿色化程度，如果这一态势能够保持相对稳定，其前景则令人期待。

2015年湖北省的人均绿色GDP位居全国第12位，人均"绿色创富"水平实现了稳定增长。湖北省2014年的人均GDP为47075.69元，排名第13，2015年的人均GDP为50500.20元，增幅高达7.27%，排名第13。湖北省2014年的人均绿色GDP为42330.24元，排名第13，2015年的人均绿色GDP为46051.56元，增幅高达8.79%，排名第12。比较人均GDP与人均绿色GDP增幅，湖北省在2015年相比2014年的人均绿色GDP增幅要高于人均GDP增幅1.52%。这也再次表明，湖北省在保持经济规模高速增长的同时，已经出现了绿色发展的良好态势。

综上，湖北省地处我国中部腹地，资源丰富，绿色发展潜力充裕，表现不俗。尤其是最近几年，湖北省委省政府始终跟党中央保持高度一致，明确提出

"市场决定取舍、绿色决定生死、民生决定目的"的三维纲要,提出了一系列重大举措狠抓湖北省的绿色发展。研究表明,这些基本措施的实施已经初显成效,湖北省正在向习近平总书记视察湖北时的殷殷嘱托——"建成支点,走在前列"——稳步迈进。

12. 江西省

江西省,简称"赣",别称"赣鄱大地",是江南著名的"鱼米之乡",古有"吴头楚尾,粤户闽庭"之称。因公元733年唐玄宗设江南西道而得省名,又因省内最大河流为赣江而简称"赣"。江西省东邻浙江省、福建省,南连广东省,西接湖南省,北毗湖北省、安徽省而共接长江,属于华东地区。江西省面积16.69万平方千米,辖11个地级市、100个县(市、区),省会为南昌市。省内除北部较为平坦外,东西南部三面环山,中部丘陵起伏,成为一个整体向鄱阳湖倾斜而往北开口的巨大盆地。有大小河流2400余条,赣江、抚河、信江、修河和饶河为江西五大河流。鄱阳湖是中国第一大淡水湖。江西处北回归线附近,全省气候温暖,雨量充沛,年均降水量1341毫米到1940毫米,无霜期长,为亚热带湿润气候。江西粮食作物以稻子为主,次为小麦。还盛产油菜、油茶、茶叶、黄麻、苎麻和柑橘。茶叶多产于北部山地,"宁红""婺绿"均为我国茶中名产。主要工业为有色冶金、煤炭、钢铁、机械制造、化肥等。江西省景德镇的瓷器工艺历史悠久,产品驰名中外。江西省汉语方言主要有赣语、客家语、江淮官话、西南官话、吴语、徽语。

江西省生态环境良好,资源丰富,经济发展后劲足。绿色生态是江西最大的财富、最大的优势、最大的品牌,以建设国家生态文明先行示范区为抓手,大力发展绿色产业,实施绿色工程,培育绿色文化,打造绿色品牌,健全绿色制度,加快绿色崛起步伐,建设现代农业强省。江西地处中部,承东启西,贯通南北,既处于长江经济带和京九经济带的中心腹地,又是唯一同时毗邻长江三角洲、珠江三角洲以及闽南经济区的省份,地理位置较为优越,具有一定的区位优势。然而发展不足仍然是江西面临的主要矛盾：有效需求不足，传统发展模式动力减弱，保持经济健康发展的难度增加；产业层次总体较低，创新能力不强，转型升级任务艰巨；企业效益下滑，商品房库存偏高，经济领域风险隐患较多；资源约束进一步增强，生态环境面临的压力不断加大；人口老龄化加快，基本公共服务供给不足，扶贫攻坚任务十分繁重，影响社会稳定的因素增多；社会文明素质有待提高，法治江西建设任重道远，党员干部作风建设还有待进一步加强。

"十三五"时期，江西省国民经济和社会发展的目标是：与2010年相比，地区生产总值和城乡居民人均收入提前实现翻一番，全面建成小康社会。具体表现为：其一，综合实力再上新台阶。在提高发展平衡性、包容性、可持续性的基础上，保持经济中高速增长，地区生产总值年均增长8.5%左右，财政总收入年均增长9%左右。其二，转型升级取得突破性进展。战略性新兴产业和先进制造业加快发展，服务业比重明显提高，农业现代化取得新进展，一、二、三产业互促融合发展。其三，生态文明先行示范区基本建成。全省主体功能区布局基本形成，生态文明制度体系基本健全。生态环境质量进一步提升，森林覆盖率稳定在63%以上，全省主要地表水监测断面Ⅲ类以上水质提高到81%以上。万元GDP能耗和用水量、二氧化碳以及主要污染物排放量持续下降。其四，人民生活水平和质量普遍提高。居民收入与经济增长同步，城镇居民人均可支配收入年均增长9%左右，农民人均可支配收入年均增长9.5%左右。其五，社会治理体系和治理能力现代化取得重大进展。全面深化改革取得决定性成果，若干领域成为全国改革创新试验区，人民民主更加健全，法治政府基本建成，司法公信力明显提高，开放型经济新体制基本形成，各方面制度更加定型。

江西省2015年的绿色发展绩效指数居于全国第12位，绿色发展水平相对稳定。经测算，江西省的绿色发展绩效指数平均值为90.03，其绿色发展绩效指数水平相对较高。其中，江西省2014年的绿色发展绩效指数为89.48，排名全国第11位。2015年，江西省的绿色发展绩效指数则为90.58，排名全国第12位。相比2014年，2015年江西省的绿色发展绩效指数下降了1个位次，其绝对值数据并无太大变化。这个微小变化基本可以看作是正常范围内的变动。这也表明，江西省的绿色发展仍在起步阶段。（见图4—12、表4—12）

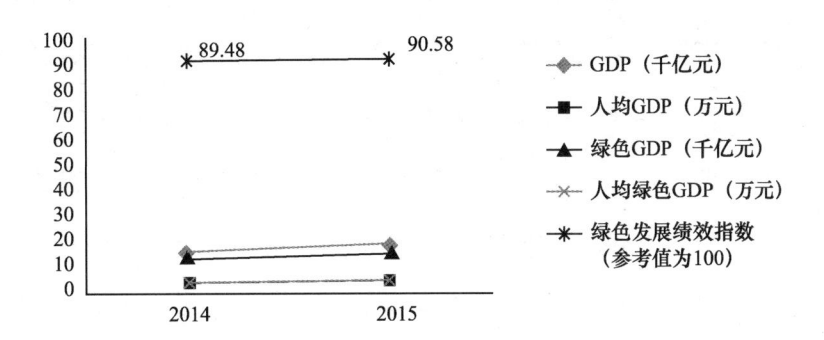

图4—12　2014—2015年江西省绿色发展综合绩效年度变化曲线图

表4—12　　2014—2015年江西省绿色发展综合绩效年度变化数据表

年度 指标	2014	2015
绿色发展绩效指数 （参考值为100）	89.48	90.58
绿色发展绩效指数排名	11	12
GDP（千亿元）	15.71	16.72
GDP排名	18	18
人均GDP（万元）	3.46	3.66
人均GDP排名	25	24
绿色GDP（千亿元）	14.06	15.15
绿色GDP排名	18	18
人均绿色GDP（万元）	3.10	3.32
人均绿色GDP排名	21	21

江西省的经济规模绝对数值并不大，2015年江西省的绿色GDP排名第18位。江西省2014年的GDP总量为15714.63亿元，排名第18，2015年的GDP总量为16723.78亿元，增幅高达6.42%，排名第18。江西省2014年的绿色GDP总量为14061.96亿元，排名第18，2015年的绿色GDP总量为15148.69

亿元，增幅高达7.73%，排名第18。比较GDP与绿色GDP增幅，江西省在2015年相比2014年的绿色GDP增幅要高于GDP增幅1.31%，这表明，江西省的绿色发展尚未出现明显的转型态势，基本上保持了相对稳定的发展趋势。

2015年江西省的人均绿色GDP位居全国第21位，人均"绿色创富"水平增幅稳定。江西省2014年的人均GDP为34597.26元，排名第25，2015年的人均GDP为36629.73元，增幅高达5.87%，排名第24。江西省2014年的人均绿色GDP为30958.75元，排名第21，2015年的人均绿色GDP为33179.84元，增幅高达7.17%，排名第21。比较人均GDP与人均绿色GDP增幅，江西省在2015年相比2014年的人均绿色GDP增幅要高于人均GDP增幅1.30%。这也再次表明，江西省在保持经济规模高速增长的同时，基本出现了绿色发展的态势，但其前景还有待观察。

综上，江西省素有江南"鱼米之乡"，古有"吴头楚尾，粤户闽庭"之称。但是，江西省的GDP、绿色GDP、人均GDP、人均绿色GDP数值并不高。对于江西省而言，想办法继续通过提高绿色发展效率，大幅提振经济规模，可能仍是一项需要长期坚持的重要工作。

13. 河南省

河南，古称中原、豫州、中州，简称"豫"，因大部分位于黄河以南，故名河南。河南位于中国中东部、黄河中下游，东接安徽、山东，北界河北、山西，西连陕西，南临湖北，呈望北向南、承东启西之势。河南共下辖17个地级市，1个省直管县级市，省会郑州。河南是中华民族与中华文明的主要发祥地之一，中国古代四大发明中的指南针、造纸、火药三大技术均发明于河南。历史上先后有20多个朝代建都或迁都河南，诞生了洛阳、开封、安阳、郑州、商丘等古都，为中国古都数量最多最密集的省区。河南有老子、庄子、墨子、韩非子、商鞅、张良、张衡、杜甫、吴道子、岳飞等历史名人。河南是中国第一人口大省、第一农业大省、劳动力输出大省。2014年，河南粮食产量

1154.46亿斤,占全国总产量的9.5%。河南全省铁路、高铁、高速公路通车里程均居中国前列。河南文物古迹众多,旅游资源丰富。截至2014年底,河南全省共有A级旅游景区327处。其中4A级以上景区126处,24处世界文化遗产。

河南是华夏文明的发祥地之一,人文底蕴深厚,文化资源优势突出,人力资源丰富,交通十分便利,地势平坦,自然环境良好,农业基础厚实,为河南经济社会发展提供了保障。当前,河南经济社会发展面临着诸多优势,是"一带一路"的必经之地,是国家制定中部崛起战略的受益省份之一,河南产业集聚配套功能不断完善,发展载体优势持续提升。但是,河南经济社会发展也面临着一些困难,主要表现在:经济下行压力大,传统产业拉动力量逐渐减弱消退,新兴产业尚未形成有效支撑,推动新旧产业转换任务艰巨;城镇化水平低仍是制约经济社会发展的主要症结,城市综合承载力和带动力不强,农村基本公共服务保障能力弱,推动城乡发展一体化任务艰巨;自主创新能力弱,高层次人才不足,促进创新的体制架构尚未形成,推动创新驱动发展任务艰巨;资源环境约束加剧,雾霾天气、水污染、土壤污染、农村环境污染等问题严重,推动绿色低碳发展任务艰巨;市场机制不完善,市场活力和内生动力仍需进一步激发,推动经济体制改革任务艰巨;贫困人口基数大,且集中在"三山一滩"(大别山、伏牛山、太行山、黄河滩区)等基础设施薄弱和生产要素相对匮乏的偏远地区,推动脱贫攻坚任务十分艰巨。

河南省"十三五"期间经济社会发展的总体目标是:其一,经济保持较高速度增长。在提高发展平衡性、包容性、可持续性基础上,全省地区生产总值和城乡居民人均收入比2010年翻一番以上。其二,转型升级和创新驱动实现新突破,工业化、信息化基本实现。其三,人民生活水平和质量普遍提高。就业、教育、社保、医疗、住房、养老等公共服务体系更加健全,基本公共服务均等化水平稳步提高,收入差距缩小,教育现代化取得重要进展,全民受教育程度显著提高,全民素质和社会文明程度明显提高。其四,生态环境质量总体改善。资源节约型、环境友好型社会建设取得进展,生产方式和生活方式绿色、低碳水平上升,能源和水资源消耗、建设用地、碳排放总量控制在国家下达计划内，主要污染物排放总量大幅减少，空气和水环境质量明显提高，森林覆盖率和森林蓄积量持续增长，生态文明重大制度基本确立，生态系统步入良性循环。其五，治理体系和治理能力现代化迈出重大步伐。重要领域和关键环节改革取得决定性成果，系统完备、科学规范、运行有效的制度体系基本形成，各方面制度更加成熟、更加定型。人民民主更加健全，法治建设水平明显提升。

  河南省2015年的绿色发展绩效指数居于全国第13位，绿色发展水平处于全国中游。经测算，河南省的绿色发展绩效指数平均值为88.58，与2015年全国省市自治区的平均水平相当。其中，河南省2014年的绿色发展绩效指数为87.53，排名全国第15位。2015年，河南省的绿色发展绩效指数则为89.63，排名全国第13位。相比2014年，2015年河南省的绿色发展绩效指数提升了2个位次，其绝对值数据并无太大变化。这个微小变化基本可以看作是正常范围内的变动。这也表明，河南省的绿色发展态势仍在起步阶段。（见图4—13、表4—13）

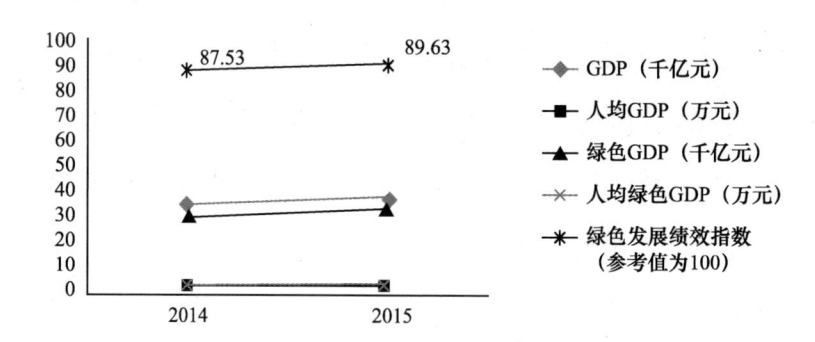

图4—13　2014—2015年河南省绿色发展综合绩效年度变化曲线图

表4—13　2014—2015年河南省绿色发展综合绩效年度变化数据表

年度 指标	2014	2015
绿色发展绩效指数 （参考值为100）	87.53	89.63
绿色发展绩效指数排名	15	13

续表

年度 指标	2014	2015
GDP（千亿元）	34.94	37.00
GDP 排名	5	5
人均 GDP（万元）	3.70	3.90
人均 GDP 排名	22	22
绿色 GDP（千亿元）	30.58	33.16
绿色 GDP 排名	5	5
人均绿色 GDP（万元）	3.24	3.50
人均绿色 GDP 排名	18	18

河南省2015年的经济总量已经跃居全国第5位，连续两年处于前列。河南省2014年的GDP总量为34938.24亿元，排名第5，2015年的GDP总量为37002.16亿元，增幅高达5.91%，排名第5。河南省2014年的绿色GDP总量为30581.77亿元，排名第5，2015年的绿色GDP总量为33164.86亿元，增幅高达8.45%，排名第5。比较GDP与绿色GDP增幅，河南省在2015年相比2014年的绿色GDP增幅要高于GDP增幅2.54%，这表明，河南省的绿色发展转型初现端倪。

2015年河南省的人均绿色GDP位居全国第18位，人均"绿色创富"水平增幅稳定。河南省2014年的人均GDP为37026.54元，排名第22，2015年的人均GDP为39031.81元，增幅高达5.42%，排名第22。河南省2014年的人均绿色GDP为32409.68元，排名第18，2015年的人均绿色GDP为34984.03元，增幅高达7.94%，排名第18。比较人均GDP与人均绿色GDP增幅，河南省在2015年相比2014年的人均绿色GDP增幅要高于人均GDP增幅2.52%。这也再次表明，河南省在保持经济规模高速增长的同时，基本出现了绿色发展的态势，但其前景还有待观察。

综上，河南省是传统的"中原大省"，文物古迹众多，旅游资源丰富，但其人口数量庞大。如何通过提高绿色生产效率，加速缓解人口增长与经济规模扩大之间的矛盾，始终是河南省要积极面对的严峻问题。

14. 四川省

四川，简称"川"或"蜀"，省会成都，位于中国西南内陆腹地，自古就有"天府之国"之美誉，是大熊猫的故乡。四川省今与重庆、贵州、云南、西藏、青海、甘肃、陕西诸省市自治区交界。四川位于中国内陆地势三大阶梯中的第一级和第二级，即处于第一级青藏高原和第二级长江中下游平原的过渡带，地势高低悬殊，西高东低特点特别明显。西部为高原、山地，海拔多在4000米以上；东部为盆地、丘陵，海拔多在1000—3000米之间。全省可分为四川盆地、川西北高原和川西南山地三大部分。四川盆地是中国四大盆地之一，面积约为16.5万平方千米。四川盆地四周北部为秦岭，东部为米仓山、大巴山，南部为大娄山，西北部为龙门山、邛崃山等山地环绕。盆地西部为川西平原土地肥沃，为都江堰自流灌溉区，土地生产能力高；盆地中部为紫色丘陵区，地势微向南倾斜，岷江、沱江、涪江、嘉陵江从北部山地向南流入长江。四川省历史悠久，文化灿烂，自然风光绚丽多彩，拥有九寨沟、黄龙、都江堰、青城山、乐山大佛、峨眉山、三星堆、金沙遗址、武侯祠、杜甫草堂、宽窄巷子、阆中古城、海螺沟及四姑娘山、稻城亚丁等享誉海内外的旅游景区。

四川省区位优势明显，地势平坦，文化底蕴深厚，自然资源十分丰富，交通便利，是中国重要的经济、工业、农业、军事、旅游、文化大省。省会成都市在1993年就被国务院确定为中国西南地区的科技、商贸、金融中心和交通、通信枢纽。近年来，四川省转方式调结构取得实质性突破，特色优势产业、战略性新兴产业、高端成长型产业和新兴先导型服务业加快发展，农业现代化稳步推进，科技创新能力提升，新的增长动力孕育壮大。多点多极支撑发展格局加快演进，天府新区上升为国家级新区，呈现出首位一马当先、梯次竞相跨越、底部基础夯实的发展态势。但四川省经济社会发展还有诸多问题，主要表现在：稳定增长的挑战，促进投资较快增长难度加大，工业结构调整任务繁重；转型升级的挑战，部分传统产业产能过剩严重，面临不升级则迅速萎缩的现实压力；创新驱动的挑战，科技与经济联系不紧密，科教资源优势没有充分发挥，协调发展的挑战，区域不平衡问题依然突出，城乡一体化发展水平较低，经济与社会发展不够协调；开放合作的挑战，开放型经济发展水平不高。

"十三五"时期，四川省经济社会发展的目标是：其一，保持高于全国的经济增长速度。在提高发展平衡性、包容性、可持续性的基础上，地区生产总值年均增长7%以上，到2020年地区生产总值和城乡居民人均收入比2010年翻一番以上，人均地区生产总值与全国平均水平的差距进一步缩小。其二，人民生活水平及其质量全面提高。就业、教育、文化、社保、医疗、住房等公共服务体系更加健全，基本公共服务均等化水平稳步提高。其三，公民素质和社会文明程度普遍提升。文化产业成为支柱性产业，巴蜀优秀文化影响持续扩大。其四，生态建设和环境治理取得显著成效。长江上游生态屏障、美丽四川建设取得新成效，生产方式和生活方式加快向低碳、绿色转变。资源综合利用水平提高，能源和水资源消耗、建设用地得到有效控制，主要污染物排放总量进一步减少，资源节约型和环境友好型社会建设取得重大进展，生态环境质量持续改善。其五，重要领域和关键环节改革实现重大突破。市场在资源配置中的决定性作用得到充分发挥，开放型经济新体制基本形成。依法治省方略全面落实，人民民主不断扩大，司法公信力明显提高，法治政府基本建成。

四川省2015年的绿色发展绩效指数居于全国第14位，绿色发展水平处于全国中游。经测算，四川省的绿色发展绩效指数平均值为87.82，低于2015年全国省市自治区绿色发展绩效指数的平均水平1.18。其中，四川省2014年的绿色发展绩效指数为86.81，排名全国第16位。2015年，四川省的绿色发展绩效指数则为88.83，排名全国第14位。相比2014年，2015年四川省的绿色发展绩效指数提升了2个位次，其数据提升2.02。这个微小变化基本可以看作是正常范围内的变动。这也表明，四川省的绿色发展态势仍在起步阶段。（见图4—14、表4—14）

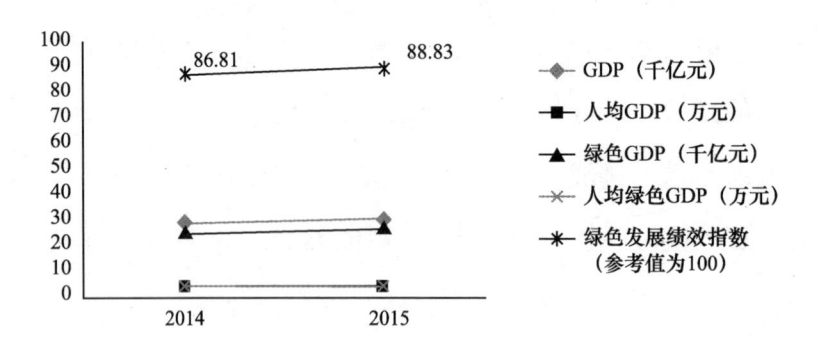

图 4—14 2014—2015 年四川省绿色发展综合绩效年度变化曲线图

表 4—14 2014—2015 年四川省绿色发展综合绩效年度变化数据表

指标＼年度	2014	2015
绿色发展绩效指数（参考值为100）	86.81	88.83
绿色发展绩效指数排名	16	14
GDP（千亿元）	28.54	30.05
GDP 排名	8	6
人均 GDP（万元）	3.51	3.66
人均 GDP 排名	23	23
绿色 GDP（千亿元）	24.77	26.70
绿色 GDP 排名	7	7
人均绿色 GDP（万元）	3.04	3.25
人均绿色 GDP 排名	23	22

四川省 2015 年的经济总量已经跃居全国第 6 位，连续两年处于前列。四川省 2014 年的 GDP 总量为 28536.66 亿元，排名第 8，2015 年的 GDP 总量为 30053.10 亿元，增幅高达 5.31%，排名第 6。四川省 2014 年的绿色 GDP 总量为 24772.78 亿元，排名第 7，2015 年的绿色 GDP 总量为 26697.04 亿元，增幅高达 7.77%，排名第 7。比较 GDP 与绿色 GDP 增幅，四川省在 2015 年相比 2014 年的绿色 GDP 增幅要高于 GDP 增幅 2.46%，这表明，四川省的绿色发展转型出现端倪。

2015 年四川省的人均绿色 GDP 位居全国第 22 位，人均"绿色创富"水平增长稳定。四川省2014年的人均GDP为35056.46元，排名第23，2015年的人均GDP为36632.25元，增幅高达4.50%，排名第23。四川省2014年的人均绿色GDP为30432.65元，排名第23，2015年的人均绿色GDP为32541.49元，增幅高达6.93%，排名第22。比较人均GDP与人均绿色GDP增幅，四川省在2015年相比2014年的人均绿色GDP增幅要高于人均GDP增幅2.43%。这也再次表明，四川省在保持经济规模高速增长的同时，出现了绿色发展的态势。

综上，四川省位于中国西南腹地，自古就有"天府之国"之美誉。近些年，四川省经济社会发展迅速，经济规模日渐扩大，但是其人口众多，人均财富并不理想。如何通过提高绿色生产效率，加速缓解人口增长与经济规模扩大之间的矛盾，同样是四川省要积极面对的重大问题。

15. 海南省

海南省，简称"琼"，别称琼州，位于中国南端。海南省是中国国土面积（陆地面积加海洋面积）第一大省，海南经济特区是中国最大的省级经济特区和唯一的省级经济特区，海南岛是仅次于台湾岛的中国第二大岛。海南地处热带北缘，属热带季风气候，素来有"天然大温室"的美称，这里长夏无冬，年平均气温22℃—27℃，大于或等于10℃的积温为8200℃，最冷的1月份温度仍达17℃—24℃，年光照为1750—2650小时，光照率为50%—60%，光温充足，光合潜力高。海南岛入春早，升温快，日温差大，全年无霜冻，冬季气候温暖，水稻可三熟，是中国南繁育种的理想基地。海南岛四周低平，中间高耸，以五指山、鹦哥岭为隆起高地，向四周外围逐级下降。山地、丘陵、台地、平原构成环形层状地貌，梯级结构明显。海南省北以琼州海峡与广东省划界，西临北部湾与广西壮族自治区和越南相对，东濒南海与台湾省对望，南与菲律宾、文莱和马来西亚为邻。1988年4月，海南建省并成立海南经济特区。海南省行政区域包括海南岛和西沙群岛、南沙群岛、中沙群岛的岛礁及其海域。

　　海南省区位优势明显，气候良好，自然资源独特，海陆空交通建设取得明显进展，为发展旅游业，建成旅游岛提供了条件。尽管海南省发展起步晚，但后发优势明显，自然环境没有遭到大量破坏，这是海南发展的最大优势所在。近年来，海南开展的大规模基础设施建设为海南经济社会发展增添了新的动力。国家实施的海洋强国战略，设立三沙市，为海南的发展提供了难得的历史机遇。同时，海南省经济社会发展还面临着诸多问题和不足，主要表现在：海南仍属欠发达省份，经济基础薄弱，投资结构产业结构不合理，区域之间、城乡之间发展不平衡，市场发育欠缺，制约发展的体制机制问题依然存在；对外开放力度、社会文明程度与国际旅游岛要求不相适应。气象服务供给能力与日益增长的需求不相适应的矛盾依然突出，气象预报预测准确率和精细化水平尚不能满足经济社会发展的需求。生态环境气象保障能力与海南绿色崛起、海洋强省建设的需求不相适应。

　　"十三五"时期，海南国民经济和社会发展的目标是：以全面建成小康社会为总目标、总牵引，坚持发展是第一要务，以提高发展质量和效益为中心，到2020年与全国同步全面建成小康社会，基本建成国际旅游岛。具体包括：其一，经济增长质量和效益显著提高。在提高发展平衡性、包容性、可持续性基础上，保持经济中高速增长。全省地区生产总值年均增长7%，到2020年实现地区生产总值和城乡居民收入比2010年翻一番以上，结构调整取得积极进展。其二，创新驱动能力明显提高。加快形成促进创新的体制架构，塑造更多依靠创新驱动、发挥先发优势的引领型发展。其三，民生保障水平稳步提高。确保居民收入增长和经济增长同步、劳动报酬提高和劳动生产率提高同步，缩小收入差距，农村居民人均可支配收入年均增长8%，城镇居民人均可支配收入年均增长7%。其四，生态环境质量巩固提高。倡导绿色低碳生产生活方式，节约集约使用土地，能源和水资源消耗、碳排放和主要污染物排放的总量和强度严格控制在国家下达的计划目标之内。陆域生态保护红线区占陆域面积的33.5%，近岸海域生态保护红线范围占近岸海域面积的12.3%，湿地保护面积保持在480万亩以上，森林覆盖率不低于62%，非化石能源占一次能源消耗比重达到15%。其五，社会治理管理能力大幅提高。社会治理成效显著，人民民主更加健全，法治政府基本建成，司法公信力明显提高。

海南省2015年的绿色发展绩效指数居于全国第15位，绿色发展水平处于全国中游。经测算，海南省的绿色发展绩效指数平均值为88.14，低于2015年全国省市自治区绿色发展绩效指数的平均水平0.86。其中，海南省2014年的绿色发展绩效指数为87.70，排名全国第13位。2015年，海南省的绿色发展绩效指数则为88.58，排名全国第15位。相比2014年，2015年海南省的绿色发展绩效指数下降了2个位次。这个微小变化基本可以看作是正常范围内的变动。这也表明，海南省的绿色发展态势仍在起步阶段。（见图4—15、表4—15）

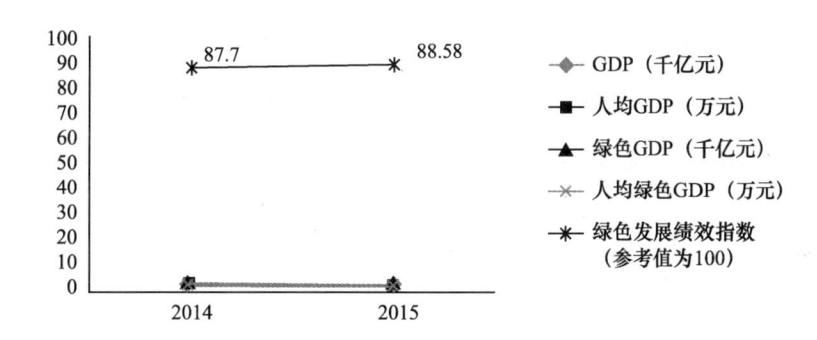

图4—15 2014—2015年海南省绿色发展综合绩效年度变化曲线图

表4—15   2014—2015年海南省绿色发展综合绩效年度变化数据表

年度 指标	2014	2015
绿色发展绩效指数 （参考值为100）	87.70	88.58
绿色发展绩效指数排名	13	15
GDP（千亿元）	3.50	3.70
GDP排名	28	28
人均GDP（万元）	3.87	4.07
人均GDP排名	20	17

续表

指标 年度	2014	2015
绿色GDP（千亿元）	3.07	3.28
绿色GDP排名	28	28
人均绿色GDP（万元）	3.40	3.60
人均绿色GDP排名	16	16

海南省2015年的绿色GDP总量排名全国第28位，经济总量增长稳定。海南省2014年的GDP总量为3500.72亿元，排名第28，2015年的GDP总量为3702.76亿元，增幅高达5.77%，排名第28。海南省2014年的绿色GDP总量为3069.97亿元，排名第28，2015年的绿色GDP总量为3279.73亿元，增幅高达6.83%，排名第28。比较GDP与绿色GDP增幅，海南省在2015年相比2014年的绿色GDP增幅要高于GDP增幅1.06%，这表明，海南省的绿色发展转型出现端倪。

2015年海南省的人均绿色GDP位居全国第16位，人均"绿色创富"水平还有提升潜力。海南省2014年的人均GDP为38747.07元，排名第20，2015年的人均GDP为40653.04元，增幅高达4.92%，排名第17。海南省2014年的人均绿色GDP为33979.37元，排名第16，2015年的人均绿色GDP为36008.53元，增幅高达5.97%，排名第16。比较人均GDP与人均绿色GDP增幅，海南省在2015年相比2014年的人均绿色GDP增幅要高于人均GDP增幅1.05%。这也再次表明，海南省在保持经济规模高速增长的同时，并没有出现明显的绿色发展转型。

综上，海南省位于中国南端，热带物产丰富。最近几年，"国际旅游岛"在海南省的落地给海南省注入了新的经济活力。对于海南省而言，通过积极倡导绿色生活方式，积极打造更加绿色的生产、生活样态，塑造中国的"南方绿色明珠"，可能是海南省在绿色发展中可以大展宏图的最佳路径。

16. 内蒙古自治区

内蒙古自治区，简称"蒙"，自治区首府为呼和浩特，位于中华人民共和国北部边疆，是中国五个少数民族自治区之一，下辖9个地级市和3个盟，土地总面积为118.3万平方千米，占全国总面积的12.3%，在全国各省、市、自治区中名列第三位，有蒙、汉、回、满等49个民族。由东北向西南斜伸，东西直线距离2400千米，南北跨度1700千米，横跨东北、华北、西北三大区，东、南、西与8省市自治区毗邻，北与蒙古国、俄罗斯接壤，国境线长4200千米，有18个边境口岸，与京津冀、东北、西北经济技术合作关系密切，是京津冀协同发展辐射区。地势较高，平均海拔约为1000米，地貌以蒙古高原为主体。内蒙古自治区位于中纬度，地处欧亚大陆内部，大部分地区处在东亚季风的影响之下，属于温带大陆性季风气候区，气候复杂多样，四季分明，降水量少而不匀。内蒙古自治区目前居住着49个民族。1947年4月23日至5月3日，内蒙古人民代表会议在王爷庙（今乌兰浩特市）召开，会议决定5月1日为内蒙古自治区成立纪念日，民族区域自治在全国第一个得以实现。内蒙古是我国发现新矿物最多的省区，自然资源丰富，素有"东林西铁，南粮北牧，遍地是煤"之说，人均占有耕地0.24公顷，居中国首位。

内蒙古自治区地域辽阔，资源丰富，是中国重要的畜牧业生产基地，也是重要的国家森林基地之一，森林总面积居中国第1位，矿藏资源种类多、储量丰富，现已发现各类矿床4100多处，种类达128种，居中国第一的矿种有5种，居中国前三位矿种约有28种，居中国前十位的矿种有67种，其中稀土储量居世界之首，煤炭储量7016亿吨，居中国第1位，可利用的风能总功率1.01亿千瓦，居中国首位。这为内蒙古自治区经济社会发展提供了充足的资源基础。内蒙古的发展面临着许多困难和挑战，主要有：内蒙古是欠发达边疆民族地区，综合经济实力还不够强，区域发展不够协调，基础设施和基本公共服务比较滞后；产业结构比较单一，重型化特征明显，煤炭等资源型产业比重高，非资源型产业、战略性新兴产业、现代服务业发展不足；经济增长动力不够协调，有效需求和有效供给不足并存，科技发展总体水平不高，推进经济绿色转型、实现发展与保护双赢的任务艰巨繁重；经济外向度较低；积累的潜在风险较多。

"十三五"期间，内蒙古社会经济发展规划是：经济保持中高速增长，投资规模扩大、结构优化、效率提高，消费对经济增长贡献显著提高，出口对经济增长的促进作用增强；转变发展方式，产业发展向中高端迈进，基本形成多元发展多极支撑的现代产业体系，要素结构优化，科技对经济增长贡献率提高，生产力布局进一步优化，区域发展协调性不断增强；城乡居民收入达到全国平均水平，收入差距缩小，就业、教育、文化、社保、医疗、住房等公共服务体系更加健全，国家现行标准下农村牧区贫困人口实现脱贫，贫困旗县全部摘帽，解决区域性整体贫困；人民思想道德素质、科学文化素质、健康素质明显提高，全社会法治意识不断增强，公共文化服务体系基本建成，推动文化产业成为国民经济支柱性产业；生态环境质量持续改善，生产方式和生活方式绿色、低碳水平上升，草原植被盖度和森林覆盖率持续提高，主要生态系统步入良性循环，能源资源开发利用效率大幅提高，能源和水资源消耗、建设用地、碳排放总量有效控制，主要污染物排放总量大幅减少，城乡人居环境明显改善，主体功能区布局和生态安全屏障基本形成，各方面体制机制更加健全完善。

内蒙古自治区2015年的绿色发展绩效指数居于全国第16位，绿色发展水平处于全国中游。经测算，内蒙古自治区的绿色发展绩效指数平均值为87.20，低于2015年全国省市自治区绿色发展绩效指数的平均水平1.70。其中，内蒙古自治区2014年的绿色发展绩效指数为85.93，排名全国第17位。2015年，内蒙古自治区的绿色发展绩效指数则为88.46，排名全国第16位。相比2014年，2015年内蒙古自治区的绿色发展绩效指数上升了1个位次。这个微小变化基本可以看作是正常范围内的变动。这也表明，内蒙古自治区的绿色发展态势仍在起步阶段。（见图4—16、表4—16）

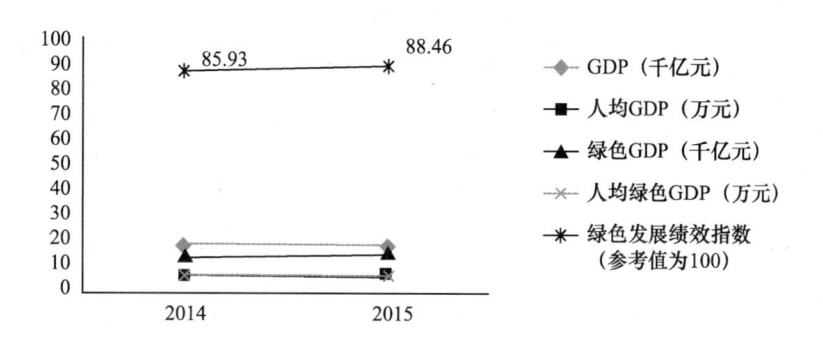

图 4—16　2014—2015 年内蒙古自治区绿色发展综合绩效年度变化曲线图

表 4—16　2014—2015 年内蒙古自治区绿色发展综合绩效年度变化数据表

指标＼年度	2014	2015
绿色发展绩效指数（参考值为100）	85.93	88.46
绿色发展绩效指数排名	17	16
GDP（千亿元）	17.78	17.84
GDP 排名	15	16
人均 GDP（万元）	7.09	7.10
人均 GDP 排名	6	6
绿色 GDP（千亿元）	15.27	15.77
绿色 GDP 排名	15	15
人均绿色 GDP（万元）	6.10	6.28
人均绿色 GDP 排名	6	8

内蒙古自治区 2015 年的绿色 GDP 总量排名全国第 15 位，经济总量相对稳定。内蒙古自治区 2014 年的 GDP 总量为 17770.19 亿元，排名第 15，2015 年的 GDP 总量为 17831.51 亿元，排名第 16，增幅 0.35%。内蒙古自治区 2014 年的绿色 GDP 总量为 15270.55 亿元，排名第 15，2015 年的绿色 GDP 总量为 15773.71 亿元，增幅高达 3.29%，排名第 15。比较 GDP 与绿色 GDP 增幅，内蒙古自治区在 2015 年相比 2014 年的绿色 GDP 增幅要高于 GDP 增幅 2.94%，

这在同年的全国其他省市自治区是较为少见的。这表明，内蒙古自治区的绿色发展转型已经起步。

2015年内蒙古自治区的人均绿色GDP位居全国第8位，人均"绿色创富"水平相对较高。内蒙古自治区2014年的人均GDP为70944.55元，排名第6，2015年的人均GDP为71013.58元，增幅为0.10%，排名第6。内蒙古自治区2014年的人均绿色GDP为60965.16元，排名第6，2015年的人均绿色GDP为62818.42元，增幅高达3.04%，排名第8。比较人均GDP与人均绿色GDP增幅，内蒙古自治区在2015年相比2014年的人均绿色GDP增幅要高于人均GDP增幅2.94%。这也再次表明，内蒙古自治区在保持经济正常速增长的同时，其绿色化程度也在相应提高，值得期待。

综上，内蒙古自治区有素有"东林西矿，南农北牧，遍地是媒"之说，也是我国近些年经济发展最快的省市区之一。从本次研究结果来看，内蒙古自治区正在把握绿色发展的大好时机，加快绿色发展转型，努力提升人均绿色发展水平，令人期待。

17. 河北省

河北，简称"冀"，因位于黄河以北故名，下辖11个地级市，总面积18.88万平方千米。河北在战国时期大部分属于赵国和燕国，所以河北又被称为燕赵之地。位于北京、天津两市的外围，自古即是京畿要地，北与辽宁、内蒙古为邻，西靠山西，南与河南、山东接壤，东临渤海，海岸线长487千米。地处华北平原的北部，兼跨内蒙古高原，地势西北高、东南低，由西北向东南倾斜，地貌复杂多样，高原、山地、丘陵、盆地、平原类型齐全。河北属温带大陆性季风气候，大部分地区四季分明。海岸带总面积100万公顷，海洋生物资源200多种，是中国北方重要的水产品基地。湿地资源丰富，类型众多，既有浅海、滩涂，又有陆地河流、水库、湖泊及洼地，具有重要的保护、科研价值。资源分布广泛，具有建设大型钢铁、建材、化工等综合工业基地和发展煤化工、盐化工、油化工的有利条件。同时，是中国的文物大省，有国家重点文物保护单位58处，省级以上文物保护单位达930处，名列全国首位，自然和人文景观资源总量居全国第2位。2017年4月，河北雄安新区设立，是继深圳经济特区和上海浦东新区之后又一具有全国意义的国家级新区。

河北省资源充足，工业基础雄厚，位于环渤海经济圈，是京津冀协同发展的重要单元，受环渤海经济圈辐射影响大，市场广阔，人力资源丰富，人才优势明显，政策优势突出。这为河北省经济社会的发展奠定了坚实的基础。但河北省经济社会发展还面临着许多困难和挑战，主要有：一是发展的质量效益不高，新旧动能转换不快，产能过剩等结构性矛盾突出，科技创新能力不强，研发投入不足，财政收支矛盾加剧，经济下行压力仍然较大，转型升级尤为迫切。二是资源环境约束日益凸显，大气、水污染问题突出，污染治理和生态修复还需付出极大努力。三是改革开放相对滞后，对外开放总体水平不高，制约经济社会发展的体制机制障碍亟待破解。四是保障和改善民生任务艰巨，城乡居民收入不高。五是政府职能转变还存在越位、错位、缺位的问题，部分工作人员素质能力与经济发展新常态的要求还不相适应，惯性思维、路径依赖、传统办法的束缚严重。

"十三五"时期，河北省国民经济和社会发展规划是：在提高发展平衡性、包容性、可持续性的基础上，经济保持中高速增长，全省生产总值年均增长7%左右，到2020年突破4万亿元，比2010年翻一番以上；创新能力显著提升，全社会研发经费支出明显提高，产业迈向中高端水平，钢铁、水泥、玻璃等行业过剩产能化解任务全面完成，新增长点形成规模；城镇化进程进一步加快，城乡发展一体化水平显著提高，全省常住人口城镇化率达到60%左右，户籍人口城镇化率达到45%左右；重点领域和关键环节改革取得决定性成果，改革红利充分释放，参与国际经济合作竞争的能力和水平进一步提升，基本构筑起开放型经济体系；居民收入增长高于经济增长，城乡居民人均可支配收入比2010年翻一番以上，就业持续增加，社会保障体系更加健全，公共服务水平稳步提高，现行标准下贫困人口实现脱贫，贫困县全部摘帽，解决区域性整体贫困；环境治理大见成效，污染治理和生态修复实现重大突破，空气质量明显好转,生产方式和生活方式更加绿色、低碳水平上升,污染严重的城市力争退出全国空气质量后 10 位,森林覆盖率提高到 35%;公民思想道德素质、法治素质明显提高,人民民主更加健全,社会事业全面发展,公共文化服务体系基本建成,社会治理体系更加完善,社会更加和谐稳定。

河北省 2015 年的绿色发展绩效指数居于全国第 17 位,绿色发展水平有所提升。经测算,河北省的绿色发展绩效指数平均值为 87.00,低于 2015 年全国省市自治区绿色发展绩效指数的平均水平 1.90。其中,河北省 2014 年的绿色发展绩效指数为 85.56,排名全国第 19 位。2015 年,河北省的绿色发展绩效指数则为 88.43,排名全国第 17 位。相比 2014 年,2015 年河北省的绿色发展绩效指数上升了 2 个位次。这也表明,河北省的绿色发展并没有太大的波动。(见图 4—17、表 4—17)

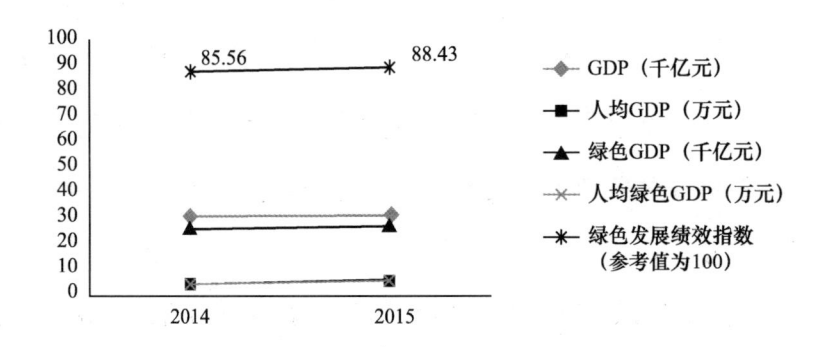

图 4—17 2014—2015 年河北省绿色发展综合绩效年度变化曲线图

表 4—17 2014—2015 年河北省绿色发展综合绩效年度变化数据表

年度 指标	2014	2015
绿色发展绩效指数 (参考值为100)	85.56	88.43
绿色发展绩效指数排名	19	17
GDP(千亿元)	29.42	29.81
GDP 排名	6	7
人均 GDP(万元)	3.98	4.01

续表

指标＼年度		
人均 GDP 排名	17	18
绿色 GDP（千亿元）	25.17	26.36
绿色 GDP 排名	6	8
人均绿色 GDP（万元）	3.41	3.55
人均绿色 GDP 排名	15	17

河北省经济总量规模较大，2015年河北省的绿色GDP总量排名全国第8位。河北省2014年的GDP总量为29421.15亿元，排名第6，2015年的GDP总量为29806.11亿元，增幅为1.31%，排名第7。河北省2014年的绿色GDP总量为25172.80亿元，排名第6，2015年的绿色GDP总量为26357.29亿元，增幅高达4.71%，排名第8。比较GDP与绿色GDP增幅，河北省在2015年相比2014年的绿色GDP增幅要高于GDP增幅3.40%，这在同年的全国其他省市自治区是较为少见的。这表明，河北省正在努力改变原来的生产方式，向绿色生产艰难迈进。

2015年河北省的人均绿色GDP位居全国第17位，人均"绿色创富"水平相对较高。河北省2014年的人均GDP为39844.46元，排名第17，2015年的人均GDP为40142.91元，增幅为0.75%，排名第18。河北省2014年的人均绿色GDP为34091.01元，排名第15，2015年的人均绿色GDP为35498.03元，增幅高达4.13%，排名第17。比较人均GDP与人均绿色GDP增幅，河北省在2015年相比2014年的人均绿色GDP增幅要高于人均GDP增幅3.38%。河北省正在努力提升其绿色化程度，但其经济增长速度处于低位运行。这也表明，河北省离实现真正的绿色发展，还有很长一段路要走。

综上，河北省紧邻北京市、天津市，地理位置优越，经济总量可观，但其环境污染、生态保护方面一直备受诟病。从本次研究结果来看，河北省似乎还没有找到真正的与自身条件相匹配的绿色发展之道。由此看来，河北省既要保持"发展",又要守住"绿色",确实不能掉以轻心。

18. 云南省

云南省,简称"云"或"滇",省会为昆明,位于中国西南边陲,是人类文明重要发祥地之一。生活在距今170万年前的云南元谋人,是截至2013年为止发现的中国和亚洲最早的人类。与云南省相邻的省区有四川、贵州、广西、西藏。与云南相邻的三个国家分别是缅甸、老挝和越南。北回归线从云南南部横穿而过。云南省气候有北热带、南亚热带、中亚热带、北亚热带、暖温带、中温带和高原气候区7个温度带气候类型。云南省气候兼具低纬气候、季风气候、山原气候的特点。云南省历史文化悠久,自然风光绚丽,拥有丽江古城、三江并流、石林、哈尼梯田、大理古城、崇圣寺三塔、玉龙雪山、洱海、滇池、抚仙湖、梅里雪山、普达措国家公园、噶丹松赞林寺、西双版纳热带雨林等旅游景点。云南素有"动物王国""植物王国"和"有色金属王国"的美誉。全国162种自然矿产中云南有148种,其中铜矿、锡矿等有色金属矿产量居全国前列。战国时期,是滇族部落的生息之地。国土面积39万平方千米,占全国面积的4.06%,在全国省级行政区面积中排名第8,现辖8个市、8个少数民族自治州。

云南四类资源在全国省市自治区明显居前,是云南实现经济可持续发展的现实有利条件或"比较优势"。具体表现在:一是矿产资源种类多,总量大;二是生物资源丰富、种类多;三是水利(能)资源丰富;四是旅游资源开发前景可观。四大资源类别,为云南加快发展提供了有利的资源基础和前提条件。但云南的发展也存在着许多问题,主要表现在以下几个方面:发展方式粗放,创新能力不强,许多产业处于产业分工低端,非公有制经济发展不足,企业效益下滑;交通、水利、能源、信息等基础设施建设滞后;城镇化水平不高,城乡区域发展不平衡;局部地区生态环境恶化,资源环境约束趋紧,地震等自然灾害频发;基本公共服务供给不足,收入差距较大;贫困人口多,贫困面广，贫困程度深，消除贫困任务艰巨；公民文明素质和社会文明程度有待提升；法治建设有待加强等。云南为实现既定发展目标，破解发展难题，厚植发展优势，牢固树立创新、协调、绿色、开放、共享的发展理念来引领经济社会的发展。

云南省"十三五"期间的发展目标是：紧紧围绕与全国同步全面建成小康社会和建设全国民族团结进步示范区、生态文明建设排头兵、面向南亚东南亚辐射中心，努力实现以下新的目标要求，推动跨越式发展，具体为：其一，经济保持中高速增长。在提高发展平衡性、包容性、可持续性基础上，经济总量和质量效益全面提升，城乡居民收入增长幅度高于经济增长幅度。其二，产业结构迈向中高端。产业转型升级取得新突破，新产业新业态不断成长，高原特色农业现代化取得明显进展，现代服务业加快发展，具有云南特色的现代产业体系更加完善。其三，基础设施网络日趋完善。形成内畅外通、网络完善、运行高效的综合交通运输体系，建成跨区域、保障有力、绿色安全的能源保障体系。其四，农村贫困人口如期脱贫。实现现行标准下农村贫困人口全部脱贫，贫困县全部摘帽，区域性整体贫困得到解决。其五，创新驱动发展能力明显提升。创新驱动发展战略深入推进，创新引领发展的能力进一步增强，创新成果转化率大幅提高。其六，生态建设和环境保护实现新突破。生产方式和生活方式绿色化、低碳水平上升，主要生态系统步入良性循环，森林覆盖率进一步提高。能源和资源开发利用效率大幅提高，能源和水资源消耗、碳排放总量得到有效控制，主要污染物排放总量大幅减少，环境质量和生态环境保持良好。

云南省2015年的绿色发展绩效指数居于全国第18位，绿色发展水平有所提升。经测算，云南省的绿色发展绩效指数平均值为86.59，低于2015年全国省市自治区绿色发展绩效指数的平均水平2.31。其中，云南省2014年的绿色发展绩效指数为85.46，排名全国第20位。2015年，云南省的绿色发展绩效指数则为87.71，排名全国第18位。相比2014年，2015年云南省的绿色发展绩效指数提升了2个位次。这也表明，云南省的绿色发展态势并不像人们想象的那么"绿色"，那么容易，仍在艰难萌芽阶段。（见图4—18、表4—18）

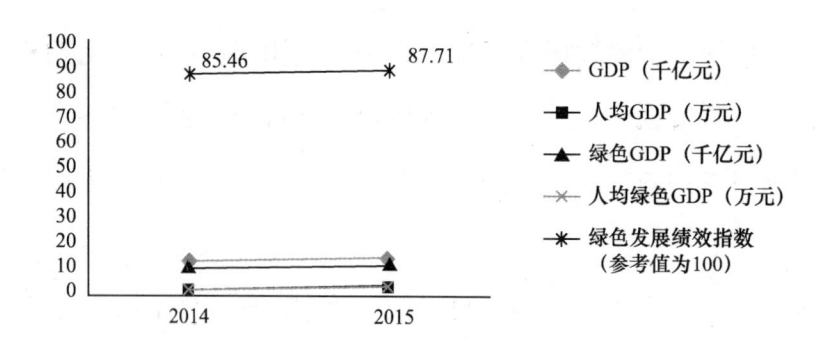

图 4—18　2014—2015 年云南省绿色发展综合绩效年度变化曲线图

表 4—18　　2014—2015 年云南省绿色发展综合绩效年度变化数据表

年度 指标	2014	2015
绿色发展绩效指数 （参考值为 100）	85.46	87.71
绿色发展绩效指数排名	20	18
GDP（千亿元）	12.81	13.62
GDP 排名	23	23
人均 GDP（万元）	2.72	2.88
人均 GDP 排名	29	30
绿色 GDP（千亿元）	10.95	11.95
绿色 GDP 排名	23	23
人均绿色 GDP（万元）	2.32	2.52
人均绿色 GDP 排名	29	30

云南省 2015 年的绿色 GDP 总量排名全国第 23 位，经济总量规模稳定增长。云南省 2014 年的 GDP 总量为 12814.59 亿元，排名第 23，2015 年的 GDP 总量为 13619.17 亿元，增幅为 6.28%，排名第 23。云南省 2014 年的绿色 GDP 总量为 10951.76 亿元，排名第 23，2015 年的绿色 GDP 总量为 11945.37 亿元，增幅高达 9.07%，排名第 23。比较 GDP 与绿色 GDP 增幅，云南省在 2015 年相比 2014 年的绿色 GDP 增幅要高于 GDP 增幅 2.79%，这在同年的全国其他省市自治区中是极其罕见的。这表明，云南省的绿色化程度有了较为明

显的提升。

2015年云南省的人均绿色GDP位居全国第30位,人均"绿色创富"水平还有提升潜力。云南省2014年的人均GDP为27184.69元,排名第29,2015年的人均GDP为28721.52元,增幅为5.65%,排名第30。云南省2014年的人均绿色GDP为23232.91元,排名第29,2015年的人均绿色GDP为25191.64元,增幅高达8.43%,排名第30。比较人均GDP与人均绿色GDP增幅,云南省在2015年相比2014年的人均绿色GDP增幅要高于人均GDP增幅2.78%。这也表明,云南省正在努力提升其绿色化程度,但其人均财富水平仍难以走出低位,经济增长仍保持在原有水平。云南省离实现真正的绿色发展,同样还有很长一段路要走。

综上,云南省素有"彩云之南""七彩云南"的美誉,是有名的旅游目的地。从本次研究结果来看,云南省的经济规模始终不是很大,人均GDP、人均绿色GDP指标更是要低于全国平均水平。如何通过提升绿色生产效率,在保持生态环境的同时,加快发展速度,提振经济规模,实现既"绿色",又"发展",仍是云南省要面对的严峻问题。

19. 吉林省

吉林省,简称"吉",省会长春,地处中国东北中部,因清初建吉林乌拉城而得名,下辖8个地级市和1个自治州。位于日本、俄罗斯、朝鲜、韩国、蒙古与中国东北部组成的东北亚几何中心地带,北接黑龙江省,南邻辽宁省,西接内蒙古自治区,东与俄罗斯接壤,东南部与朝鲜隔江相望。属于温带大陆性季风气候,四季分明,雨热同季。吉林省森林资源丰富,是中国的重要林业基地,森林覆盖率高达42.5%,长白山区素有"长白林海"之称,是中国六大林区之一。吉林省矿藏资源丰富,已探明储量的矿产资源有89种,其中包括油页岩、硅藻土、硅灰石在内的11种矿产储量居全国首位。优质水源丰富,长白山区拥有全国最大最好的矿泉水资源,是世界三大优质矿泉水源地之一。

土地资源丰富，吉林省素有"黑土地之乡"之称，农用地总面积约1640万公顷，具有发展高效农业、绿色农业的有利条件和基础。吉林是中国重要的工业基地，加工制造业比较发达，汽车与石化、农产品加工、商业卫星为支柱产业，航空航天工业制造、光电子信息、冶金建材、轻工纺织具有自身优势特色。

吉林省是中国著名的老工业基地，工业基础雄厚，资源丰富，也是中国著名的商品粮基地，农业耕种历史悠久，地势平坦，区位优势明显，交通便利，拥有沿边近海优势，科教人才人文优势。在振兴东北老工业基地的背景下，吉林省迎来了千载难逢的发展良机，经济社会发展取得了显著成效。但吉林进一步发展还面临着许多挑战，具体表现在：吉林老工业基地长期积累的经济结构不合理、体制机制不灵活、发展方式粗放的矛盾依然突出，传统工业比重过高，战略性新兴产业和现代服务业发展相对滞后，旅游、新材料等新经济增长点没有对发展形成有效支撑，现阶段又显现出有效需求不足、创新能力不强、人口老龄化等新的问题。良好的生态环境、深厚的历史积淀等优势资源没有充分开发和利用；基础设施建设需要进一步加强；城乡居民收入水平仍需进一步提高，社会保障程度有待进一步提升，改善民生的任务依然十分艰巨。这些问题影响了经济社会的健康持续发展。

"十三五"时期，吉林省经济和社会发展目标是：经济保持中高速增长，在提高发展质量和效益的基础上，力争城镇居民收入达到全国平均水平；区域发展更加协调，国土空间主体功能进一步细化，东部绿色转型发展区、中部创新转型核心区、西部生态经济区建设深入推进，形成各具特色、良性互动、协调共进的区域发展格局；结构调整取得实质进展，投资效率和企业效益明显提升，消费对经济增长贡献率明显提高，出口实现大幅增长，科技进步对经济增长贡献显著提升，农业现代化实现率先突破，工业结构进一步优化；民生改善持续加强，现行标准贫困人口全部脱贫，贫困县全部摘帽，人民生活更加殷实富裕，收入差距缩小，中等收入人口比重上升；就业岗位更加充分，公共服务体系更加健全，基本公共服务水平进一步提升，人均受教育年限明显提高，基本实现教育现代化；人民文明素质和社会文明程度明显提高，文化事业产业加快发展；改革开放事业全面深化，形成同市场完全对接、充满内在活力的体制机制，建成系统完备、科学规范、运行有效的制度体系，基本建成法治政府，社会治理能力明显提高；深度融入"一带一路"建设，形成全方位大开放格局；生态文明建设取得新进展，基本建立系统完整的生态文明制度体系，生态资源优势进一步巩固提升，环境污染得到全面控制，全面完成节能减排目标，循环经济和低碳生活模式取得积极进展。

吉林省2015年的绿色发展绩效指数居于全国第19位，绿色发展水平相对稳定。经测算，吉林省的绿色发展绩效指数平均值为86.40，低于2015年全国省市自治区绿色发展绩效指数的平均水平2.50。其中，吉林省2014年的绿色发展绩效指数为85.69，排名全国第18位。2015年，吉林省的绿色发展绩效指数则为87.10，排名全国第19位。相比2014年，2015年吉林省的绿色发展绩效指数下降了1个位次。吉林省绿色发展绩效指数的这种微小变化，基本处于正常范围。这也表明，吉林省实现绿色转型，仍处于艰难起步阶段。（见图4—19、表4—19）

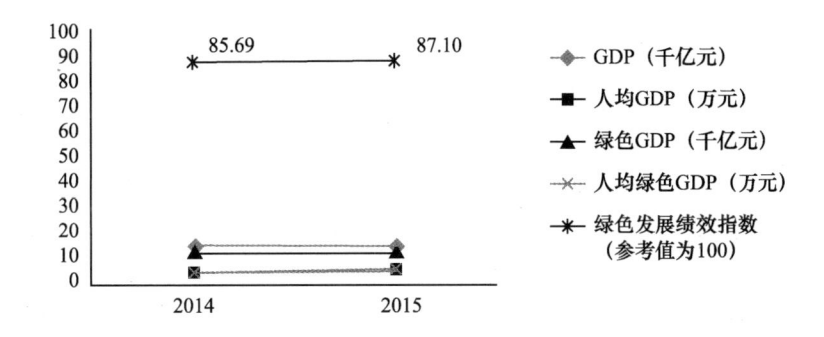

图4—19 2014—2015年吉林省绿色发展综合绩效年度变化曲线图

表4—19 2014—2015年吉林省绿色发展综合绩效年度变化数据表

指标 \ 年度	2014	2015
绿色发展绩效指数（参考值为100）	85.69	87.10
绿色发展绩效指数排名	18	19

续表

年度 指标	2014	2015
GDP（千亿元）	13.80	14.06
GDP 排名	22	22
人均 GDP（万元）	5.01	5.11
人均 GDP 排名	11	12
绿色 GDP（千亿元）	11.83	12.25
绿色 GDP 排名	22	22
人均绿色 GDP（万元）	4.30	4.45
人均绿色 GDP 排名	12	13

吉林省2015年的绿色GDP总量排名全国第22位，经济总量规模增长稳定。吉林省2014年的GDP总量为13803.14亿元，排名第22，2015年的GDP总量为14063.13亿元，增幅为1.88%，排名第22。吉林省2014年的绿色GDP总量为11828.35亿元，排名第22，2015年的绿色GDP总量为12249.18亿元，增幅高达3.56%，排名第22。比较GDP与绿色GDP增幅，吉林省在2015年相比2014年的绿色GDP增幅要高于GDP增幅1.68%。这再次表明，吉林省的经济增长中的绿色化程度有了一定程度提升，但其效果并不明显。

2015年吉林省的人均绿色GDP位居全国第13位，人均"绿色创富"水平处于全国中上游。吉林省2014年的人均GDP为50149.83元，排名第11，2015年的人均GDP为51076.99元，增幅为1.85%，排名第12。吉林省2014年的人均绿色GDP为42975.00元，排名第12，2015年的人均绿色GDP为44488.78元，增幅高达3.52%，排名第13。比较人均GDP与人均绿色GDP增幅，吉林省在2015年相比2014年的人均绿色GDP增幅要高于人均GDP增幅1.67%。这表明，吉林省的绿色发展也处在艰难起步阶段，绿色发展还有潜力可挖。

综上，吉林省地处东北要塞，具有丰富的生态资源。从本次研究结果来看，吉林省的人均GDP、人均绿色GDP相对较高，但其经济规模并不大，似乎还没有充分发挥出吉林省应有的绿色发展优势。如何利用好吉林省独特的地理优势和生态资源，实现吉林省的绿色发展仍是需要积极探索的问题。

20. 陕西省

陕西，简称"陕"或"秦"，省会西安。下辖1个副省级城市、9个地级市和杨凌农业高新技术产业示范区。东邻山西、河南，西连宁夏、甘肃，南抵四川、重庆、湖北，北接内蒙古，居于中国内陆腹地连接中国东、中部地区和西北、西南的重要位置。中国大地原点在陕西省泾阳县永乐镇。全省总面积为20.58万平方千米。陕西省地域狭长，地势南北高、中间低，有高原、山地、平原和盆地等多种地形相间。南北长约870千米，东西宽200至500千米。从北到南可以分为陕北高原、关中平原、秦巴山地三个地貌区。其中高原面积为926万公顷，山地面积为741万公顷，平原面积391万公顷。主要山脉有秦岭、大巴山等。秦岭在陕西境内有许多闻名全国的峰岭，如华山、太白山、终南山、骊山。陕西是人类先祖的发源地之一。早在距今五六十万年前，"蓝田猿人"就在关中平原的灞河上游繁衍生息。陕西是我国古代著名的政治中心、文化中心，是古丝绸之路的起点，省会西安是13朝古都。陕西是中国旅游资源最富集的省份之一，资源品位高、存量大、种类多，文化积淀深厚，地上、地下文物遗存量极为丰富，被誉为"天然的历史博物馆"。全省现有各类文物景点3.58万余处、博物馆151座、馆藏各类文物90万件（组），文物点密度大、数量多、等级高，均居全国首位。陕西省境内气候差异很大，由北向南渐次过度为温带、暖温带和北亚热带。

陕西省历史源远流长，文化资源极为丰富，是华夏民族的发祥地之一，拥有丰富的矿产资源，已查明矿产资源储量潜在总价值42万亿元，约占全国的三分之一，居全国之首，保有资源储量居全国前列的重要矿产有：盐矿、煤、石油、天然气、钼、汞、金、石灰岩、玻璃石英岩、高岭土、石棉等，储量可观，且品级、质量较好。省会西安是中国高等院校和科研院所聚集的城市之一，是中国高校密度和受高等教育人数最多的城市之一，是中国著名的教育、科研中心，科教实力雄厚，发展潜力巨大。动植物资源丰富，生态环境良好。这为陕西省经济社会发展提供了良好条件。同时，陕西省长期积累的深层次矛盾和结构性问题依然存在，发展短板仍未取得有效突破，经济下行压力持续加大，促改革、调结构、惠民生、防风险任务繁重。

"十三五"期间，陕西省国民经济和社会发展的总体规划是：经济保持中高速增长，在提高发展质量效益基础上，年均增速高于全国平均水平，人均生产总值超过1万美元；经济结构趋于合理，创新驱动发展走在前列，产业迈向中高端水平，战略性新兴产业和服务业增加值占GDP比重分别达到15%和45%；城乡区域发展更趋协调，常住和户籍人口城镇化率分别达到60%、45%以上；内陆改革开放新高地建设取得重大进展，经济外向度达到15%以上；人民生活水平和质量进一步提高，基本公共服务实现均等化，城乡居民收入赶超全国平均水平，现行标准下农村贫困人口全部脱贫、贫困县全部摘帽，实现更加充分的就业，五年新增城镇就业220万人，全面实施13年免费教育，人人享有基本医疗卫生服务，社会保障体系更加完善；生态文明建设制度基本建立，绿色低碳循环发展成为主基调，单位生产总值能耗和主要污染物排放总量明显下降，森林覆盖率超过45%，治污降霾取得显著成效，人居环境持续改善；治理体系和治理能力进一步现代化，民主法制更加健全，法治陕西扎实推进；重点领域和关键环节改革全面推进；现代公共文化服务体系基本建成，文化产业增加值占GDP比重达到6%，陕西特色文化影响力进一步扩大。

陕西省2015年的绿色发展绩效指数居于全国第20位，绿色发展水平有较大提升。经测算，陕西省的绿色发展绩效指数平均值为84.08，低于2015年全国省市自治区绿色发展绩效指数的平均水平4.82。其中，陕西省2014年的绿色发展绩效指数为81.38，排名全国第25位。2015年，陕西省的绿色发展绩效指数则为86.77，排名全国第20位。相比2014年，2015年陕西省的绿色发展绩效指数上升了5个位次。这也表明，陕西省在实现绿色转型方面，已经处于起步阶段。（见图4—20、表4—20）

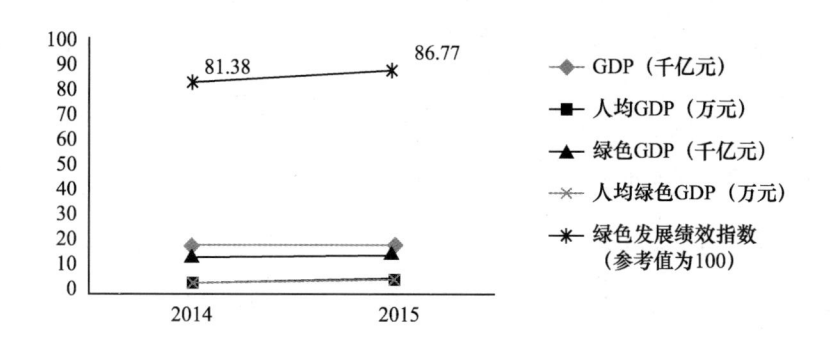

图 4—20 2014—2015 年陕西省绿色发展综合绩效年度变化曲线图

表 4—20 2014—2015 年陕西省绿色发展综合绩效年度变化数据表

年度 指标	2014	2015
绿色发展绩效指数 （参考值为100）	81.38	86.77
绿色发展绩效指数排名	25	20
GDP（千亿元）	17.69	18.02
GDP 排名	16	15
人均 GDP（万元）	4.69	4.75
人均 GDP 排名	14	14
绿色 GDP（千亿元）	14.40	15.64
绿色 GDP 排名	17	16
人均绿色 GDP（万元）	3.81	4.12
人均绿色 GDP 排名	14	14

陕西省 2015 年的绿色 GDP 总量排名全国第 16 位，经济总量规模增长稳定。陕西省 2014 年的 GDP 总量为 17689.94 亿元，排名第 16，2015 年的 GDP 总量为 18021.86 亿元，增幅为 1.88%，排名第 15。陕西省 2014 年的绿色 GDP 总量为 14395.94 亿元，排名第 17，2015 年的绿色 GDP 总量为 15638.39 亿元，增幅高达 8.63%，排名第 16。比较 GDP 与绿色 GDP 增幅，陕西省在 2015 年相比 2014 年的绿色 GDP 增幅要高于 GDP 增幅 6.75%。这个上升幅度在全国极其少见。这表明，陕西省已经在努力提升其绿色化程度，但其绿色化

发展的实际效果还有待观察。

2015年陕西省的人均绿色GDP位居全国第14位，人均"绿色创富"水平处于全国中上游。陕西省2014年的人均GDP为46860.77元，排名第14，2015年的人均GDP为47513.47元，增幅为1.39%，排名第14。陕西省2014年的人均绿色GDP为38134.93元，排名第14，2015年的人均绿色GDP为41229.60元，增幅高达8.12%，排名第14。比较人均GDP与人均绿色GDP增幅，陕西省在2015年相比2014年的人均绿色GDP增幅要高于人均GDP增幅6.73%。这也同样表明，陕西省在努力提升经济发展的绿色化程度上，仍在探索阶段。

综上，陕西省历史悠久，是中华文明的重要发祥地之一。从本次研究结果来看，陕西省的人均GDP、人均绿色GDP相对较高，但其经济规模并不大。在努力提升经济增长的绿色化程度时，其经济规模并没有明显提升。这也表明，陕西省依然面临着绿色与发展的双重任务，还没有实现绿色发展的真正转型。

21. 贵州省

贵州省，简称"黔"或"贵"，地处中国西南腹地，与重庆、四川、湖南、云南、广西接壤，是西南交通枢纽。世界知名山地旅游目的地和山地旅游大省，国家生态文明试验区，中国内陆开放型经济试验区。辖贵阳市、遵义市、六盘水市、安顺市、毕节市、铜仁市、黔西南布依族苗族自治州、黔东南苗族侗族自治州、黔南布依族苗族自治州。贵州境内地势西高东低，自中部向北、东、南三面倾斜，全省地貌可概括分为：高原、山地、丘陵和盆地四种基本类型，高原山地居多，素有"八山一水一分田"之说，是全国唯一没有平原的省份。贵州属亚热带湿润季风气候，四季分明、春暖风和、雨量充沛、雨热同期。早在24万年前，就有人类栖息繁衍，已发现石器时代文化遗址80余处。观音洞旧石器遗址被正式命名为"观音洞文化"，对研究中国旧石器时代的起源和发展具有重要的科学价值。贵州是一个多民族共居的省份，共有56个民族。贵州省少数民族人口占全省总人口的39%。全省共有3个民族自治州、11个民族自治县，地级行政区划单位占全省的30%，县级行政区划单位46个，占全省的52.3%。千百年来，各民族和睦相处，共同创造了多姿多彩的贵州文化。

贵州省生态环境优良，人力资源丰富，基础条件日益改善，发展环境不断优化，资源红利、生态红利、劳动力红利、政策红利、改革红利正在叠加释放，这些积极因素为同步全面建成小康社会创造了有利条件。同时，贵州省经济社会发展中还存在诸多困难和问题，特别是：贫困人口多、贫困面大、贫困程度深，脱贫攻坚任务艰巨，全省90%以上的贫困人口、贫困乡镇和贫困村处于集中连片地区，都是难啃的"硬骨头"，要实现全部脱贫困难不小；经济下行压力较大，缩小与全国的差距难度仍然在增大；产业结构不合理、资源开发利用水平不高、经济发展方式粗放，转型升级步伐缓慢，大部分传统产业企业生产技术水平不高、核心竞争力不强，新兴企业规模普遍偏小，对经济增长的贡献有限，去库存、去产能、补短板的任务非常繁重；城乡发展差距大，区域发展不平衡，社会事业发展滞后。

贵州省"十三五"时期的发展目标是：全省地区生产总值年均增长10%左右，到2020年，确保达到1.8万亿元，力争2万亿元，人均超过5万元。农业现代化水平显著提高，第一产业增长5%；工业化和信息化融合发展水平进一步提高，第二产业增长11%左右，新兴产业增加值占地区生产总值的比重达到20%；服务业快速发展，第三产业增长11%左右，旅游总收入年均增长18%以上。生产方式和生活方式绿色、低碳水平上升。万元生产总值用水量下降20%，耕地保有量6555万亩，新增建设用地规模控制在120万亩，单位生产总值能源消耗、单位生产总值二氧化碳排放、主要污染物减排达到国家下达的目标要求，非化石能源占一次能源消费比重达到15%。森林覆盖率提高到60%，县级以上城市空气质量优良天数比率达到85%以上。现行标准下农村贫困人口全部实现脱贫，贫困县和贫困乡镇全部减贫摘帽。农村常住居民和城镇居民人均可支配收入年均分别增长12%左右和10%左右。城镇新增就业350万人，城镇登记失业率控制在4.2%以内。综合立体交通基本形成，铁路里程达到4000千米以上，其中高铁里程达到1500千米以上，高速公路通车里程达到7000千米。引进省外到位资金达到1万亿元左右，进出口年均增长20%以上，实际利用外资年均增长20%以上。社会公平正义得到有效维护，社会治理水平提升，民族关系更加团结和睦，社会更加和谐稳定。

贵州省2015年的绿色发展绩效指数居于全国第21位，绿色发展水平还可以再提升并保持其绿色发展水平。经测算，贵州省的绿色发展绩效指数平均值为87.09，低于2015年全国省市自治区绿色发展绩效指数的平均水平1.81。其中，贵州省2014年的绿色发展绩效指数为87.62，排名全国第14位。2015年，贵州省的绿色发展绩效指数则为86.56，排名全国第21位。相比2014年，2015年贵州省的绿色发展绩效指数下降了7个位次，这种下降幅度还是很少见的。这也表明，贵州省在实现绿色转型方面，其发展态势并不稳定。（见图4—21、表4—21）

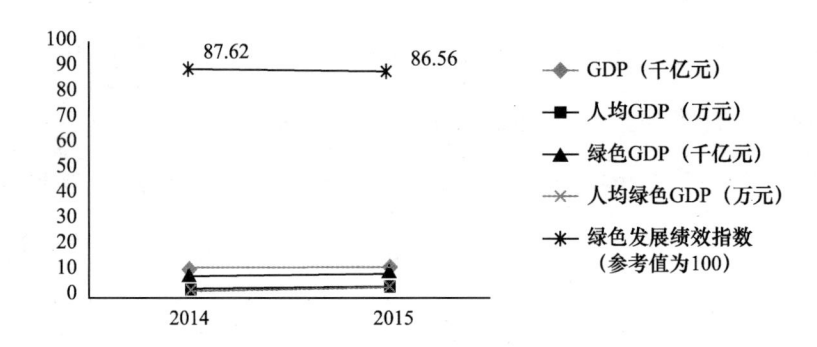

图4—21　2014—2015年贵州省绿色发展综合绩效年度变化曲线图

表4—21　2014—2015年贵州省绿色发展综合绩效年度变化数据表

年度 指标	2014	2015
绿色发展绩效指数 （参考值为100）	87.62	86.56
绿色发展绩效指数排名	14	21
GDP（千亿元）	9.27	10.50

续表

年度 指标	2014	2015
GDP 排名	26	25
人均 GDP（万元）	2.64	2.98
人均 GDP 排名	30	29
绿色 GDP（千亿元）	8.12	9.09
绿色 GDP 排名	25	25
人均绿色 GDP（万元）	2.31	2.21
人均绿色 GDP 排名	30	29

贵州省2015年的绿色GDP总量排名全国第25位，经济总量规模实现了稳定增长。贵州省2014年的GDP总量为9266.39亿元，排名第26，2015年的GDP总量为10502.56亿元，增幅为13.34%，排名第25。贵州省2014年的绿色GDP总量为8119.64亿元，排名第25，2015年的绿色GDP总量为9091.42亿元，增幅高达11.97%，排名第25。比较GDP与绿色GDP增幅，贵州省在2015年相比2014年的GDP增幅要低于绿色GDP增幅1.37%。这表明，贵州省已经在努力提升其绿色化程度，基本保持了原有的发展速度，在发展方面并没有出现大的转变。

2015年贵州省的人均绿色GDP位居全国第29位，人均"绿色创富"水平还有提升潜力。贵州省2014年的人均GDP为26414.72元，排名第30，2015年的人均GDP为29756.51元，增幅为12.65%，排名第29。贵州省2014年的人均绿色GDP为23145.81元，排名第30，2015年的人均绿色GDP为25758.38元，增幅高达11.29%，排名第29。比较人均GDP与人均绿色GDP增幅，贵州省在2015年相比2014年的人均绿色GDP增幅要低于人均GDP增幅1.36%。这在当年的全国还是很少见的。这表明，贵州省在提升人均绿色化水平方面还面临很大压力。

综上，贵州省地处中国西南腹地，是古人类发祥地之一。长期以来，贵州省因交通等因素困扰，其经济发展一直起步艰难。从本次研究结果来看，这种劣势并未得到有效扭转。如何利用已经拥有的生态资源，大幅提升人均绿色生产效率，推进绿色生活方式变革，仍可能是贵州省面临的重大严峻问题。

22. 湖南省

湖南省地处中国中部、长江中游，因大部分区域处于洞庭湖以南而得名"湖南"，因省内最大河流湘江流贯全境而简称"湘"，省会驻长沙市。湖南又有"三湘四水"的别称，"三湘"指因湘江流经永州时与"潇水"、流经衡阳时与"蒸水"和入洞庭湖时与"沅水"相汇而得名，分别称"潇湘""蒸湘"和"沅湘"。"四水"则是指湘江、资江、沅江和澧水。湖南省东临江西，西接重庆、贵州，南毗广东、广西，北与湖北相连。土地面积21.18万平方千米，占中国国土面积的2.2%，在各省市区面积中居第10位。湖南地处云贵高原向江南丘陵和南岭山脉向江汉平原过渡的地带。在全国总地势、地貌轮廓中，属自西向东呈梯级降低的云贵高原东延部分和东南山丘转折线南端。湖南省下辖14个地州市。湖南自古盛植木芙蓉，五代时就有"秋风万里芙蓉国"之说，因此又有"芙蓉国"之称，毛泽东更是用"芙蓉国里尽朝晖"赞美湖南。湖南自古有"惟楚有材，于斯为盛"之誉。近代以来，先后涌现了启蒙思想家魏源，清代中兴名臣曾国藩、左宗棠，维新志士谭嗣同、唐才常，辛亥元勋黄兴、蔡锷、宋教仁等。新民主主义革命时期，湖南发生了秋收起义、湘南暴动、平江起义等著名历史事件。新中国授衔的十大元帅、十大将军有九位是湖南人。历史上湖南人才辈出，湖湘人才联袂而起、灿若星河。

湖南省具有深厚的湖湘文化底蕴，人才智力资源丰富，文化科教优势明显。进入"互联网+"时代，文化、人才、科技等创新要素聚集融合，优势组合必然产生裂变效应，催生新产业，形成新优势。同时，湖南省发展不充分、不协调、不平衡的基本省情还未从根本上改变，诸多矛盾叠加、风险挑战并存的局面有待进一步扭转。经济总量不大、人均水平较低、综合实力不强，城镇化率、服务业比重和外贸依存度均低于全国平均水平。创新能力不强、发展方式粗放、城乡区域发展不平衡、资源环境约束趋紧、收入差距较大、消除贫困任务艰巨等问题突出。公共服务、社会保障、安全生产、社会治理等存在薄弱环节。县域经济、开放型经济、非公有制经济和金融服务业仍是发展短板，经济环境不优等问题不同程度存在。

湖南省"十三五"的主要目标是：经济保持中高速增长，长株潭地区率先迈向基本现代化。经济结构进一步优化，工业化和信息化融合发展水平进一步提高，产业迈向中高端水平，先进制造业加快发展，新产业新业态不断成长，服务业比重进一步提升，农业现代化取得明显进展。投资效率和企业效率明显上升，出口和消费对经济增长的作用明显增大，经济外向度提升，经济增长的科技含量提高。人民生活水平和质量全面提高。就业比较充分，公共服务体系更加健全，基本公共服务均等化水平提高，劳动人口受教育年限明显增加。全民素质和社会文明程度显著提高。生态环境质量持续改善。低碳绿色生产方式和生活方式基本形成，能源和水资源消耗、建设用地、碳排放总量得到有效控制，主要污染物排放总量控制和工业固体废弃物综合利用率达标，主体功能区布局和生态安全屏障基本形成，森林覆盖率、湿地保有量和珍稀濒危物种栖息地有效保护率保持在较高水平，城乡生态环境明显改善。坚持绿色富省、绿色惠民，把生态文明建设摆在突出的位置，融入到经济建设、政治建设、文化建设、社会建设和党的建设各方面和全过程，全面推进两型社会建设，加快推动生产方式和生活方式的绿色化，走生产发展、生活富裕、生态良好的文明发展之路，形成人与自然和谐发展的现代化建设新格局。

湖南省2015年的绿色发展绩效指数居于全国第22位，绿色发展水平在逐步提升。经测算，湖南省的绿色发展绩效指数平均值为84.99，低于2015年全国省市自治区绿色发展绩效指数的平均水平3.91。其中，湖南省2014年的绿色发展绩效指数为83.56，全国排名第23位。2015年，湖南省的绿色发展绩效指数则为86.41，全国排名第22位。相比2014年，2015年湖南省的绿色发展绩效指数上升了1个位次，这个变化幅度基本处于正常范围。但从绿色发展绩效指数的数值变化来看，2015年湖南省的绿色化程度还是有所提升。（见图4—22、表4—22）

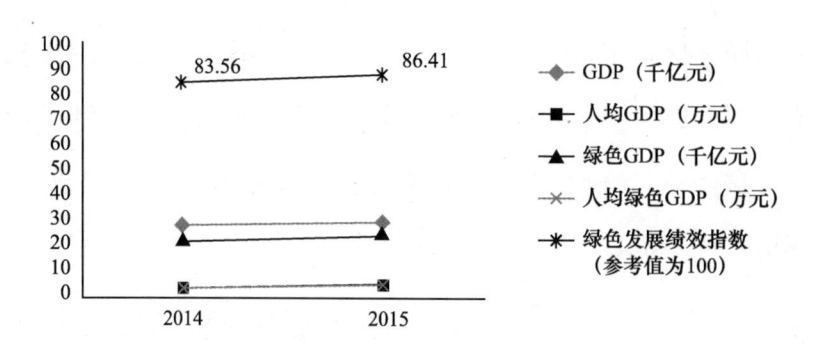

图4—22　2014—2015年湖南省绿色发展综合绩效年度变化曲线图

表4—22　2014—2015年湖南省绿色发展综合绩效年度变化数据表

指标＼年度	2014	2015
绿色发展绩效指数（参考值为100）	83.56	86.41
绿色发展绩效指数排名	23	22
GDP（千亿元）	27.04	28.90
GDP排名	10	9
人均GDP（万元）	3.75	3.99
人均GDP排名	21	19
绿色GDP（千亿元）	22.59	24.98
绿色GDP排名	10	9
人均绿色GDP（万元）	3.14	3.45
人均绿色GDP排名	20	19

湖南省经济总量规模相对较大，2015年湖南省的绿色GDP总量排名全国第9位。湖南省2014年的GDP总量为27037.32亿元，排名第10，2015年的GDP总量为28902.21亿元，增幅为6.90%，排名第9。湖南省2014年的绿色GDP总量为22592.16亿元，排名第10，2015年的绿色GDP总量为24975.09亿元，增幅高达10.55%，排名第9。比较GDP与绿色GDP增幅，湖南省在2015年相比2014年的绿色GDP增幅要高于GDP增幅3.65%。这表明，湖南省在保持原有经济增长速度的前提下，其绿色化程度也有了明显提升。

2015年湖南省的人均绿色GDP位居全国第19位，人均"绿色创富"水平稳步提升。湖南省2014年的人均GDP为37539.89元，排名第21，2015年的人均GDP为39909.04元，增幅为6.31%，排名第19。湖南省2014年的人均绿色GDP为31368.03元，排名第20，2015年的人均绿色GDP为34486.36元，增幅高达9.94%，排名第19。比较人均GDP与人均绿色GDP增幅，湖南省在2015年相比2014年的人均绿色GDP增幅要高于人均GDP增幅3.63%。这在当年的全国还是很少见的。这也表明，湖南省在绿色发展方面，做出了许多努力，并已经显现出好的发展迹象。

综上，湖南省地处我国中部，有"惟楚有材，于斯为盛"之誉。从本次研究结果来看，湖南省基本保持了原有的经济增长速度，并在其绿色化程度上有了明显提升。如何继续保持这种发展态势，并实现"绿色"与"发展"的双重提升，则是湖南省有可能实现绿色发展突破的最佳着力点。

23. 广西壮族自治区

广西壮族自治区，简称"桂"，首府南宁市，辖14个地级市，是中国五个少数民族自治区之一，是中国唯一一个沿海自治区。位于中国华南地区西部，从东至西分别与广东、湖南、贵州、云南接壤，南濒北部湾、面向东南亚，西南与越南毗邻，是西南地区最便捷的出海通道，在中国与东南亚的经济交往中占有重要地位。广西的大陆海岸线长约1595千米，区内交通便利。广西处于被称为中国地势第二级阶梯的云贵高原的东南边缘，两广丘陵的西部，南边朝向北部湾。整个地势为四周多山地与高原，而中部与南部多为平地，因地势自西北向东南倾斜，西北与东南之间呈盆地状，素有"广西盆地"之称。位于自治区中部的贵港市拥有广西最大的平原"浔郁平原"。奇特的喀斯特地貌，灿烂的文物古迹，浓郁的民族风情，使广西独具魅力。广西属亚热带季风气候区，孕育了大量珍贵的动植物资源，尤其盛产水果，被誉为"水果之乡"，品种有火龙果、番石榴、荔枝、金橘、蜜橘、龙眼。广西首府南宁是中国—东盟博览会的举办地。区内聚居着汉、壮、瑶、苗、侗、京、回等民族,汉语方言有粤语、西南官话(桂柳话)、客家语、平话、湘语、闽语六种,壮语方言有北部方言和南部方言,其他少数民族语言有苗语、瑶语等。

广西生态环境良好,自然资源丰富,地处南部沿海,气候状况良好,土地产出能力强,人力资源丰富,开发潜力大,交通建设取得重要进展,区位优势好,经济社会发展后劲足。近年来,广西经济社会发展成效显著,经济结构调整步伐加快,新兴产业加快成长,服务业增加值比重提高,农业农村发展态势良好,城镇化水平提升,基础设施建设实现大跨越,为广西进一步发展提供了条件。广西在工业化中期阶段进入新常态,面临的挑战更加复杂严峻,主要表现在:稳增长压力大,传统增长动力减弱,新兴增长动力难以接续;转型升级难度大,传统产业面临困境,先进制造业和现代服务业发展滞后,创新能力薄弱;土地、能源、人才等供需矛盾突出,环境质量有所下降;公共服务供给不足,公共产品和公共服务水平与全国差距大,贫困量多、面广、程度深;开放型经济水平不高,区位优势和通道作用未能充分发挥,与东盟和周边地区的互联互通亟待加强。

广西"十三五"时期的发展目标是:提高地区发展平衡性、包容性、可持续性的基础上,生产总值年均增长7.5%以上,比2010年翻一番以上。投资效率、企业效益、财政实力明显提高,消费对经济增长贡献加大。工业化向中高端水平迈进,先进制造业和服务业比重持续提升,农业现代化取得明显进展,城镇人口数量超过农村人口,科技进步贡献率大幅提高。城乡居民人均收入增长7.5%以上,比2010年翻一番以上,城乡差距缩小。现行标准下农村贫困人口全部脱贫。公共服务体系更加健全,基本公共服务水平稳步提高。公民素质和社会文明程度明显提高。生态环境保护力度加大,生态安全屏障建设基本形成,能源资源开发利用效率大幅提高,节能减排降碳实现了国家下达的目标,空气、水体、土壤环境质量优良。生态文明制度建立健全,生态经济体系基本建成。国际通道、战略支点、重要门户基本建成,更高层次的开放型经济体系基本形成,基本建成面向东盟的国际大通道、西南中南地区开放发展新的战略支点、21世纪海上丝绸之路与丝绸之路经济带有机衔接的重要门户。民主制度更加完善和健全，民主形式和内容更加丰富，法治政府基本建成，司法公信力明显提高，社会治理体系和治理能力现代化取得重大进展。

广西壮族自治区 2015 年的绿色发展绩效指数居于全国第 23 位，绿色发展水平还有提升空间。经测算，广西壮族自治区的绿色发展绩效指数平均值为 85.65，低于 2015 年全国省市自治区绿色发展绩效指数的平均水平 3.25。其中，广西壮族自治区 2014 年的绿色发展绩效指数为 84.94，排名全国第 21 位。2015 年，广西壮族自治区的绿色发展绩效指数则为 86.36，排名全国第 23 位。相比 2014 年，2015 年广西壮族自治区的绿色发展绩效指数下降了 2 个位次，这个变化幅度基本处于正常范围。但从绿色发展绩效指数的数值变化来看，广西壮族自治区 2015 年的经济发展绿色化程度还是有所提升。（见图 4—23、表 4—23）

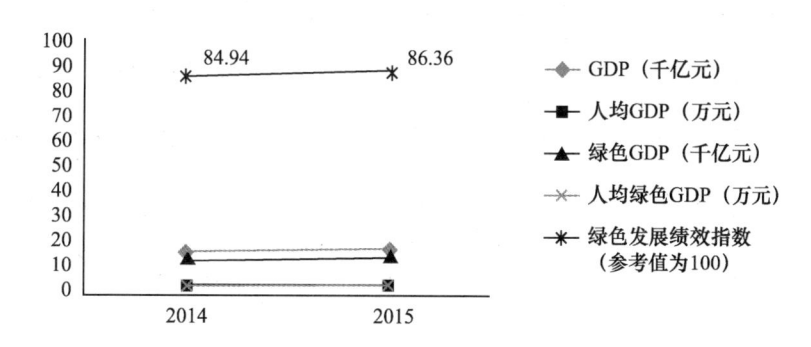

图 4—23　2014—2015 年广西壮族自治区绿色发展综合绩效年度变化曲线图

表 4—23　2014—2015 年广西壮族自治区绿色发展综合绩效年度变化数据表

指标 \ 年度	2014	2015
绿色发展绩效指数（参考值为100）	84.94	86.36
绿色发展绩效指数排名	21	23
GDP（千亿元）	15.67	16.80
GDP 排名	19	17
人均 GDP（万元）	3.30	3.50

续表

年度　指标	2014	2015
人均GDP排名	26	25
绿色GDP（千亿元）	13.31	14.51
绿色GDP排名	19	20
人均绿色GDP（万元）	2.80	3.03
人均绿色GDP排名	26	25

2015年广西壮族自治区的绿色GDP总量排名全国第20位。经济规模增幅较大。广西壮族自治区2014年的GDP总量为15672.89亿元，排名第19，2015年的GDP总量为16803.12亿元，增幅为7.21%，排名第17。广西壮族自治区2014年的绿色GDP总量为13312.76亿元，排名第19，2015年的绿色GDP总量为14511.95亿元，增幅高达9.01%，排名第20。比较GDP与绿色GDP增幅，广西壮族自治区在2015年相比2014年的绿色GDP增幅要高于GDP增幅1.80%。这表明，广西壮族自治区在保持原有经济增长速度的前提下，其绿色化程度也有了小幅提升。

2015年广西壮族自治区的人均绿色GDP位居全国第25位，人均"绿色创富"水平稳步提升。广西壮族自治区2014年的人均GDP为32967.80元，排名第26，2015年的人均GDP为35035.70元，增幅为6.27%，排名第25。广西壮族自治区2014年的人均绿色GDP为28003.28元，排名第26，2015年的人均绿色GDP为30258.45元，增幅高达8.05%，排名第25。比较人均GDP与人均绿色GDP增幅，广西壮族自治区在2015年相比2014年的人均绿色GDP增幅要高于人均GDP增幅1.78%。这在当年的全国比较少见。这也表明，广西壮族自治区在绿色发展方面，做出了许多努力，并已经显现出好的发展迹象。

综上，广西壮族自治区地处亚热带季风气候区，孕育了大量珍贵的动植物资源，素有"水果之乡"的美誉。从本次研究结果来看，广西壮族自治区基本保持了原有的经济增长速度，并在其绿色化程度上有了明显提升。如何继续保持这种发展态势，并实现"绿色"与"发展"的双重提升，同样是广西壮族自治区有可能实现绿色发展的努力方向。

24. 山西省

山西，简称"晋"，省会太原市，因居太行山之西而得名。下辖11个地级市，119个县级行政单位。山西地处黄河中游，黄土高原东部，北界长城与内蒙古自治区接壤，西隔黄河与陕西省相望，南抵黄河与河南省为邻，东依太行山与河南、河北两省毗连。山西又称"三晋"，古称"河东"，是中华民族的发祥地之一，历史源远流长，人文荟萃，拥有丰厚的历史文化遗产，被誉为"华夏文明摇篮"，素有"中国古代文化博物馆"之称。山西地形地势较为复杂，境内有山地、丘陵、高原、盆地、台地等多种地貌类型，整个地貌是被黄土广泛覆盖的山地型高原，地势东北高西南低，境内大部分地区海拔在1500米以上。山西属于温带大陆性季风气候，冬季漫长，寒冷干燥。河流多以季节性河流为主，水量变化的季节性差异大。是全国水资源贫乏省份之一，主要水资源量由地表水资源和地下水资源组成，水资源的主要补给来源是当地降水，水资源可利用量为83.8亿立方米，为全国的67.7%，人均占有量为全国的17%。森林资源稀少，是全国森林资源最少的省份之一。矿产资源极为丰富，已发现的地下矿种达120多种，其中探明储量的有53种，煤炭资源储量居全国首位，目前山西已探明煤炭储量达2767亿吨，号称"乌金之乡"。

山西省自然资源丰富，文化底蕴深厚，基础设施建设取得重要进展，人力资源丰富，工业实力雄厚，近年来，山西省经济社会发展进步明显，国家新型综合能源基地建设力度加大，经济结构调整不断深化，产业结构趋于合理，现代服务业发展态势良好，现代农业稳步发展，粮食生产连年丰收，一批重大工程如期建成，创新驱动战略全面实施，金融创新步伐加快，对外开放全方位展开，政府职能转变步伐加快，发展环境开始优化。文化事业和文化产业发展迈上新台阶。"城中村"改造、棚户区改造、采煤沉陷区治理加快推进,扶贫开发工作成效明显。同时,作为典型的资源型经济地区、中部欠发达省份,还有不少困难和问题:发展不平衡、不协调、不可持续问题突出,主要是面临着经济、民生和生态的"立体型困扰",面临破解"资源型经济困局"的重大课题,创新不够问题仍然突出。"一煤独大"局面尚未实质性改变,资源和生产要素市场化配置程度不高,资源型产业产能过剩问题突出。生态环境"瓶颈"问题仍然突出,节能减排和环境保护任务较重,水利瓶颈尚未突破,造林绿化还有差距。

"十三五"期间,山西省国民经济和社会发展规划是:主动适应经济发展新常态,力争经济较快增长,确保到2020年实现地区生产总值和城乡居民人均收入比2010年翻一番,实现全省与全国同步全面建成小康社会,农村特别是贫困地区与全省同步全面建成小康社会的奋斗目标。公共服务体系更加健全,基本公共服务均等化水平显著提高,人民健康水平显著提升,收入差距缩小。文化强省建设步伐进一步加快,文化发展主要指标、文化事业整体水平、文化产业综合实力明显提升。主体功能区布局和生态安全屏障基本形成,生产方式和生活方式绿色低碳化水平显著提高。能源资源使用效率大幅提高,能耗和水资源消耗、建设用地、碳排放总量得到有效控制,主要污染物减排完成国家下达任务,大气、水、土壤污染治理取得新成效。生态环境持续改善,森林、草地覆盖率进一步提高,城市建成区绿化覆盖率明显提高,城乡人居环境明显改善。资源型经济转型综合配套改革取得重大进展,支撑资源型经济转型的政策体系和体制机制基本建立。社会治理能力和水平不断提高,社会更加和谐稳定。

山西省2015年的绿色发展绩效指数居于全国第24位,绿色发展水平有所提升。经测算,山西省的绿色发展绩效指数平均值为83.40,低于2015年全国省市自治区绿色发展绩效指数的平均水平5.50。其中,山西省2014年的绿色发展绩效指数为81.11,排名全国第26位。2015年,山西省的绿色发展绩效指数则为85.68,排名全国第24位。相比2014年,2015年山西省的绿色发展绩效指数上升了2个位次,这个变化幅度基本处于正常范围。但从绿色发展绩

效指数的数值变化来看，山西省2015年的经济发展绿色化程度还是有所提升。（见图4—24、表4—24）

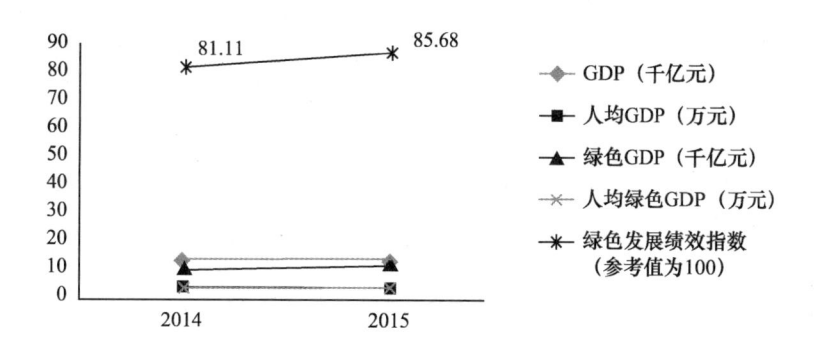

图4—24　2014—2015年山西省绿色发展综合绩效年度变化曲线图

表4—24　　2014—2015年山西省绿色发展综合绩效年度变化数据表

年度　　　指标	2014	2015
绿色发展绩效指数（参考值为100）	81.11	85.68
绿色发展绩效指数排名	26	24
GDP（千亿元）	12.76	12.77
GDP排名	24	24
人均GDP（万元）	3.50	3.48
人均GDP排名	24	26
绿色GDP（千亿元）	10.35	10.94
绿色GDP排名	24	24
人均绿色GDP（万元）	2.84	2.99
人均绿色GDP排名	25	26

2015年山西省的绿色GDP总量排名全国第24位。经济总量规模增长稳定。山西省2014年的GDP总量为12761.50亿元，排名第24，2015年的GDP总量为12766.50亿元，排名第24，增幅为0.04%。山西省2014年的绿色

GDP 总量为 10350.77 亿元,排名第 24,2015 年的绿色 GDP 总量为 10938.59 亿元,增幅高达 5.68%,排名第 24。比较 GDP 与绿色 GDP 增幅,山西省在 2015 年相比 2014 年的绿色 GDP 增幅要高于 GDP 增幅 5.64%。这表明,山西省的绿色化程度开始有所提升,但其经济规模并没有较明显的增长,基本维持在原状。

2015 年山西省的人均绿色 GDP 位居全国第 26 位,人均"绿色创富"水平有较大提升。山西省 2014 年的人均 GDP 为 34982.18 元,排名第 24,2015 年的人均 GDP 为 34842.12 元,降幅为 0.04%,排名第 26。山西省 2014 年的人均绿色 GDP 为 28373.81 元,排名第 25,2015 年的人均绿色 GDP 为 29853.43 元,增幅高达 5.21%,排名第 26。比较人均 GDP 与人均绿色 GDP 增幅,山西省在 2015 年相比 2014 年的人均绿色 GDP 增幅要高于人均 GDP 增幅 5.25%。这在当年的全国比较少见。这也表明,山西省在绿色发展方面做出了许多努力,并已经显现出好的发展迹象。

综上,山西省是中华民族发祥地之一,同时也是我国重要的煤炭资源地,具有丰富的矿产资源。从本次研究结果来看,山西省在其绿色化程度上有了较为明显的努力,但其经济规模基本是原地踏步,值得警惕。如此看来,山西省离实现真正的绿色发展还有明显差距。

25. 宁夏回族自治区

宁夏回族自治区,简称"宁",成立于 1958 年 10 月 25 日,是中国五大少数民族自治区之一,自治区首府为银川。是全国最大的回族聚居区,下辖 5 个地级市,22 个县、市(区)。位于中国西北部,地处黄河中上游,东邻陕西,北接内蒙古,南与甘肃相连。宁夏得黄河水灌溉而形成了悠久的黄河文明,早在三万年前,宁夏就已有了人类生息的痕迹,历史上是"丝绸之路"的要道,素有"塞上江南"之美誉。宁夏地处黄土高原与内蒙古高原的过渡地带,疆域轮廓南北长、东西短,呈十字形,地势南高北低，一般海拔为1100米至2000米，从地貌类型看，南部以流水侵蚀的黄土地貌为主，中部和北部以干旱剥蚀、风蚀地貌为主，是内蒙古高原的一部分。黄河自中卫入境，向东北斜贯于平原之上。深居西北内陆高原，属典型的大陆性半湿润半干旱气候，雨雪稀少，气候干燥。宁夏是中国水资源最少的省区，大气降水、地表水和地下水都十分贫乏。有宜农荒地1067.3万亩，有可开发利用的草场4500多万亩，是全国十大牧场之一。便利的引黄灌溉和良好的光热条件，为农业发展提供了优良条件，各种农作物品质优良，是全国12个著名的商品粮基地之一。

宁夏自然资源丰富，处于国家"西气东输"和中俄原油输油管道的咽喉地带，地理位置优越，区位优势明显，土地资源丰富，农业资源优良，自古就有"天下黄河富宁夏"之说。宁夏旅游资源独特，平原高山相间，大漠风光与水乡美景交相辉映，西夏王陵被誉为"东方金字塔"。近年来，宁夏经济社会发展成效显著，结构调整明显，基础设施建设加速，城乡面貌改观，生态保护取得重大进展。但宁夏经济社会发展还存在系列问题：经济社会发展整体水平不高，产业发展层次低，链条短，竞争力不强，发展方式粗放，资源环境约束日益加大，结构调整任重道远；创新型人才短缺，自主创新能力不强，科技对经济的贡献率低；山川发展不平衡，基本公共服务供给不足，脱贫攻坚任务艰巨；基础设施现代化水平不高，对外开放通道不畅，水资源瓶颈突出等。这些短板，制约了宁夏经济社会的发展。

"十三五"期间，宁夏国民经济和社会发展的总体规划是：经济增长的平衡性、包容性和可持续性进一步提高，实现投资有效益、产品有市场、企业有利润、员工有收入、政府有税收。经济年均增速保持在7.5%以上，人均地区生产总值接近1万美元，固定资产投资年均增长10%以上。"大众创业、万众创新"的生动局面基本形成，科技创新能力明显增强，科技成果转化率大幅提高，科研经费投入强度达到2%以上，科技进步贡献率达到55%。现代产业体系基本建立，三次产业协调发展，产业技术装备水平和竞争力明显提高。服务业占地区生产总值的比重达到50%左右，非公经济比重达到50%以上。国家西部生态安全屏障的地位和作用更加凸显，蓝天绿水青山的生态名片更加亮丽，人居环境质量在全国排名靠前。全区森林覆盖率达到15.8%，地级城市空气质量优良天数比例达到78%以上，万元GDP能耗、碳排放和主要污染物排放总量控制在国家下达的指标以内。内陆开放型经济试验区建设取得重大进展，中阿博览会影响力大幅提升，对外经贸合作和人文交流更加广泛深入，进出口总额和外商直接投资年均增长25%。累计新增就业36万人，就业更加充分更有质量。城镇和农村常住居民人均可支配收入年均分别增长8%和9%，收入差距缩小。精神文明和物质文明建设协调推进，各方面制度更加健全，社会治理体系更加完善，民族团结，社会安定的局面进一步巩固发展。

宁夏回族自治区2015年的绿色发展绩效指数居于全国第25位，绿色发展水平有较大提升。经测算，宁夏回族自治区的绿色发展绩效指数平均值为82.15，低于2015年全国省市自治区绿色发展绩效指数的平均水平6.75。其中，宁夏回族自治区2014年的绿色发展绩效指数为78.73，排名全国第29位。2015年，宁夏回族自治区的绿色发展绩效指数则为85.57，排名全国第25位。相比2014年，2015年宁夏回族自治区的绿色发展绩效指数上升了4个位次，这个位次上升幅度还是较大的。这表明，宁夏回族自治区2015年的绿色化程度还是有所提升。（见图4—25、表4—25）

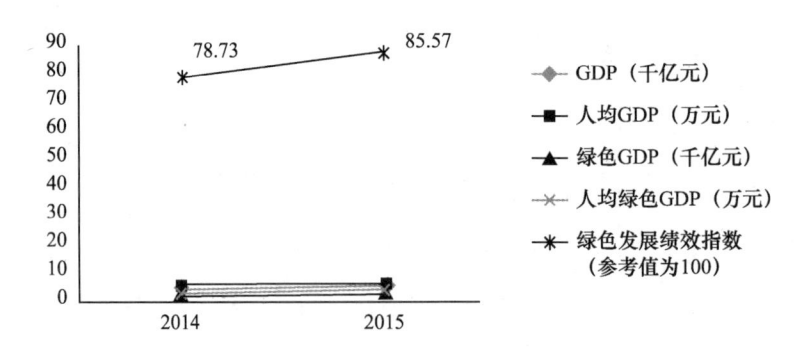

图4—25 2014—2015年宁夏回族自治区绿色发展综合绩效年度变化曲线图

表 4—25　　2014—2015 年宁夏回族自治区绿色发展综合绩效年度
变化数据表

年度 指标	2014	2015
绿色发展绩效指数 （参考值为 100）	78.73	85.57
绿色发展绩效指数排名	29	25
GDP（千亿元）	2.75	2.91
GDP 排名	29	29
人均 GDP（万元）	4.16	4.36
人均 GDP 排名	15	15
绿色 GDP（千亿元）	2.17	2.49
绿色 GDP 排名	29	29
人均绿色 GDP（万元）	3.28	3.73
人均绿色 GDP 排名	17	15

2015 年宁夏回族自治区的绿色 GDP 总量排名全国第 29 位。经济规模增长稳定。宁夏回族自治区 2014 年的 GDP 总量为 2752.10 亿元，排名第 29，2015 年的 GDP 总量为 2911.77 亿元，上升幅度为 5.80%，排名第 29。宁夏回族自治区 2014 年的绿色 GDP 总量为 2166.84 亿元，排名第 29，2015 年的绿色 GDP 总量为 2491.58 亿元，增幅高达 14.99%，排名第 29。比较 GDP 与绿色 GDP 增幅，宁夏回族自治区在 2015 年相比 2014 年的绿色 GDP 增幅要高于 GDP 增幅 9.19%。这在当年的全国是极少见的。这表明，宁夏回族自治区在保持原有经济增长速度的同时，绿色化程度也开始有所提升。

2015 年宁夏回族自治区的人均绿色 GDP 位居全国第 15 位，人均"绿色创富"水平有较大提升。宁夏回族自治区 2014 年的人均 GDP 为 41601.41 元，排名第 15，2015 年的人均 GDP 为 43597.20 元，增幅为 4.80%，排名第 15。宁夏回族自治区 2014 年的人均绿色 GDP 为 32754.56 元，排名第 17，2015 年的人均绿色 GDP 为 37305.77 元，增幅高达 13.89%，排名第 15。比较人均

GDP 与人均绿色 GDP 增幅，宁夏回族自治区在 2015 年相比 2014 年的人均绿色 GDP 增幅要高于人均 GDP 增幅 9.09%。这在当年的全国比较少见。这也表明，宁夏回族自治区在绿色发展方面做出了许多努力，并已经显现出好的发展迹象。

综上，宁夏回族自治区地处"丝绸之路"要道，素有"塞上江南"之美誉，是中华民族发祥地之一。从本次研究结果来看，宁夏回族自治区经济规模偏小，但其人均经济量明显偏高，其绿色化程度也有不同程度提升。宁夏回族自治区面临的主要问题还是在保护生态环境的基础上，积极求发展。

26. 安徽省

安徽，简称"皖"，省会合肥，位于中国内陆东部。安徽建省于清康熙六年（1667 年），省名取安庆、徽州两府首字合成，因境内有皖山、春秋时期有古皖国而简称"皖"。安徽省地处长江、淮河中下游，位于长江三角洲腹地，沿江通海，东连江苏、浙江，西接湖北、河南，南邻江西，北靠山东，东西宽约 450 千米，南北长约 570 千米，土地面积 13.94 万平方千米，占全国的 1.45%，居全国省市自治区第 22 位。安徽地跨长江、淮河、新安江三大流域，世称江淮大地。长江流经安徽境内约 400 千米，淮河流经省内约 430 千米，新安江流经省内 242 千米。安徽是中国史前文明的重要发源地之一，拥有淮河、新安、庐州、皖江四大文化圈，文化底蕴深厚，源远流长，曾培育出道教文化、建安文学、桐城派、北宋理学、徽文化等。徽文化是明清时期最有影响的文化流派。徽剧是京剧的主要源流之一，黄梅戏是中国四大戏曲门类之一，池州的傩戏号称"戏剧活化石"，淮河两岸流行的花鼓灯被誉为"东方芭蕾"。安徽现辖 16 个地级市、62 个县（市）、43 个县级区和 1522 个乡镇、街道办事处。安徽在气候上属暖温带与亚热带的过渡地区，在淮河以北属暖温带半湿润季风气候，淮河以南属亚热带季风湿润性气候。省内湖泊众多，总面积为 1750 平方千米，其中巢湖是全国五大淡水湖之一。

安徽省地势开阔,气候良好,人力资源丰富,科教文化实力较为强劲,交通便利,人文底蕴深厚,地理位置优越,区位优势明显。安徽省是中国重要的农产品生产、能源、原材料和加工制造业基地,汽车、机械、家电、化工、电子、农产品加工等行业在全国占有重要位置。安徽工业门类齐全,工业基础厚实,农业基础好。这为安徽经济社会发展营造了良好的环境。但安徽省经济社会发展也面临着不少压力和挑战,如:发展不足、发展不优、发展不平衡问题依然突出,创新能力不强,产业结构不尽合理,部分产业产能过剩,发展方式较为粗放,资源环境约束趋紧,城乡区域发展差距明显,城镇化水平发展较低,市场主体总量不多,对外开放程度不高,基本公共服务供给不足,扶贫攻坚任务繁重,公民文明素质和社会文明程度有待提高,法治安徽建设任务艰巨,政府治理能力和服务意识有待增强。

安徽省"十三五"时期经济社会发展的目标是:三次产业结构进一步优化,产业迈向中高端水平,农业现代化取得明显进展,先进制造业加快发展,新产业新业态不断成长,服务业比重稳步上升,形成一批在国内外有重要影响力的战略性新兴产业集聚发展基地。科技进步对经济增长贡献率明显提升。经济效益、社会效益进一步提高,投资效率和企业效率明显上升,全要素生产率明显提高,财政收入跃上新台阶。经济增长速度全国争先、中部领先,年均增8.5%左右,到2020年地区生产总值达到3.6万亿元,努力向4万亿元冲刺。人民生活水平和质量普遍提高,人均主要经济指标在全国的位次进一步提升,城乡居民收入差距逐步缩小。公共文化服务体系基本建立,文化产业成为支柱性产业,体现徽风皖韵的文化影响力进一步彰显。生产方式和生活方式绿色、低碳水平不断上升,大气、水、土壤等污染得到有效整治,生态环境质量阶段性改善,城市重污染天气天数逐年降低,重点流域水质优良比例不断提升。能源资源开发利用效率大幅提高,能源和水资源消耗、建设用地、碳排放总量和强度得到有效控制,主要污染物排放总量持续下降。主体功能区布局和生态安全屏障基本形成。重点领域和关键环节改革取得决定性成果。

安徽省2015年的绿色发展绩效指数居于全国第26位,绿色发展水平还有提升潜力。经测算,安徽省的绿色发展绩效指数平均值为84.47,低于2015年全国省市自治区绿色发展绩效指数的平均水平 4.3。其中，安徽省 2014 年的绿色发展绩效指数为 83.74，排名全国第 22 位。2015 年，安徽省的绿色发展绩效指数则为 85.20，排名全国第 26 位。相比 2014 年，2015 年安徽省的绿色发展绩效指数下降了 4 个位次，这个位次下降幅度还是较大的。这表明，相比其他省市自治区而言，安徽省 2015 年的绿色化程度提升幅度并不是很大。（见图 4—26、表 4—26）

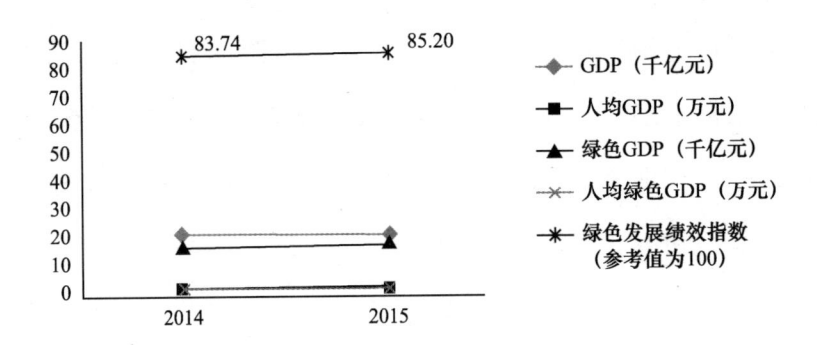

图 4—26　2014—2015 年安徽省绿色发展综合绩效年度变化曲线图

表 4—26　　2014—2015 年安徽省绿色发展综合绩效年度变化数据表

年度 指标	2014	2015
绿色发展绩效指数 （参考值为 100）	83.74	85.20
绿色发展绩效指数排名	22	26
GDP（千亿元）	20.85	22.01
GDP 排名	14	14
人均 GDP（万元）	3.01	3.17
人均 GDP 排名	27	28
绿色 GDP（千亿元）	17.46	18.75
绿色 GDP 排名	14	14
人均绿色 GDP（万元）	2.52	2.70
人均绿色 GDP 排名	28	28

2015年安徽省的绿色GDP总量排名全国第14位。经济规模增长稳定。安徽省2014年的GDP总量为20848.70亿元，排名第14，2015年的GDP总量为22005.60亿元，上升幅度为5.55%，排名第14。安徽省2014年的绿色GDP总量为17457.68亿元，排名第14，2015年的绿色GDP总量为18748.37亿元，增幅高达7.39%，排名第14。比较GDP与绿色GDP增幅，安徽省在2015年相比2014年的绿色GDP增幅要高于GDP增幅1.84%。这表明，安徽省在保持原有经济增长速度的同时，绿色化程度也开始有小幅提升。

2015年安徽省的人均绿色GDP位居全国第28位，人均"绿色创富"水平稳步提升。安徽省2014年的人均GDP为30058.68元，排名第27，2015年的人均GDP为31667.29元，增幅为5.35%，排名第28。安徽省2014年的人均绿色GDP为25169.67元，排名第28，2015年的人均绿色GDP为26979.96元，增幅高达7.19%，排名第28。比较人均GDP与人均绿色GDP增幅，安徽省在2015年相比2014年的人均绿色GDP增幅要高于人均GDP增幅1.84%。这表明，安徽省在绿色发展方面做出了许多努力，并已经显现出好的发展迹象。

综上，安徽省地处中国华东地区，经济上属于中国中东部经济区。从本次研究结果来看，安徽省的经济规模处于全国中游，这是其实现绿色发展较为有利的优势。但其人均GDP、人均绿色GDP、绿色发展绩效指数均处于低位运行，其绿色化发展看来还任重道远。对于安徽省而言，积极缓解人口增长与经济规模扩大之间的不匹配现象，仍是安徽省实现绿色化发展中不可回避的问题。

27. 甘肃省

甘肃省，简称"甘"或"陇"，中国省级行政单位之一，位于黄河上游，省会驻地兰州市。甘肃是取甘州（今张掖）与肃州（今酒泉）二地的首字而成，由于西夏曾置甘肃军司，元代设甘肃省，简称"甘"；又因省境大部分在陇山（即六盘山）以西，唐代曾在此设置"过陇右道"，故又简称"陇"。甘肃地处黄河上游，沟通黄土高原、青藏高原、内蒙古高原，东通陕西，南瞰巴蜀、青海，西达新疆，北扼内蒙古、宁夏；西北出蒙古国，辐射中亚。甘肃深居西北内陆，海洋温湿气流不易到达，成雨少，大部分地区气候干燥，属大陆性很强的温带季风气候。冬季寒冷漫长，春夏界线不明，夏季短促，气温高，秋季降温快。省内年平均气温在0℃—16℃之间，各地海拔不同，气温差别较大，日照充足，日温差大，东西蜿蜒1600多千米，全省面积45.37万平方千米，占中国国土面积的4.73%。现辖12个地级市、2个自治州。甘肃历史跨越八千余年，是中华民族和华夏文明的重要发祥地之一，也是中医药学的发祥地之一。甘肃省被誉为"河岳根源，羲轩桑梓"，中华民族的人文始祖伏羲、女娲和黄帝相传诞生在甘肃。

甘肃省历史悠久，资源丰富，是"一带一路"的必经之地，地理位置优越，区位优势突出。甘肃工业实力雄厚，基础良好，是中国重要的能源、原材料工业基地。甘肃发展有很多优势。河西走廊的战略通道优势显著，具有坐中联六的区位优势、与中亚西亚联系密切的人文优势，是丝路沿线重要节点城市。甘肃拥有丰富的风光电和核能资源，可以着力打造清洁能源大基地。但甘肃省属欠发达地区，发展阶段滞后，经济总量小，长期积累的深层次问题和发展短板依然十分突出。在产业方面，重化工、原材料工业占比高，产业链条短，产品附加值、层次低，新常态下传统产业支撑带动力减弱；特色产业、农业、中药材、生物医药、文化旅游业等尚未做大做强；新兴产业处于培育期，支撑带动力弱，产业动力转换处于"青黄不接"的阶段，支撑全省经济社会发展的基础还不扎实。在协调发展方面，现代农业发展和脱贫攻坚任务重。这些短板制约了甘肃经济社会发展。

"十三五"时期，甘肃省提出努力实现以下新的目标要求：到2020年生产总值和城乡居民人均收入比2010年翻一番以上，生产总值年均增长7.5%，超过1万亿元，人均生产总值年均增长7%，达到37000元左右。固定资产投资年均增长10%以上，投资结构和效益进一步优化提高。战略性新兴产业增加值占生产总值比重达到16%，服务业增加值比重超过50%。城乡居民收入与经济增长同步,居民人均可支配收入达20000元,年均增长7.5%。学前教育毛入园率、九年义务教育巩固率、高中阶段教育毛入学率、高等教育毛入学率分别达到85%、95%、95%、40%,劳动年龄人口平均受教育年限提高到9.8年。国家生态安全屏障综合试验区建设加快推进,森林覆盖率达到12.58%,森林蓄积量达到2.62亿立方米以上,生态环境质量逐步改善,循环经济发展水平进一步提升,节能减排取得明显成效,单位地区生产总值能耗、主要污染物排放总量、单位地区生产总值二氧化碳排放量等约束性指标控制在国家下达的指标内。开放型经济加快发展,丝绸之路经济带甘肃黄金段建设取得明显成效,外贸进出口总额达到120亿美元,年均增长8%左右。全省骨干公路网全部建成,公路通车总里程达到20万千米以上,铁路运营里程超过7200千米。治理体系和治理能力现代化取得积极进展,各领域基础性制度体系基本形成。安全生产基础切实加强,责任体系更加健全。

甘肃省2015年的绿色发展绩效指数居于全国第27位,绿色发展水平还有提升潜力。经测算,甘肃省的绿色发展绩效指数平均值为83.04,低于2015年全国省市自治区绿色发展绩效指数的平均水平5.86。其中,甘肃省2014年的绿色发展绩效指数为81.54,排名全国第24位。2015年,甘肃省的绿色发展绩效指数则为84.54,排名全国第27位。相比2014年,2015年甘肃省的绿色发展绩效指数下降了3个位次,这个位次下降幅度还是较大的。这表明,相比其他省市自治区而言,甘肃省2015年的绿色化程度提升幅度并不是很大。(见图4—27、表4—27)

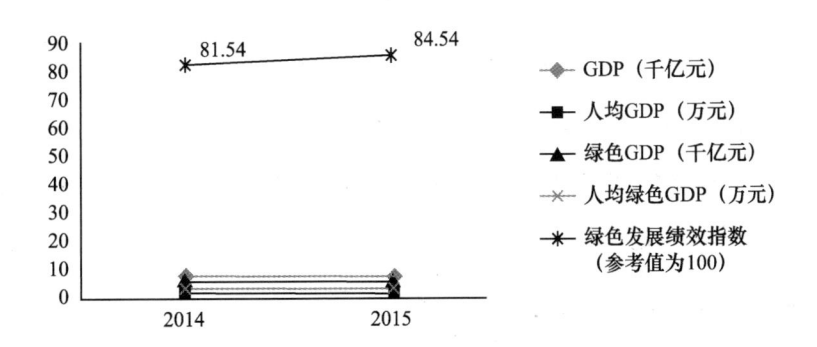

图4—27 2014—2015年甘肃省绿色发展综合绩效年度变化曲线图

表4—27 2014—2015年甘肃省绿色发展综合绩效年度变化数据表

年度 指标	2014	2015
绿色发展绩效指数 （参考值为100）	81.54	84.54
绿色发展绩效指数排名	24	27
GDP（千亿元）	6.84	6.79
GDP排名	27	27
人均GDP（万元）	2.64	2.61
人均GDP排名	31	31
绿色GDP（千亿元）	5.57	5.74
绿色GDP排名	27	27
人均绿色GDP（万元）	2.15	2.21
人均绿色GDP排名	31	31

2015年甘肃省的绿色GDP总量排名全国第27位。经济规模相对稳定。甘肃省2014年的GDP总量为6836.82亿元，排名第27，2015年的GDP总量为6790.32亿元，下降幅度为0.68%，排名第27。甘肃省2014年的绿色GDP总量为5574.73亿元，排名第27，2015年的绿色GDP总量为5740.72亿元，增幅高达2.98%，排名第27。比较GDP与绿色GDP增幅，甘肃省在2015年相比2014年的绿色GDP增幅要高于GDP增幅3.66%。甘肃省在2015年出现GDP下滑的现象，这在全国是比较少见的。但其绿色GDP值却在增长。这表明，甘肃省绿色化程度也开始有小幅提升，却极有可能是以牺牲经济增长为代价的。

2015年甘肃省的人均绿色GDP位居全国第31位，人均"绿色创富"水平潜力较大。甘肃省2014年的人均GDP为26389.04元，排名第31，2015年的人均GDP为26121.14元，下降了1.02%，排名第31。甘肃省2014年的人均绿色GDP为21517.57元，排名第31，2015年的人均绿色GDP为22083.51元，增幅高达2.63%，排名第31。比较人均GDP与人均绿色GDP增幅，甘肃省在 2015 年相比 2014 年的人均绿色 GDP 增幅要高于人均 GDP 增幅 3.65%。这表明，甘肃省在绿色发展方面做出了许多努力，并已经显现出好的发展迹象。

综上，甘肃省是中华民族和华夏文明的重要发祥地之一，也是中医药学的发祥地之一，被誉为"河岳根源，羲轩桑梓"。从本次研究结果来看，甘肃省的绿色化程度提升明显，但其经济规模、人均经济收益并未得到明显提升。这表明，如何在保护生态环境的基础上，尽可能加速创造更多的财富，提振经济，可能是甘肃省在实现绿色发展过程中所面临的重大现实问题。

28. 辽宁省

辽宁，简称"辽"，省会城市为沈阳，下辖 14 个地级市。南临黄海、渤海，东与朝鲜一江之隔，与日本、韩国隔海相望，是东北地区唯一的既沿海又沿边的省份，也是东北地区及内蒙古自治区东部地区对外开放的门户。辽宁地形概貌大体是"六山一水三分田"，地势大致为自北向南，自东西两侧向中部倾斜，山地丘陵分列东西两侧，向中部平原下降，呈马蹄形向渤海倾斜。地处欧亚大陆东岸、中纬度地区，属于温带大陆性季风气候区。辽宁省海域广阔，海域（大陆架）面积 15 万平方千米，其中近海水域面积 6.4 万平方千米，沿海滩涂面积 2070 平方千米，有海洋岛屿 266 个。全省国土面积 14.8 万平方千米，大陆海岸线长 2292 千米，近海水域面积 6.8 万平方千米。已发现各类矿产 110 种，保有储量列全国前 10 位的有 24 种。2017 年 3 月，国务院批准中国（辽宁）自由贸易试验区在沈阳、大连、营口三市设立片区，辽宁成为国家第三批自由贸易试验区。辽宁是中国重要的重工业基地、教育强省、农业强省，中国最早实行对外开放政策的沿海省份之一，也是中国近代开埠最早的省份之一，是中华民族和中华文明的重要发源地之一，为中国改革开放以来做出了巨大的牺牲与贡献，被誉为"共和国长子""东方鲁尔"。

辽宁省是中国著名的老工业基地，工业实力雄厚，是东北地区和内蒙古连接欧亚大陆桥的重要门户和前沿地带,是全国交通、电力等基础设施较为发达的地区,地理位置十分优越,区位优势明显。作为东北地区唯一的沿海省份,拥有众多沿海市县,有得天独厚的口岸优势,是北方重要的贸易港和货物集散地。但辽宁经济社会进一步发展也面临着许多问题:体制机制弊端突出,市场发育不完善,创新创业环境欠佳,国企改革未迈出实质性步伐,发展理念落后,历史欠账较多,民营经济实力不强;结构性矛盾凸显,传统产业竞争力下降,战略新兴产业和现代服务业发展滞后,资源环境压力增大;自主创新能力不强,科技成果转化不畅,人才支撑不足;区域发展差距较大,居民收入水平较低,社会治理能力和水平亟待提升。

"十三五"时期,辽宁经济社会发展的主要规划是:经济保持中高速增长,地区生产总值年均增速不低于全国平均水平;增强创新能力,科技研发经费投入占地区生产总值比重达到2.5%,全民受教育程度和创新人才培养水平明显提高,以企业为主体的技术创新体系初步形成,构建创新型经济体系和创新发展新模式;经济结构优化升级,转变经济发展方式和结构性改革取得重大进展,新型工业化、信息化、城镇化、农业现代化协调发展新格局基本形成,产业迈向中高端水平,城镇化发展质量和社会主义新农村建设水平进一步提高,资源枯竭型城市转型发展取得显著成效,构筑优势互补、良性互动的城乡区域发展格局;重要领域和关键环节改革取得重大成果,形成系统完备、科学规范、运行有效的体制机制,提高开放型经济水平,"引进来"与"走出去"协调推进;文化和社会建设全面进步,公共文化服务体系基本建成,社会治理制度不断健全;生态环境质量总体上改善,主体功能区布局基本形成,万元地区生产总值用水量下降、单位地区生产总值能源消耗降低、单位地区生产总值二氧化碳排放降低完成国家下达任务,森林覆盖率达到42%,森林蓄积量达到3.41亿立方米;人民生活水平和质量普遍提高,保持居民收入增长与经济增长同步,收入差距缩小,现行标准下的农村贫困人口实现脱贫;公共服务体系更加健全,基本公共服务均等化总体实现。

辽宁省2015年的绿色发展绩效指数居于全国第28位,绿色发展水平相对稳定。经测算,辽宁省的绿色发展绩效指数平均值为81.65,低于2015年全国省市自治区绿色发展绩效指数的平均水平 7.25。其中，辽宁省 2014 年的绿色发展绩效指数为 79.17，排名全国第 28 位。2015 年，辽宁省的绿色发展绩效指数则为 84.12，排名全国第 28 位。相比 2014 年，2015 年辽宁省的绿色发展绩效指数排名位次维持不变。这表明，相比其他省市自治区而言，辽宁省 2015 年的绿色化程度提升幅度并不是很大，其发展态势较为稳定。（见图 4—28、表 4—28）

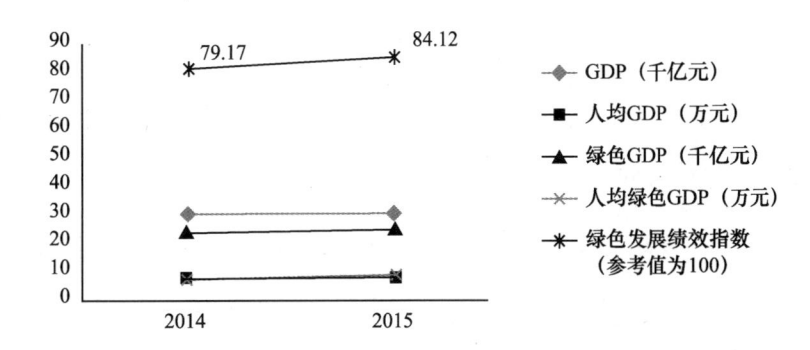

图 4—28　2014—2015 年辽宁省绿色发展综合绩效年度变化曲线图

表 4—28　　2014—2015 年辽宁省绿色发展综合绩效年度变化数据表

年度 指标	2014	2015
绿色发展绩效指数 （参考值为 100）	79.17	84.12
绿色发展绩效指数排名	28	28
GDP（千亿元）	28.63	28.67
GDP 排名	7	10
人均 GDP（万元）	6.74	6.78
人均 GDP 排名	7	7
绿色 GDP（千亿元）	22.66	24.12
绿色 GDP 排名	9	11
人均绿色 GDP（万元）	5.34	5.70
人均绿色 GDP 排名	10	10

辽宁省的经济总量规模较大。2015年辽宁省的绿色GDP总量排名全国第11位。辽宁省2014年的GDP总量为28626.60亿元，排名第7，2015年的GDP总量为28669.00亿元，上升幅度为0.15%了，排名第10。辽宁省2014年的绿色GDP总量为22662.52亿元，排名第9，2015年的绿色GDP总量为24115.74亿元，增幅高达6.41%，排名第11。比较GDP与绿色GDP增幅，辽宁省在2015年相比2014年的绿色GDP增幅要高于GDP增幅6.26%，这个增幅在全国是比较少见的。这表明，辽宁省绿色化程度也开始有小幅提升，正在起步。

辽宁省的人均"绿色创富"水平处于全国前列，2015年辽宁省的人均绿色GDP位居全国第10位。辽宁省2014年的人均GDP为63231.86元，排名第7，2015年的人均GDP为67780.22元，上升幅度为7.19%，排名第7。辽宁省2014年的人均绿色GDP为53396.45元，排名第10，2015年的人均绿色GDP为57015.25元，增幅高达6.78%，排名第10。比较人均GDP与人均绿色GDP增幅，辽宁省在2015年相比2014年的人均绿色GDP增幅要低于人均GDP增幅0.41%。这表明，辽宁省在绿色发展方面做出了许多努力，并已经显现出好的发展迹象。

综上，辽宁省是中国重要的老工业基地，是全国工业门类较为齐全的省份之一，是新中国工业崛起的摇篮，被誉为"共和国长子""东方鲁尔"。辽宁省以其独特的优势使其人均经济规模在全国具有一定的影响力。当前，如何摆脱工业发展的生态影响束缚，在保持原有经济增长速度的前提下，保护好生态环境，实现绿色发展，仍是辽宁省迫切需要解决的问题。

29. 青海省

青海，简称"青"，省会为西宁，位于中国西部，雄踞"世界屋脊"青藏高原的东北部，因境内有国内最大的内陆咸水湖——青海湖而得名。青海省东西长约1200千米，南北宽800千米，面积为72.1万平方千米，列全国各省、市、自治区的第四位。下辖6个民族自治州，共48县级行政单位，有藏族、回族、蒙古族、土族等43个少数民族。境内山脉高耸，地形多样，河流纵横，湖泊棋布，昆仑山横贯中部，唐古拉山峙立于南，祁连山矗立于北，茫茫草原起伏绵延，柴达木盆地浩瀚无限。青海北部和东部同甘肃省相接，西北部与新疆维吾尔自治区相邻，南部和西南部与西藏自治区毗连，东南部与四川省接壤，是联结西藏、新疆与内地的纽带。青海全省平均海拔在3000米以上。青海省东部是长江、黄河、澜沧江的发源地，被誉为"三江源""江河源头""中华水塔"。全省有270多条较大的河流，水量丰沛，水能储量在1万千瓦以上的河流就有108条，水能资源十分丰富。青海属于高原大陆性气候，具有气温低、昼夜温差大、降雨少而集中、日照长、太阳辐射强等特点，蕴藏着极为丰富的光能资源和风能资源丰富。矿藏丰富、种类多，石油资源量丰富，天然气资源探明储量2937亿立方米，是全国四大气区之一。农业耕地少、林地比重低，但草地面积广阔，畜牧业发达。地处中巴经济走廊和丝绸之路经济带十字要冲，逐步成为向西开放的战略枢纽。

青海省生态环境优良，自然资源丰富，地处"一带一路"核心地带，区位优势明显，发展潜力巨大。近年来，青海经济社会发展势头良好，综合实力大幅提升，基础设施建设成效明显，产业结构调整取得了阶段性成效，生态环境大幅改善，为青海进一步发展奠定了良好的基础。同时，青海省经济社会发展也面临着调整，主要有：比较优势正在减弱，现有基础难以为快速增长做出更多贡献，产业结构层次不高、竞争力不强的问题凸显，结构不合理问题尚未得到根本扭转，新旧动能"青黄不接"问题十分突出。保护与发展的深层矛盾仍需破解，人口、资源与环境矛盾依然突出，统筹生态保护、经济发展和民生改善仍需做大量艰苦工作。推动协调发展面临新挑战，不同功能区之间发展不协调，增加城乡居民收入、完成脱贫攻坚、提高公共服务质量和水平等任务也非常艰巨。金融风险等问题显现。

"十三五"时期，青海省国民经济和社会发展规划是：生态文明建设迈上新台阶，资源循环利用体系初步建立，能源资源使用效率大幅提高，主要污染物排放得到合理控制，初步形成与生态文明新时代相适应的体制机制、空间格局、产业结构和生产生活方式,绿色发展达到全国先进水平;经济保持中高速增长,在提高发展平衡性、包容性、可持续性的基础上,到2020年,实现地区生产总值和城乡居民人均收入比2011年翻一番,人均国内生产总值和城乡居民人均收入与全国平均水平的相对差距有所缩小,保持财政收入与经济增长同步,投资效率和企业效率明显上升,消费和出口对经济增长贡献率明显提高,高原现代农牧业产业体系初步形成,工业化和信息化融合发展水平大幅提升,服务业比重进一步加大;人民生活水平和质量明显提升,基础设施、公共服务设施更加完善,基本公共服务均等化达到全国平均水平,国家现行标准下农牧区贫困人口实现脱贫,贫困县全部摘帽;公民素质和社会文明程度显著提高,公共文化服务体系基本建成,文化名省建设迈上新台阶;社会治理水平进一步提升,依法治省取得积极成效,各领域基础性制度体系基本形成。

青海省2015年的绿色发展绩效指数居于全国第29位,绿色发展水平有提升潜力。经测算,青海省的绿色发展绩效指数平均值为80.12,低于2015年全国省市自治区绿色发展绩效指数的平均水平8.78。其中,青海省2014年的绿色发展绩效指数为77.78,排名全国第30位。2015年,青海省的绿色发展绩效指数则为82.46,排名全国第29位。相比2014年,2015年青海省的绿色发展绩效指数排名位次上升了1位。这一变化幅度应该是在正常范围内。这表明,相比其他省市自治区而言,青海省2015年的绿色化程度提升幅度并不是很大,其发展态势较为稳定。(见图4—29、表4—29)

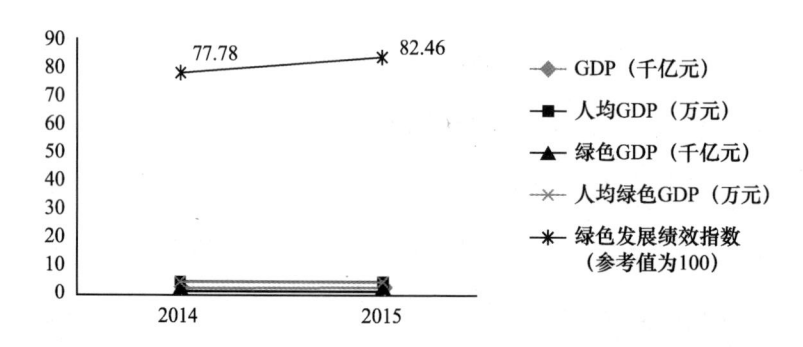

图4—29　2014—2015年青海省绿色发展综合绩效年度变化曲线图

表4—29 2014—2015年青海省绿色发展综合绩效年度变化数据表

年度 指标	2014	2015
绿色发展绩效指数 （参考值为100）	77.78	82.46
绿色发展绩效指数排名	30	29
GDP（千亿元）	2.30	2.42
GDP排名	30	30
人均GDP（万元）	3.95	4.11
人均GDP排名	18	16
绿色GDP（千亿元）	1.79	1.99
绿色GDP排名	30	30
人均绿色GDP（万元）	3.07	3.39
人均绿色GDP排名	22	20

2015年青海省的绿色GDP总量排名全国第30位，经济规模稳步增长。青海省2014年的GDP总量为2303.32亿元，排名第30，2015年的GDP总量为2417.05亿元，上升幅度为4.94%，排名第30。青海省2014年的绿色GDP总量为1791.61亿元，排名第30，2015年的绿色GDP总量为1993.14亿元，增幅高达11.25%，排名第30。比较GDP与绿色GDP增幅，青海省在2015年相比2014年的绿色GDP增幅要高于GDP增幅6.31%，这个增幅在全国是比较少见的。这表明，青海省绿色化程度也开始有小幅提升，正在起步。

2015年青海省的人均绿色GDP总量排名全国第20位，人均"绿色创富"水平稳步提升。青海省2014年的人均GDP为39479.62元，排名第18，2015年的人均GDP为41076.25元，上升幅度为4.04%，排名第16。青海省2014年的人均绿色GDP为30708.77元，排名第22，2015年的人均绿色GDP为33872.10元，增幅高达10.30%，排名第20。比较人均GDP与人均绿色GDP增幅，青海省在2015年相比2014年的人均绿色GDP增幅要高于人均GDP增幅6.26%。这表明，青海省在绿色发展方面做出了许多努力，并已经显现出好的发展迹象。

综上，青海省雄踞世界屋脊青藏高原的东北部，是长江、黄河、澜沧江的发源地，被誉为"三江源""江河源头""中华水塔"，拥有丰富的生态资源，这为其实现绿色发展提供了独特的自然资源。但是由于其经济基础一直相对薄弱，对于青海省而言，如何在保护生态环境的前提下，快速、大踏步地提振经济，提升绿色发展的生产效率，仍是青海省面临的最为紧迫的问题。

30. 黑龙江省

黑龙江省，简称"黑"，省会哈尔滨，位于中国最东北部，中国国土的北端与东端均位于省境，因省境北面有黑龙江而得名。下辖12个地级市，1个地区，2个省辖县级市，共64个市辖区、18个县级市、45个县、1个自治县。北部和东部与俄罗斯相邻，边境线长3045千米，是亚洲与太平洋地区陆路通往俄罗斯远东和欧洲大陆的重要通道，西部与南部分别与内蒙古和吉林省相邻，东临日本海。黑龙江省地势大致是西北部、北部和东南部高，东北部、西南部低，主要由山地、台地、平原和水面构成，土地约占全省总面积的24.7%，海拔在300米以上的丘陵地带约占全省的35.8%，平原占全省总面积的37.0%。黑龙江省位于东北亚区域腹地，是亚洲与太平洋地区陆路通往俄罗斯和欧洲大陆的重要通道，是中国沿边开放的重要窗口，现已成为我国对俄罗斯及其他独联体国家开放的前沿。黑龙江省地处世界三大黑土带之一，耕地面积近2亿亩，是我国重要的商品粮基地。工业门类以高端制造业、航空航天、机械、石油、煤炭、木材等产业为主。矿藏品种齐全、储量丰富，已发现各类矿产132种，探明储量81种，有林地面积2053万公顷，森林覆盖率45.2%，大小兴安岭是国家重点林区，也是重要的生态屏障。

黑龙江省地势平坦，土壤肥沃，物产丰富，工业基础良好，交通便利，沿边优势突出，地处要道，这为黑龙江省经济社会发展提供了得天独厚的条件。近年来，黑龙江省经济社会发展取得了可喜可贺的成就，现代农业迈上了新的历史台阶，开展"两大平原"现代农业综合配套改革试验，推进新型农业经营主体、农村土地管理制度、农村金融服务、农产品价格形成机制和农业支持政策改革创新。基础设施建设成就斐然，铁路、公路、航空等现代交通业齐头并进，投资规模超越以往。民生得到持续改善。但黑龙江省自身发展也面临一些突出问题和制约因素，主要是：经济发展结构性、资源性、体制性矛盾十分突出；市场经济意识不强、市场化程度不高、市场主体活力不足等问题明显存在；发展环境还要大力优化。

"十三五"期间，黑龙江省发展规划是：经济综合实力实现新跨越，到2020年地区生产总值和城乡居民人均收入比2010年翻一番，地区生产总值年均增长6%以上，城乡居民收入增长与经济增长基本同步；发展动能转换和经济结构调整取得重大成效，发挥优势，注重工业，多点培育，实现新旧动能转换，产业结构、所有制结构优化升级，实施创新驱动和科技成果产业化取得重大成效，用全新体制机制高标准建设哈尔滨新区；深化改革取得实质性成果，国企改革取得重要进展，"两大平原"现代农业综合配套改革试验目标完成；生态文明建设取得显著成效，绿色发展理念牢固确立，绿色发展方式和生活方式逐步形成，绿色生态产业快速发展，主要污染物排放总量明显减少，城市空气质量明显改善，各流域水质持续改善，天然林资源得到全面保护，国家重要生态屏障功能进一步提升；以对俄合作为重点的全方位对外开放格局基本形成，"龙江丝路带"建设扎实推进，"三桥一岛"建设取得重大进展，跨境运输通道功能明显提升，全面形成面向全国的对俄开放通道和服务平台，跨境产业链和产业聚集带取得积极进展；新型城镇化有序推进，质量不断提升，公共服务体系更加健全，就业更加充分，现行标准贫困人口脱贫，贫困县全部摘帽，持续提高中低人群收入水平，社会文明程度进一步提高。

黑龙江省2015年的绿色发展绩效指数居于全国第30位，绿色发展水平还有提升潜力。经测算，黑龙江省的绿色发展绩效指数平均值为80.95，低于2015年全国省市自治区绿色发展绩效指数的平均水平7.95。其中，黑龙江省2014年的绿色发展绩效指数为80.29，排名全国第27位。2015年，黑龙江省的绿色发展绩效指数则为81.60，排名全国第30位。相比2014年，2015年黑龙江省的绿色发展绩效指数排名位次下降了3位。这表明，相比其他省市自治区而言，黑龙江省2015年的绿色化程度提升幅度并不是很大，其发展态势较为稳定。（见图4—30、表4—30）

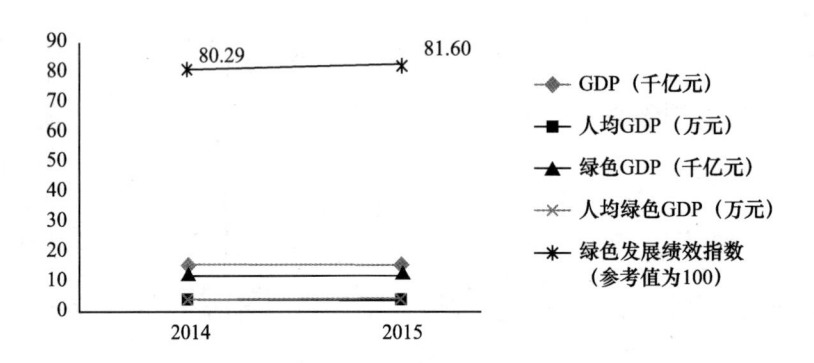

图4—30　2014—2015年黑龙江省绿色发展综合绩效年度变化曲线图

表4—30　2014—2015年黑龙江省绿色发展综合绩效年度变化数据表

年度 指标	2014	2015
绿色发展绩效指数（参考值为100）	80.29	81.60
绿色发展绩效指数排名	27	30
GDP（千亿元）	15.04	15.08
GDP排名	20	21
人均GDP（万元）	3.92	3.96
人均GDP排名	19	20
绿色GDP（千亿元）	12.08	12.31
绿色GDP排名	21	21
人均绿色GDP（万元）	3.15	3.23
人均绿色GDP排名	19	23

2015年黑龙江省的绿色GDP总量排名全国第21位，经济规模相对稳定。黑龙江省2014年的GDP总量为15039.40亿元，排名第20，2015年的GDP总量为15083.70亿元，上升幅度为0.29%，排名第21。黑龙江省2014年的绿色

GDP 总量为 12075.00 亿元，排名第 21，2015 年的绿色 GDP 总量为 12307.76 亿元，增幅仅为 1.93%，排名第 21。比较 GDP 与绿色 GDP 增幅，黑龙江省在 2015 年相比 2014 年的绿色 GDP 增幅要高于 GDP 增幅 1.64%。这表明，黑龙江省绿色化程度也开始有小幅提升，正在艰难起步。

2015 年黑龙江省的人均绿色 GDP 总量排名全国第 23 位，人均"绿色创富"水平相对稳定。黑龙江省 2014 年的人均 GDP 为 39236.63 元，排名第 19，2015 年的人均 GDP 为 39568.99 元，上升幅度为 0.85%，排名第 20。黑龙江省 2014 年的人均绿色 GDP 为 31502.75 元，排名第 19，2015 年的人均绿色 GDP 为 32286.88 元，增幅高达 2.49%，排名第 23。比较人均 GDP 与人均绿色 GDP 增幅，黑龙江省在 2015 年相比 2014 年的人均绿色 GDP 增幅要高于人均 GDP 增幅 1.64%。这表明，黑龙江省在绿色发展方面做出了许多努力，并已经显现出好的发展迹象。

综上，黑龙江省地处中国最东北部，是中国重工业基地，同时也是我国重要的商品粮基地。这种经济增长的特点，使得黑龙江省在绿色发展的时代，似乎并不占优势。本次研究结果表明，如果黑龙江省能够迅速摆脱工业驱动经济增长的基本财富增长链，摆脱工业发展对能源的大量消耗，并减少工业污染排放，提升农业的生产效率，则黑龙江省的绿色发展有可能迎来新的春天。

31. 新疆维吾尔自治区

新疆维吾尔自治区，简称"新"，首府乌鲁木齐，是中国五个少数民族自治区之一，地处中国西北边陲、亚欧大陆中部，是中国面积最大的省级行政区，面积 166 万平方千米，占中国国土总面积六分之一，同时是陆地边境线最长、毗邻国家最多的省区。新疆地形地貌可以概括为"三山夹两盆"：阿尔泰山与天山中间夹着中国第一大盆地——准噶尔盆地；天山与昆仑山中间夹着中国第二大盆地——塔里木盆地。属典型的温带大陆性干旱气候，日照时间充足，降水量少，气候干燥。区内山脉融雪形成众多河流，绿洲分布于盆地边缘和河流流域，具有典型绿洲生态特点。新疆有草原面积约5733.3万公顷，畜牧业发达。矿产种类全、储量大，开发前景广阔。后备耕地面积达2.23亿亩，居全国首位。拥有边境线长达5600多千米，占中国陆地边境线的四分之一，周边与俄罗斯、哈萨克斯坦、吉尔吉斯斯坦、塔吉克斯坦、巴基斯坦、蒙古、印度、阿富汗八国接壤，在历史上是古丝绸之路的重要通道，是第二座"亚欧大陆桥"的必经之地，拥有国家口岸15个，省级口岸12个，地缘优势卓绝。

新疆维吾尔自治区地广人稀，自然资源丰富，沿边优势突出，区位优势明显，是"一带一路"中国出口和必经之地，具有十分重要的战略地位。近年来，新疆经济社会发展进步明显，但也存在着一些问题，主要表现在：一是稳定形势依然十分严峻复杂。新疆正处于暴力恐怖活动的活跃期、反分裂斗争激烈期、干预治疗阵痛期，分裂和反分裂斗争尖锐复杂。二是人才和科技创新能力不足。高层次领军型人才匮乏，企业急需的专业技术人才短缺。科技综合创新能力处于全国较低水平。三是基础设施有待加强。基础设施建设欠账较多，特别是控制性水利工程和交通大通道建设滞后。四是生态环境约束加大。生态环境脆弱，特别是水资源缺乏，已经成为制约可持续发展的重要因素，随着经济社会进一步发展，生态环境保护的任务更加艰巨。五是保障和改善民生任务繁重。劳动者技能素质与岗位需求不适应，农村富余劳动力转移困难。六是南疆四地州经济社会发展相对滞后，贫困人口占全疆扶贫人口的85%，脱贫攻坚的任务十分繁重。

"十三五"时期，新疆国民经济和社会发展规划是：经济保持中高速增长，进一步做大经济总量，发展空间格局得到优化，投资效率和企业效益上升，工业化和信息化融合发展水平进一步提高，产业迈向中高端水平，地区生产总值年均增长7%左右，工业增加值年均增长8%左右，全社会固定资产投资年均增长12%，外贸进出口总额年均增长8%，户籍人口城镇化率达到45%，城镇居民人均可支配收入年均增长8%，农村居民人均纯收入年均增长8%；进一步增强自我发展能力，推进经济转型升级；加强民生保障，就业、教育、医疗、住房等公共服务体系更加健全，基本公共服务均等化水平显著提高；现行标准下贫困人口全部实现脱贫，贫困县全部摘帽，贫困区域实现整体脱贫；加强资源节约和环境保护，改善生态环境质量，主体功能区布局和生态安全屏障基本形成，提高森林覆盖率，资源开发利用效率大幅度提高，环境保护取得明显成效，能源和水资源消耗、建设用地得到有效控制，万元GDP用水量下降33%，万元生产总值能耗、单位生产总值二氧化碳排放、主要污染物排放控制在国家下达指标内，生态环境质量总体稳定并趋于改善；推进全面深化改革，在重要领域和关键环节改革上取得决定性成果，基本形成系统完备、科学规范、运行有效的制度体系，建立有力的法治保障体系。

新疆维吾尔自治区2015年的绿色发展绩效指数居于全国第31位，绿色发展水平相对稳定。经测算，新疆维吾尔自治区的绿色发展绩效指数平均值为77.48，低于2015年全国省市自治区绿色发展绩效指数的平均水平11.42。其中，新疆维吾尔自治区2014年的绿色发展绩效指数为74.83，排名全国第31位。2015年，新疆维吾尔自治区的绿色发展绩效指数则为80.12，仍然排名全国第31位。相比2014年，2015年新疆维吾尔自治区的绿色发展绩效指数排名位次并没有改变。这表明，相比其他省市自治区而言，新疆维吾尔自治区2015年的绿色化程度提升幅度并不是很大，其发展态势较为稳定。（见图4—31、表4—31）

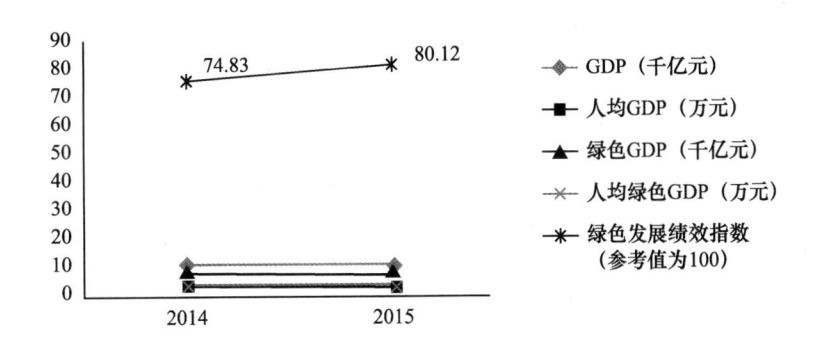

图4—31 2014—2015年新疆维吾尔自治区绿色发展综合绩效年度变化曲线图

表4—31 2014—2015年新疆维吾尔自治区绿色发展综合
绩效年度变化数据表

指标\年度	2014	2015
绿色发展绩效指数（参考值为100）	74.83	80.12
绿色发展绩效指数排名	31	31
GDP（千亿元）	9.27	9.32
GDP排名	25	26
人均GDP（万元）	4.03	3.95
人均GDP排名	16	21
绿色GDP（千亿元）	6.94	7.47
绿色GDP排名	26	26
人均绿色GDP（万元）	3.02	3.17
人均绿色GDP排名	24	24

2015年新疆维吾尔自治区的绿色GDP总量排名全国第26位，绿色经济规模稳定增长。新疆维吾尔自治区2014年的GDP总量为9273.46亿元，排名第25，2015年的GDP总量为9324.80亿元，上升幅度为0.55%，排名第26。新疆维吾尔自治区2014年的绿色GDP总量为6939.30亿元，排名第26，2015年的绿色GDP总量为7470.76亿元，增幅仅为7.66%，排名第26。比较GDP与绿色GDP增幅，新疆维吾尔自治区在2015年相比2014年的绿色GDP增幅要高于GDP增幅7.11%，这个提升幅度在全国还是比较少见的。这表明，新疆维吾尔自治区绿色化程度也开始有小幅提升。

2015年新疆维吾尔自治区的人均绿色GDP总量排名全国第24位，人均"绿色创富"水平还有提升空间。新疆维吾尔自治区2014年的人均GDP为40346.23元，排名第16，2015年的人均GDP为39516.39元，下降幅度为2.06%，排名第21。新疆维吾尔自治区2014年的人均绿色GDP为30190.96元，排名第24，2015年的人均绿色GDP为31659.36元，增幅高达4.86%，排名第 24。比较人均 GDP 与人均绿色 GDP 增幅，新疆维吾尔自治区在 2015 年相比 2014 年的人均绿色 GDP 增幅要高于人均 GDP 增幅 6.92%。这表明，新疆维吾尔自治区在绿色发展方面做出了许多努力，并已经显现出好的发展迹象。

综上，新疆维吾尔自治区位于中国西北边陲，是古丝绸之路的重要通道。但由于其经济增长途径单一，地广人稀，新疆维吾尔自治区的经济基础并不是很占优势。本次研究结果表明，如果新疆维吾尔自治区能够抓住"一带一路"倡议所带来的发展机遇，在保护生态环境的前提下，大力挖掘其独有的生态资源优势，则有可能实现大的跨越式发展。

五 基本结论与建议

1. 2015年全国省市自治区绿色发展绩效评估的基本结论

党的十八大以来,以习近平同志为核心的党中央,首次把生态文明建设提升至与经济、政治、文化、社会四大建设并列的高度,列为建设中国特色社会主义"五位一体"的总布局之一,充分显示了党中央对人类社会历史发展潮流,中国特色社会主义建设规律的深刻把握。站在新的历史起点上,党的十八届五中全会又将绿色发展作为指引我国实现"十三五"规划的重要发展理念。习近平在中共中央政治局第四十一次集体学习时再次强调,推动形成绿色发展方式和生活方式,为人民群众创造良好生产生活环境。习近平总书记的一系列重要讲话,及其以习近平同志为核心的党中央,提出的一系列有关生态文明、绿色发展的重要举措,为中国特色社会主义建设开辟了新的局面,为人类社会历史走向新的绿色文明做出了新的探索。中国的绿色发展也呈现出了伟大的新成就。

第一,全国内陆31个省市自治区的绿色发展绩效指数、绿色GDP、人均绿色GDP,均有不同程度提升,其绿色发展前景乐观。根据本课题组的测算,2014年全国内陆31个省市自治区的绿色发展绩效指数平均值为86.85(参考标准值为100)。2015年全国内陆31个省市自治区的绿色发展绩效指数平均值已经提升至88.90，增幅达2.05%。2014年全国内陆31个省市自治区的绿色GDP平均值为19597.51亿元。2015年全国内陆31个省市自治区的绿色GDP平均值已经提升至21100.12亿元，增幅达7.67%。2014年全国内陆31个省市自治区的人均绿色GDP平均值为44424.04元。2015年全国内陆31个省市自治区的人均绿色GDP平均值已经提升至47531.58元，增幅达7.00%。

其中，在绿色发展绩效指数方面，浙江省、上海市、广东省、北京市、江苏省、重庆市、天津市、西藏自治区、福建省、山东省、湖北省、河南省均连续两年超出当年该评价指标的平均线。在绿色GDP总量方面，广东省、江苏省、山东省、浙江省、河南省、河北省、四川省、湖北省、辽宁省、湖南省、福建省、上海市、北京市均连续两年超过当年该评价指标的平均线。在人均绿色GDP方面，天津市、北京市、上海市、江苏省、浙江省、广东省、福建省、内蒙古自治区、山东省、辽宁省均连续两年超过该评价指标的平均线。

第二，部分省市自治区的绿色发展绩效指数、绿色GDP、人均绿色GDP三项指标，均开始超越该省市自治区的GDP、人均GDP传统评价指标，发展态势良好。根据课题组的此次测算，相比2014年，2015年全国内陆31个省市自治区绿色GDP平均增速达到了7.88%，2015年全国人均绿色GDP平均增速达到了7.17%。绿色GDP增幅超越GDP增幅的平均值为2.58%。2015年全国内陆31个省市自治区人均绿色GDP增幅超越人均GDP增幅的平均值为2.34%。这意味着全国内陆31个省市自治区中绝对大部分省份已经开始从根本上转变经济发展方式。

其中，宁夏回族自治区的绿色GDP增幅超越GDP增幅9.19%，位居此项评价指标超越幅度第1位。陕西省绿色GDP增幅超越GDP增幅6.75%，位居此项评价指标超越幅度第3位。新疆维吾尔自治区的绿色GDP增幅超越GDP增幅7.11%，位居此项评价指标超越幅度第2位。宁夏回族自治区的人均绿色GDP增幅超越人均GDP增幅9.09%，位居此项评价指标超越幅度第1位。新疆维吾尔自治区的人均绿色GDP增幅超越人均GDP增幅6.92%，位居此项评价指标超越幅度第2位。陕西省的人均绿色GDP增幅超越人均GDP增幅6.73%，位居此项评价指标超越幅度第3位。

第三，极少部分省市自治区正在实现绿色发展的艰难起步，其绿色 GDP、人均绿色 GDP 增幅，明显低于其 GDP、人均绿色 GDP 增幅，应予以密切关注。根据课题组的此次测算，相比 2014 年，2015 年全国内陆 31 个省市自治区中，广东省、天津市、福建省、贵州省绿色 GDP 增幅均低于 GDP 增幅。其中，广东省的绿色 GDP 增幅要低于其 GDP 增幅 1.97%。贵州省的绿色 GDP 增幅要低于 GDP 增幅 1.37%。福建省的绿色 GDP 增幅要低于 GDP 增幅 0.53%。这意味着，这些省份的绿色 GDP 增量中，绝大部分甚至是全部经济贡献仍来自于原有发展方式。

上述特征也同步反映到了人均 GDP、人均绿色 GDP 的数据上。相比 2014 年，2015 年全国内陆 31 个省市自治区中，贵州省、广东省、福建省、天津市、辽宁省的人均绿色 GDP 增幅均低于人均 GDP 增幅。其中，贵州省的人均绿色 GDP 增幅要低于其人均 GDP 增幅 1.36%。广东省的人均绿色 GDP 增幅要低于其人均 GDP 增幅 1.95%。福建省的人均绿色 GDP 增幅要低于其人均 GDP 增幅 0.52%。天津市的人均绿色 GDP 增幅要低于其人均 GDP 增幅 0.09%。辽宁省的人均绿色 GDP 增幅要低于其人均 GDP 增幅 0.41%。

2. 继续推进我国绿色发展的主要建议

党的十八大以来，以习近平同志为核心的党中央密集出台了一系列方案和措施，积极推进绿色发展，其成绩令人瞩目。最近几年的绿色发展成就不仅为中国特色社会主义建设指明了发展方向，同时也为解决全世界历史发展中的生态环境问题提供了中国方案。为进一步推进我国各地的绿色发展历史进程，课题组认为，当前中国的绿色发展仍需要全国人民凝心聚力，进一步做出新的努力。

第一，在思想认识上，党中央仍需要组织全国各地党政领导干部强化、提升对"绿色发展"理念的思想认识，高度重视绿色发展的贯彻与落实。绿色是永续发展的必要条件和人民对美好生活追求的重要体现。绿色发展理念回应了人民群众的热切期盼，立足平衡发展需求和资源环境有限之间的矛盾，着力解决生态环境保护面临的诸多现实问题。2017年，习近平总书记又指出："推动形成绿色发展方式和生活方式，是发展观的一场深刻革命。这就要坚持和贯彻新发展理念，正确处理经济发展和生态环境保护的关系，像保护眼睛一样保护生态环境，像对待生命一样对待生态环境，坚决摒弃损害甚至破坏生态环境的发展模式，坚决摒弃以牺牲生态环境换取一时一地经济增长的做法，让良好生态环境成为人民生活的增长点、成为经济社会持续健康发展的支撑点、成为展现我国良好形象的发力点，让中华大地天更蓝、山更绿、水更清、环境更优美。"[1] 这为推动绿色发展，建设美丽中国做出了重大部署。落实绿色发展策略关键在于思想认识的转变，将绿色理念与绿色行动有机结合。

只有在本质上深刻理解绿色发展的丰富内涵，在全局中准确把握绿色发展的具体要求，才能将绿色发展理念变成积极主动作为的前进动力，开创绿色发展新局面。当前，我国的绿色发展虽然取得了伟大成就，绿色发展绩效指数逐年攀升，人均绿色GDP稳步提高，但经济发展方式尚未根本转变，环境污染态势没有根本扭转，生态系统退化日益突出，严重影响了社会的可持续发展。更为严重的是，部分地区没有科学认识绿色发展的基本内涵。根据本次研究结果来看，仍有部分省份要"发展"不要"绿色"，或者是要"绿色"不要"发展"。这都表明，部分省份在理解、落实党中央提出的"绿色发展"上存在一定的认识偏差、理解误差、行动落差。"绿色"与"发展"不是彼此冲突的，而是内在统一的。为此，课题组强烈建议，党中央有必要组织全国各级党政领导干部，强化有关绿色发展的理论学习。各级地方领导需要认真领会绿色发展的精髓和基本要义，切实处理好"绿色"与"发展"的关系，让"绿色"与"发展"齐头并进，推进绿色生产方式、生活方式的深刻变革，甚至是以"绿色"引领，创新"发展"。

第二，在组织领导上，课题组建议成立"中央绿色发展与改革领导小组"，加强绿色发展的战略性顶层设计与全国性统筹协调，积极推动全国上下

---

[1] 习近平：《推动形成绿色发展方式和生活方式　为人民群众创造良好生产生活环境》，《人民日报》2017年5月28日第01版。

对绿色发展理念的贯彻与落实。生态环境的整体性决定了环境问题具有"牵一发而动全身"的特点，尤其是在当今社会联系日益紧密的时代背景下，任何局部性的环境问题都有可能演变为整体性的环境风险，影响的程度和范围极可能从局部走向全面、从一维走向多维。环境治理的系统性特点给环境治理实践带来了巨大挑战。实现绿色发展不仅需要解决此时此地的生态环境保护问题，而且还要对其产生的可能的次生灾害进行预防。因此，加强组织领导尤为重要。绿色发展涉及政治、经济、文化、社会、生态等各个方面，是一项系统工程，不是某一地区、某一部门、某一行业能够单独实现和完成的，既离不开人们思想认识上的高度一致，又需要有序合理的组织和强有力的领导。

基于此，践行绿色发展必须坚持系统思维的基本认识原则，有效整合各方资源和力量，推进绿色发展理念及相关措施具体落实。从现实来看，这需要有一个更高、更权威的机构来统领绿色发展的相关事宜。为此，课题组建议，成立"中央绿色发展与改革领导小组"，中共中央总书记、国家主席、中央军委主席习近平亲自担任组长，中央相关领导任副组长，组织部、监察部、环保部、能源局、统计局、财政部、水利部、农业部、林业局、国土资源部、发改委等机构为核心参与单位的绿色发展与改革领导小组。定期召开专家咨询会和绿色发展与改革领导小组工作会，总结经验，制定策略，加强绿色发展的顶层设计。在绿色发展与改革领导小组内部实行垂直管理领导体制，落实责任分工，实行责任追究制，切实解决政令不畅、政令不通等现实难题，真正将绿色发展落到实处。

第三，在制度建设上，课题组建议在全国各地党政领导干部的政绩考核中，引入绿色GDP绩效评估机制，制定与各地相适应的"绿色发展绩效考核"细则，压实主体责任。习近平总书记曾指出："生态环境保护能否落到实处，关键在领导干部。"我国的政治体制决定了领导干部对绿色发展的重视程度是决定绿色发展水平的关键，什么时候重视了，提高了重视的程度，绿色发展问题就有了解决的可能性。然而，为提高领导干部对绿色发展的重视程度，仅靠领导干部的自觉还不够，还必须加强绿色考核的相关制度建设，将绿色理念和绿色发展制度化，使领导干部的政绩及升迁与绿色发展挂钩，以制度的形式来强力推进绿色发展进程,降低绿色发展社会成本。最近几年,我国各地都在积极探索和建立健全领导干部的绿色考核体系细则,如湖北省已开展自然资源资产负债表和领导干部自然资源资产离任审计试点工作并逐步实施,得到了社会各界的高度评价。

但是,全国各地在此方面的推进进度不一,相互观望、彼此等待的现象较为严重。在一定程度上,消耗了党中央在绿色发展方面的战略部署及其影响力。如何让各级党委和政府切实重视、加强领导,纪检监察机关、组织部门和政府有关监管部门各尽其责、各司其职,对绿色发展齐抓共管?课题组建议,积极探索并尝试在部分省份的党政领导干部政绩考核中,引入绿色 GDP 绩效考核机制,对全国各地的绿色发展情况,进行年度跟踪排名,用数据来说话,各级政府必须将环境污染控制在一定范围内,形成新的"指挥棒"。如果有些地方条件不成熟,可以采取成熟一个上一个的策略;有些理论问题不成熟,就积极研究实现方案,逐步推进,但切不可放松。

第四,在运行机制上,课题组建议围绕我国绿色发展的实际需要,分清中央与地方责任担当,积极构建与绿色发展相适应的国家治理体系。当前,全国各地在推进绿色发展的过程中,仍存在着政出多门、"九龙治水"等乱象,体制机制弊端广泛存在,严重影响了绿色发展的推进,各个机构、各个部门、各个地区之间的政令不协调、不统一,有些甚至是冲突的,结果导致相互之间"互不认账",相互推诿,缺乏效率,使出现的问题不能得到及时有效的解决。长此以往,不但不能化解问题,而且还极有可能使问题朝着更加复杂的方向发展。为此,课题组建议,在推进绿色发展的过程中,中央政府与地方政府之间、中央政府的各个直属部委之间、各个地方政府之间,急需理顺现有的体制机制关系,加强部门之间的协调和沟通,建立部门之间推进绿色发展的长效工作机制,进一步明确事权、明确职权,严格落实绿色发展责任制,将责任落实到具体部门,由专人负责,坚决不能出现"死角"、有些领域都在管、有些领域没人管的现象,更不能出现相互"踢皮球"的现象。

同时,中央政府应加强绿色发展的顶层设计,将绿色发展置于国家治理体系和治理能力现代化的重要位置,精简政府机构,简化办事流程,提高行政效率，尤其是针对那些绿色技术、绿色企业等应广开"绿灯"，提供政策支持，鼓励创新。中央政府应在涉及绿色发展的相关领域向地方政府赋权，提高地方政府的积极性和主动性，加强对地方政府施行绿色发展的监管力度，建立绿色发展的奖惩机制，激励先进，鼓励后进。进一步明确绿色发展管理主体和责任主体，做到事出能找到人、事出能追责、事出能溯源的目标，积极推进全国的绿色发展。

第五，在社会协同上，课题组建议尽快完善不同层级政府决策机构与智库的良性互动长效机制，充分利用专家智慧，强化智库研究与国家治理的有效协作，共同推进绿色发展。专业知识和专业技术在社会转型中扮演着越来越重要的角色，在绿色转型中更应该起到举足轻重的作用。推动绿色发展进程，离不开社会各界的关心和大力配合支持，更离不开专业机构及智库的出谋划策。因此，在践行绿色发展的过程中，应充分施展专业智库的"智囊"作用，实现政府决策与智库之间的良性互动。专业智库通过数据分析、实地调研等能够真实反映绿色发展中存在的问题，真切了解到人民群众对绿色发展的期望，能够直面问题，切中要害，有针对性地提出绿色发展面临的问题及解决问题的策略，有效弥补了政府决策机构的不足，为决策部门提供参考意见。而决策部门在决策过程中应充分吸纳专业智囊机构的意见或建议，提高决策的科学性和合理性。通过政府决策部门和专业智囊机构之间的优势互补，形成绿色发展的强大推力。

当前，中国的绿色发展面临着许多现实难题，比历史上任何时期都更需要广开进贤之路、广纳天下英才。各级党委和政府以及各级领导干部要就工作和决策中的有关问题主动征求各领域专家的意见和建议，积极主动地建立与智库之间的长效合作机制。为此，课题组建议，一是积极鼓励智库研究工作者，开展跨学科、跨组织、跨地域的绿色发展理论和实践研究，形成绿色发展理论和实践研究的集群，为国家、地方贯彻与落实绿色发展献计献策。二是建立绿色发展决策支持数据库，强化对全国各地绿色发展状况的精准跟踪监测与大数据分析、评估，帮助各级政府采取有针对性的有效措施，实现绿色发展的精准治理。三是以华中科技大学国家治理研究院等相关专业智库机构为依托，积极开展绿色GDP绩效评估及其相关政策开发、应用研究，探索我国各地的绿色发展规律，完善我国促进绿色发展的治理体系。

习近平同志指出，"生态兴则文明兴，生态衰则文明衰"。生态文明建设是全人类都应关注的重大问题，建设生态文明，保护生态环境，实现人与自然的良性互动是当代中国面临的一项十分迫切的重大而又现实的任务。建设生态文明，事关中国经济社会的可持续发展和中华民族的历史命运，生态文明建设的好坏直接决定了中国社会的未来走向。促进经济发展，扩大GDP规模，不是课题组追求的全部目标，课题组还要注重社会进步、文明兴盛的指标，特别是人文指标、资源指标、环境指标；课题组不仅要为今天的发展努力，更要对明天的发展负责，为今后的发展提供良好的基础和可以永续利用的资源和环境。

"走进生态文明新时代，打造生态文明新常态，努力建设美丽中国，实现中华民族永续发展是全面建成小康社会这一宏伟目标的一个有机部分，也是实现中华民族伟大复兴的中国梦的重要部分。"[1] 绿色发展只有渗透到生产方式、生活方式和消费方式中才能为建设生态文明、实现美丽中国奠定基础。我们必须建立一整套绿色发展的评价指标体系，形成长效推进机制。当前，我们不仅要从政治的高度来深刻认识绿色发展的重大现实意义，更要在实践中坚定不移地坚持绿色发展理念，探索各地绿色发展新路，才能真正实现中华民族的伟大复兴和永续发展。

---

[1] 张一兵：《辩证思维》，江苏人民出版社2015年版，第173页。

附录一 本课题组近年刊发的主要相关成果

［1］欧阳康：《回归与超越——我国生态文明建设的双重价值取向》，《生态文明与人的发展》2013年11月8日。

［2］欧阳康：《生态哲学研究的若干辩证关系》，《人民日报》2014年7月18日第7版。

［3］欧阳康：《生态悖论与生态治理的价值取向》，《天津社会科学》2014年第6期。

［4］欧阳康、赵泽林、刘启航：《关于在湖北开展绿色GDP绩效评估的建议》，《国家治理参考》（政府内参）2015年第5期，被湖北省委省政府采纳并列为2016年重点落实的改革项目之一。

［5］欧阳康、赵泽林、刘启航：《中国绿色GDP绩效评估报告（2016年湖北卷）》，2016年5月23日公开发布。

［6］欧阳康、赵泽林、刘启航：《继续推进绿色GDP绩效评估》，《中国社会科学报》2016年6月29日第4版。

［7］欧阳康、赵泽林、刘启航：《以绿色GDP绩效评估引领湖北绿色健康发展》，《国家治理参考》（政府内参）2016年第8期。

［8］欧阳康、赵泽林、刘启航：《推广绿色GDP绩效评估引领绿色发展方向》，《教育部简报（高校智库专刊）》2016年8月16日。

［9］欧阳康、刘启航、赵泽林：《绿色GDP绩效评估应成绿色发展抓

手》,《环境经济》2016 年第 5 期。

[10] 欧阳康、赵泽林:《以绿色 GDP 绩效评估引领国家治理现代化》,2016 年 11 月 14 日,光明网理论频道。

[11] 欧阳康、刘启航、赵泽林:《关于绿色 GDP 的多维探讨——以绩效评估推进我国绿色 GDP 研究》,《江汉论坛》2017 年第 5 期。

[12] 欧阳康、赵泽林:《以绿色 GDP 绩效评估指引绿色发展与国家治理现代化》,光明日报内参《情况反映》2017 年 5 月 16 日。

[13] 欧阳康、赵泽林:《以绿色 GDP 绩效评估继续推进绿色发展》,光明日报内参《情况反映》2018 年 1 月 16 日。

[14] 欧阳康:《绿色 GDP 绩效评估论要:缘起、路径与价值,CSSCI 期刊》,《华中科技大学学报》(社会科学版)2017 年第 6 期。

[15] 赵泽林:《绿色 GDP 绩效评估指引地方治理的实证新探索,CSSCI 期刊》,《华中科技大学学报》(社会科学版)2017 年第 6 期。

[16] 欧阳康、赵泽林、熊治东:《用科学数据指引地方绿色发展》,《中国社会科学报》2017 年 7 月 6 日。

[17] 欧阳康、赵泽林、刘启航、熊治东:《高质量发展的绿色之维:绿色 GDP 绩效评估的缘起与进展》,《环境经济》2018 年第 14 期。

附录二 同行专家对《中国绿色 GDP 绩效评估报告（2016 年湖北卷）》的代表性评审意见

《中国绿色 GDP 绩效评估报告（2016 年湖北卷）》
发布会现场调查问卷

尊敬的各位专家、学者：

您好！

感谢您参加第三届"国家治理体系和治理能力建设"高峰论坛暨《中国绿色 GDP 绩效评估报告（2016 年湖北卷）》发布会！现有如下问题，想听取您的宝贵意见。

1. 您如何评价《中国绿色 GDP 绩效评估报告（2016 年湖北卷）》？

《报告》是迄今我国发展的第一份报告，体现了理论创新。它不仅对湖北省，而且对全国其他省市都具有对绿色发展具有引领和推动力作用，值得点赞。

2. 您对进一步开展绿色 GDP 绩效评估有何建议？

1. 持续完善评估指标性，使之科学化、规范化和制度化；
2. 加大宣传力度，提高各级政府和广大民众对该评估的认识；
3. 借鉴、吸收国际上有关适合我国国情的经验。

3. 您对推进绿色发展和国家治理现代化有何建议？

1. 对落实"十三五"规划，各地应因地制宜，举一反三，尽快将绿色体系落实方案和举措；
2. 各级政府及干部要动真格，抓好关键落到实处，尤其对有关指标认真落实；比如拍摄有电视也可举。
3. 充分发挥全民推动绿色发展的积极性。

《中国绿色 GDP 绩效评估报告（2016 年湖北卷）》
发布会现场调查问卷

尊敬的各位专家、学者：

您好！

感谢您参加第三届"国家治理体系和治理能力建设"高峰论坛暨《中国绿色 GDP 绩效评估报告（2016 年湖北卷）》发布会！现有如下问题，想听取您的宝贵意见。

1. 您如何评价《中国绿色 GDP 绩效评估报告（2016 年湖北卷）》？

   这个报告呼吁民意，期待改革，可谓千呼万唤始出来。很实在，很真实，也希望能发挥实际作用。

2. 您对进一步开展绿色 GDP 绩效评估有何建议？

   最好能够纳入官员政绩考核评估体系，发挥作用，切实促进绿色发展。所以不仅研究要有高层支持，运用要能得到各级政府响应。

3. 您对推进绿色发展和国家治理现代化有何建议？

   绿色教育促进绿色文化观生成
   绿色制度保障绿色行为与治理良性运作
   绿色 GDP 绩效评估影响官员奖惩
   绿色技术 ~~创新和~~ 推厂绿色发展与成果

《中国绿色 GDP 绩效评估报告（2016 年湖北卷）》
发布会现场调查问卷

尊敬的各位专家、学者：

您好！

感谢您参加第三届"国家治理体系和治理能力建设"高峰论坛暨《中国绿色 GDP 绩效评估报告（2016 年湖北卷）》发布会！现有如下问题，想听取您的宝贵意见。

1. 您如何评价《中国绿色 GDP 绩效评估报告（2016 年湖北卷）》？

    该报告不仅有益于湖北绿色发展的例查，对全国都是有益用的。

2. 您对进一步开展绿色 GDP 绩效评估有何建议？

    应进一步加强多主体合作研究，例如政府、企业、社会组织、科研院所等。

3. 您对推进绿色发展和国家治理现代化有何建议？

    应保持二者之间的平衡，在推进国家治理现代化的同时，且要尤其切实把绿色发展理念贯彻进去。

附录三 各类媒体对本课题组相关成果的主要报道

［1］任睿明：《〈中国绿色 GDP 绩效评估报告〉发布》，2017 年 10 月 27 日，人民日报—海外版（http：//paper. people. com. cn/rmrbhwb/html/2017 - 10/27/content_1812966. htm）。

［2］赵睿青：《中国绿色 GDP 绩效评估出炉 多地绿色发展大有可为》，2017 年 10 月 11 日，人民网（http：//world. people. com. cn/n1/2017/1011/c190967 - 29580891. html）。

［3］黄策舆、谢磊：《中国绿色 GDP 绩效评估专家论证会在京举行》，2017 年 3 月 23 日，人民网—理论频道（http：//theory. people. com. cn/n1/2017/0323/c40534 - 29164532. html）。

［4］《中国绿色 GDP 绩效评估报告发布 浙沪粤京苏渝居前列》，2017 年 10 月 27 日，新华网（http：//www. xinhuanet. com/fortune/2017 - 10/27/c_129727604. htm）。

［5］连迅：《华中科大国家治理研究院发布绿色 GDP 绩效评估报告》，2016 年 5 月 23 日，新华网（http：//www. hb. xinhuanet. com/2016 - 05/23/c_1118917587. htm）。

［6］李慧、陈晨：《绿色 GDP：既要绿色又要发展》，2017 年 4 月 27 日第 8 版，光明日报（http：//news. gmw. cn/2017 - 04/27/content_24314334. htm）。

［7］温源：《中国绿色 GDP 绩效评估出炉》，2017 年 10 月 11 日，光明网

(http://politics.gmw.cn/2017-10/11/content_26483444.htm)。

[8] 李贝：《〈中国绿色GDP绩效评估报告（2017年湖北卷）〉在京发布》，2017年6月23日，光明网—理论频道（http://theory.gmw.cn/2017-06/23/content_24876084.htm）。

[9] 姬泰然：《高校智库助力湖北省开展绿色GDP绩效评估》，2016年6月8日，光明网（http://politics.gmw.cn/2016-06/08/content_20480898.htm）。

[10] 夏静：《国内首个地方绿色GDP绩效评估报告发布》，2016年5月21日，光明网（http://difang.gmw.cn/2016-05/21/content_20202213.htm）。

[11] 任睿明：《中国绿色GDP绩效评估报告》发布，2017年10月27日，中国网（http://www.china.com.cn/opinion/think/2017-10/27/content_41804000.htm）。

[12] 佘宗明：《珍视绿色GDP绩效评估的中国版"方法论"》，2017年6月24日，中国网（http://media.china.com.cn/cmsp/2017-06-24/1076849.html）。

[13]《中国各地绿色GDP绩效评估榜单出炉》，2017年10月11日，中新网（http://www.chinanews.com/cj/2017/10-11/8350303.shtml）。

[14]《中国各地绿色GDP绩效评估榜单出炉》，2017年10月11日，欧洲头条（http://www.xinouzhou.com/archives-89107）。

[15] 张兵：《绿色GDP绩效评估湖北样本发布》，2017年7月3日，民生周刊（http://paper.people.com.cn/mszk/html/2017-07/03/content_1793932.htm）。

[16] 张兵：《长江生态亟待立法保障——访华中科技大学国家治理研究院院长欧阳康》，2017年第6期，民生周刊（http://paper.people.com.cn/mszk/html/2017-03/06/content_1757293.htm）。

[17]《开展绿色GDP绩效评估指引绿色发展》，2017年11月13日，中国环境报（http://www.cenews.com.cn/gd/gdftx/201711/t20171113_857462.html）。

[18] 张彦武：《〈中国绿色GDP绩效评估报告（2017年湖北卷）〉在京发

布》，2017年8月15日，中国青年报（http：//zqb. cyol. com/html/2017 - 08/15/nw. D110000zgqnb_20170815_3 - 06. htm）。

［19］张彦武：《〈中国绿色GDP绩效评估报告（2017年湖北卷）〉在京发布》，2017年8月15日，中青在线（http：//news. cyol. com/co/2017 - 08/15/content_16393610. htm）。

［20］毛丽萍、焦阳：《湖北省政协委员为政府决策贡献智慧绿色GDP绩效评估助力绿色发展》，2017年2月4日，人民政协网（http：//www. rmzxb. com. cn/c/2017 - 02 - 04/1317220. Shtml）。

［21］陈郁：《中国绿色GDP绩效评估出炉：各地绿色发展绩效指数平均值增长2.05%》，2017年10月11日，中国经济网（http：//www. ce. cn/xwzx/gnsz/gdxw/201710/11/t20171011_26502462. shtml）。

［22］陈郁：《中国绿色GDP绩效评估出炉：各地绿色发展绩效指数平均值增长2.05%》，2017年10月11日，中国财经网（http：//finance. china. com. cn/news/20171011/4412372. shtml）。

［23］段丹洁：《中国绿色GDP发展态势良好》，2017年10月16日，中国社会科学网（http：//www. cssn. cn/zx/201710/t20171016_3668154. shtml？from = timeline）。

［24］张振：《〈中国绿色GDP绩效评估报告（2017年全国卷）〉在京发布》，2017年10月11日，中国社会科学网（http：//ex. cssn. cn/zx/bwyc/201710/t20171011_3663982. shtml）。

［25］张帆：《〈中国绿色GDP绩效评估报告（2017年湖北卷）〉在京发布》，2017年6月23日，中国社会科学网（http：//ex. cssn. cn/zx/bwyc/201706/t20170623_3558892. shtml）。

［26］王理略：《用考核做实"绿色GDP"》，2016年2月1日第4版，湖北日报（http：//hbrb. cnhubei. com/html/hbrb/20160201/hbrb2838833. html）。

［27］别鸣：《在中部崛起中发挥更多思想引领作用》，2015年2月11日第3版，湖北日报（http：//epaper. cnhubei. com/hbrb/20150211/）。

［28］李思辉：《绿色发展得用行动说话》，2017年7月4日，湖北日报网

(http：//focus. cnhubei. com/original/201707/t3857308. shtml？ from = singLemessage）。

［29］佘宗明：《珍视绿色 GDP 绩效评估的中国版"方法论"》，2017 年 6 月 24 日，湖北日报网（http：//focus. cnhubei. com/original/201706/t3851614. shtml）。

［30］蒋永红：《中国需要怎样的绿色 GDP?》，2017 年 3 月 24 日，湖北日报网（http：//focus. cnhubei. com/original/201703/t3805739. shtml）。

［31］《中国各地绿色 GDP 绩效评估榜单出炉》，2017 年 10 月 11 日，中国江苏网（http：//economy. jschina. com. cn/rddt/201710/t20171011_1105695. shtml）。

［32］章轲：《高校研究报告：全国绿色 GDP 提升绿色发展前景乐观》，2017 年 10 月 11 日，新浪财经（http：//finance. sina. com. cn/roll/2017 - 10 - 11/doc - ifyMvece1638105. shtml）。

［33］章轲：《高校研究报告：全国绿色 GDP 提升绿色发展前景乐观》，2017 年 10 月 11 日，第一财经网（https：//www. yicai. com/news/5353875. html）。

［34］张彦武：《〈中国绿色 GDP 绩效评估报告（2017 年湖北卷）〉在京发布》，2017 年 8 月 15 日，新浪网（http：//news. sina. com. cn/o/2017 - 08 - 15/doc - ifyixcaw4854996. shtml）。

［35］《中国绿色 GDP 绩效评估出炉，多个地区绿色发展大有可为》，2017 年 10 月 11 日，凤凰网（https：//culture. ifeng. com/a/20171011/52575576_0. shtml）。

［36］《〈中国绿色 GDP 绩效评估报告〉发布》，2017 年 10 月 27 日，搜狐网（http：//ww. sohu. com/a/200520348_114731）。

［37］省环保厅绿色办《绿色 GDP 评估让绿色发展有据可依》，2017 年 4 月 30 日，安徽省环境保护厅（http：//www. aepb. gov. cn/pages/Aepb15_ShowNews. aspx？ NType = 2&NewsID = 156705）。

［38］佘宗明：《珍视绿色 GDP 绩效评估的中国版"方法论"》，2017 年 6

月 24 日，东南网（http：//www. fjsen. com/r/2017 - 06/24/content_19708103. htm）。

［39］佘宗明：《绿色 GDP 中国版"方法论"，理应珍视》，2017 年 6 月 25 日，齐鲁网（http：//pinglun. iqilu. com/yuanchuang/2017/0625/3596628. shtml）。

［40］胡文江：《"网 + 智库"让坐冷板凳者走向中心》，2017 年 1 月 21 日，荆楚网（http：//focus. cnhubei. c4m/original/201701/t3777499. shtml）。

［41］郑青：《［2016 湖北两会］政协委员欧阳康：把绿色 GDP 与干部"乌纱帽"挂钩》，2016 年 1 月 26 日，荆楚网（http：//news. cnhubei. com/xw/2016zt/hblh/201601/t3527303. shtml）。

［42］温源：《中国绿色 GDP 绩效评估出炉》，2017 年 10 月 11 日，大众网（http：//www. dzwww. com/xinwen/guoneixinwen/201710/t20171011_16522886. htm）。

［43］柴华：《全国绿色 GDP 排名出炉广东排名第一》，2017 年 10 月 11 日，南方都市报（http：//m. mp. oeeee. com/a/BAAFRD00002017101155004. html）。

［44］唐煜：《政协委员建议：我省率先开展绿色 GDP 绩效评估》，2016 年 1 月 26 日第 2 版，长江日报（http：//cjrb. cjn. cn/html/2016 - 01/26/content_5506754. htm）。

［45］李小涵：《欧阳康：绿色发展是全球的共同使命》，2016 年 11 月 12 日，长江云（http：//news. hbtv. com. cn/p/367195. html）。

［46］《中国绿色 GDP 绩效评估报告在京发布》，2017 年 10 月 27 日，华中大新闻网（http：//news. hust. edu. cn/2017/1017/c213a88207/page. htm）。

［47］杜志章：《〈中国绿色 GDP 绩效评估报告（2017 湖北卷）〉发布》，2017 年 6 月 26 日，华中大新闻网（http：//news. hustonline. net/article/98014. htm）。

［48］《绿色 GDP 绩效评估项目专家论证会在京举行》，2017 年 3 月 24 日，华中大新闻网（http：//news. hustonline. net/article/97353. htm）。

［49］《我校重大成果〈中国绿色 GDP 绩效评估报告〉在京发布》，2017

年 10 月 12 日，华中科技大学国家治理研究院（http：//isg. hust. edu. cn/info/1042/1363. htm）。

[50]《我校重大成果〈中国绿色 GDP 绩效评估报告（2017 湖北卷）〉在京发布》，2017 年 6 月 27 日，华中科技大学国家治理研究院（http：//isg. hust. edu. cn/info/view. asp？id = 549）。

[51]《全球治理·东湖论坛（2016）国际研讨会精彩纷呈：中外专家学者纵论"绿色发展与全球治理"》，2016 年 11 月 7 日，华中科技大学国家治理研究院（http：//isg. hust. edu. cn/Info/View. Asp？id = 511）。

[52]《第三届国家治理体系和治理能力建设高峰论坛——绿色发展与国家治理现代化》，2016 年 5 月 22 日，华中科技大学国家治理研究院（http：//isg. hust. edu. cn/Info/View. Asp？id = 492）。

[53] 赵泽林：《华中科技大学国家治理研究院发布〈绿色发展宣言〉》，2015 年 5 月 24 日，华中科技大学国家治理研究院（http：//isg. hust. edu. cn/Info/View. Asp？id = 496）。

附录四　生态文明与绿色发展的理性探索

利用科学数据指引地方绿色发展[①]

华中科技大学国家治理研究院"绿色 GDP 绩效评估课题组"继 2016 年成功发布《中国绿色 GDP 绩效评估报告（2016 年湖北卷）》之后，又与《中国社会科学》编辑部合作，邀请国务院发展研究中心资源与环境政策研究所副所长李佐军，环保部环境规划院研究员於方，瑞典皇家工程院外籍院士、中国循环经济研究中心主任吴季松，世界能源理事会中国国家委员会原副秘书长李隆兴等专家对该成果进行了论证和修订。2017 年 6 月 23 日，该课题组在京与《中国社会科学》编辑部联合发布了《中国绿色 GDP 绩效评估报告（2017 年湖北卷）》。

要 GDP 更要绿色 GDP

现行以 GDP 为核心指标的绩效评估主要考察的是国家或者省市的 GDP 总

[①] 本文作者为欧阳康、赵泽林、熊治东，原文首发于《中国社会科学报》2017 年 7 月 6 日第 4 版。

量,对引导中国发展和地方治理产生了重要的作用。但仅仅以GDP为核心的绩效评估在指引国家发展与地方治理中出现的问题也日渐突出。第一,GDP总量并不能真实反映各地经济发展的实际情况和实际水平。各国各地的单位GDP所消耗的能源、资源是很不一样的,其对环境的消耗与损害程度也很不一样,仅看GDP总量,不能有效反映资源、能源和环境消耗方面的投入与产出,不利于节约资源能源和保护环境,实现绿色发展。第二,仅有GDP绩效评估容易误导地方治理,影响国家的长远发展。现行GDP数据所采用的计价机制仍是现有市场估价,不能真实反映生态环境、公共服务等民生工程的价值,仅有GDP指挥棒极易导致地方治理的战略短视和失策。第三,仅仅关注GDP绩效评估容易积累社会矛盾,影响国家和地方的社会稳定。目前地方经济统计数据"层层注水",政府形象受损,官民互信受到严重影响,忽视环境保护,由此诱发的群体性事件在全国各地都已屡见不鲜。

所谓绿色GDP绩效评估,就是以管理学、政治学、生态学、统计学等多学科方法,对某一地区的绿色GDP进行绩效测算与评估。这种绿色GDP评估既使多年来人们关注的绿色GDP核算的基本思想得到了传承,又在对绩效的关注上从更加宏观的视野中有所拓展和超越。绿色GDP绩效评估的目的在于有效区分并尽可能准确反映某一地区"绿色GDP"的基本情况,构建科学的理论模型,选取合适的算法,对不同地区的不同状况做出有效区分与精准"刻画"。绿色GDP绩效评估是对绿色GDP核算去繁从简、去粗取精的"提取物",是对评估对象最终绩效的综合性考量。它吸取了绿色GDP核算基本算法的精华,确保了绿色GDP的科学内涵,又体现了绿色GDP应用的实践指导功能。尤其是该评估方案不仅关注了GDP总量,还关注了人均GDP、绿色GDP、人均绿色GDP,在此基础上测算出绿色发展绩效指数。因此,这种绿色GDP绩效评估不仅更具全面性和科学性,也更具直观性和可行性。

用绿色GDP绩效评估数据客观呈现绿色发展现状

《中国绿色GDP绩效评估报告(2017年湖北卷)》全文共分五个章节,分别论述了该课题的研究背景、研究方法、研究思路、数据来源、评估结果、基本结论、主要建议等内容。该报告除了秉持课题组已有的研究思路、研究范式、研究方法之外，相比2016年的报告，《中国绿色GDP绩效评估报告（2017年湖北卷）》还突出体现了以下主要创新点和特色：报告内容更加充实、全面。这主要表现在以下三个方面：第一，报告全文篇幅多达177页，内容既涉及多学科的理论知识，又涉及湖北省17个地市州的各种背景资料、GDP、人均GDP、绿色GDP、人均绿色GDP、绿色发展绩效指数等各方面的研究情况。第二，报告结论更加科学、准确。报告结论既有对湖北省绿色发展政策实施效果的基本判断、实施现状的基本总结、发展规律的初步探索，也有对湖北绿色发展思想认识、组织管理、制度建设、机制协调等多层面的政策建议，提供的信息更加丰富、精确。第三，报告全文，采用了湖北省统计局、环保厅、国家发改委等公开发布的2008—2015年共计496791个有效数据，其中，涉及2015年的就多达78081个有效数据。除去国家有关部门公开发布的GDP、人均GDP等数据，经课题组分析后的结论性数据就多达7316个有效数据。这些数据包括湖北省17个地市州2015年的绿色GDP、人均绿色GDP、绿色发展绩效指数、各地市州的平均增速等数据，从多个层面说明了湖北省17个地市州的绿色发展现状、发展规律和发展态势。

该报告显示，相比2014年，湖北省17个地区在2015年的GDP、人均GDP、绿色GDP、人均绿色GDP、绿色发展绩效指数平均增速分别为7.42%、6.81%、14.46%、14.21%、8.43%。其中的绿色GDP、人均绿色GDP、绿色发展绩效指数三个绿色发展指标值增幅，均超过了GDP、人均GDP的增幅。绿色发展绩效指数平均值也从2014年的0.80增长到了0.84。这表明，相比2014年，湖北省17个地区不仅GDP、人均GDP绝对规模保持了较高的增长速度，同时，绿色发展绩效指数也有了明显进步。但也有部分地区GDP、人均GDP出现增幅减缓，且绿色GDP、人均绿色GDP、绿色发展绩效指数出现同时停滞、下降的"放松"趋势。在2015年，荆州地区的人均绿色GDP与2014年持平，上升幅度为0，绿色发展绩效指数下降5.26%。黄冈地区的人均绿色GDP与2014年持平，上升幅度为0，绿色发展绩效指数下降5.00%。天门地区的绿色发展绩效指数与2014年持平，上升幅度为0。如此下去，这些地区的发展可能会拉低湖北省绿色发展绩效的整体表现，值得警惕。

绿色GDP绩效评估结果指引绿色发展

2013年，习近平总书记在参加河北省委常委班子专题民主生活会时指出："要给你们去掉紧箍咒，生产总值即便滑到第七、第八位了，但在绿色发展方面搞上去了，在治理大气污染、解决雾霾方面做出贡献了，那就可以挂红花、当英雄。反过来，如果就是简单为了生产总值，但生态环境问题愈演愈烈，或者说面貌依旧，即便搞上去了，那也是另一种评价了。"习近平总书记的讲话，不仅指出了当前我国绿色发展还缺乏必要的"指挥棒"的现实，而且指出了实现绿色发展的基本路径，在于探寻以绿色发展为核心理念的地方治理绩效评估方案。在这个意义上，绿色GDP绩效评估则在此方面已经做出了非常有价值的探索。

《中国绿色GDP绩效评估报告（2017年湖北卷）》对贯彻落实绿色发展理念，帮助各地政府认清家底，找准问题，对症下药，实现精准决策和治理具有重要的应用价值。其一，已有绿色GDP绩效评估体系和方法为在全国范围内开展绿色GDP绩效评估提供了可资借鉴和推广的重要经验。其二，绿色GDP绩效评估研究对破解经济增长的生态魔咒这一全球性、现代性难题做出了有益探索，提供了中国的理论参照、方法论原则。其三，绿色GDP绩效评估研究有望通过倒逼机制，为中国的绿色发展提供精准的政策着力点和可操作的推进方案。因此，继续推进绿色GDP绩效评估，通过GDP、人均GDP、绿色GDP、人均绿色GDP、绿色发展绩效指数五个发展指标的绩效排名，鼓励先进，鞭策后进，有望精准引导地方快速实现发展的绿色转型，顺利迈进绿色发展的快车道。

开展绿色 GDP 绩效评估指引绿色发展[①]

为贯彻绿色发展理念，落实习近平总书记"绿水青山就是金山银山"的科学论断，华中科技大学国家治理研究院绿色 GDP 绩效评估课题组与《中国社会科学》编辑部、中国社会科学出版社联合发布了《中国绿色 GDP 绩效评估报告（2017 年全国卷）》。为何要开展绿色 GDP 绩效评估？对地方推进绿色发展有哪些重要意义？本报记者采访了华中科技大学国家治理研究院院长、课题组组长欧阳康。

欧阳康，华中科技大学国家治理研究院院长、哲学研究所所长，教授，博士生导师，华中科技大学原党委副书记，兼国务院学位委员会马克思主义学科评议组成员、国家社会科学基金评审专家、湖北省政协委员、国际政治学会技术与发展分会副会长等。主要从事绿色发展、哲学、人学、文化学、高等教育学等研究。代表性著作有《社会认识论导论》《哲学研究方法论》等，十余次获国家、教育部和湖北省哲学社会科学优秀成果奖，主持十余项国家、省部级和国际合作科研项目。

绿色 GDP 绩效评估得出什么重要结论？

全国 31 个省（市、自治区）绿色发展前景乐观。

中国环境报：为什么要开展绿色 GDP 绩效评估？这项研究有什么重要意义？

欧阳康：人类社会进入现当代以来，传统工业文明对生态环境的破坏日渐显现。中国在追赶世界现代化的进程中，也不可避免地遭遇了经济增长的生态魔咒。曾经在发达资本主义国家出现过的生态危机，在中国也有所显现。在这种背景下，以习近平同志为核心的党中央提出绿色发展理念，意义重大，影响深远。绿色 GDP 绩效评估就是要积极响应习近平总书记"绿水青山就是金山银山"的科学论断，确立绿色发展战略地位，探索其科学合理的有效抓手和实

[①] 本文系《中国环境报》记者宋杨对本课题组组长欧阳康教授的采访，原文首发于《中国环境报》2017 年 11 月 14 日。

现途径。

《中国绿色 GDP 绩效评估报告（2017 年全国卷）》不同于以往采用 GDP、人均 GDP 或者任一个单一指标来评价某一地方经济社会发展水平的做法，而是通过综合运用 GDP、人均 GDP、绿色 GDP、人均绿色 GDP、绿色发展绩效指数 5 个指标，全面科学评估各省（市、自治区）经济发展实际情况，尤其是资源、能源、环境消耗情况和投入产出比例，盘点当前中国绿色发展实际情况，为当代中国经济发展和产业结构转型提供科学依据。

通过这种高度综合性的极限评估，可以帮助我们发现评估对象经济社会生态发展中的各种问题，并对地方政府宏观经济决策、产业调整、发展模式、发展规划等问题提出有针对性的绿色发展决策建议。

开展绿色 GDP 绩效评估，对加速确立绿色 GDP 绩效在我国经济社会发展中的价值导向，强化绿色文明在中国经济社会未来发展中的引领作用具有重要推进作用。此外，绿色 GDP 绩效评估还为以绿色文明引领国家治理体系和治理能力现代化，探索中国特色的绿色发展道路，为世界文明健康发展贡献中国方案提供了重要的科学数据和理论支撑。

中国环境报：此次对各地开展的绿色 GDP 绩效评估，都得出了哪些基本结论？

欧阳康：这个报告利用 37 个分析图和 38 个数据表客观呈现了全国内陆 31 个省（市、自治区）2014 年、2015 年 GDP、人均 GDP、绿色 GDP、人均绿色 GDP、绿色发展绩效指数 5 个指标的年度变化情况，并形成 3 个基本结论。

第一，全国内陆 31 个省（市、自治区）的绿色发展绩效指数、绿色 GDP、人均绿色 GDP，均有不同程度提升，其绿色发展前景乐观。

根据课题组的测算，2014 年全国内陆 31 个省（市、自治区）的绿色发展绩效指数平均值为 86.85，2015 年提升至 88.90，增幅达 2.05%。2014 年全国内陆 31 个省（市、自治区）的绿色 GDP 平均值为 19597.51 亿元，2015 年提升至 21100.12 亿元，增幅达 7.67%。2014 年全国内陆 31 个省（市、自治区）的人均绿色 GDP 平均值为 44424.04 元，2015 年提升至 47531.58 元，增幅达 7.00%。

第二，部分省（市、自治区）的绿色发展绩效指数、绿色 GDP、人均绿色 GDP 三项指标，均开始超越本地区的 GDP、人均 GDP 传统评价指标，发展态势良好。

根据课题组的测算，与 2014 年相比，2015 年全国内陆 31 个省（市、自治区）绿色 GDP 平均增速达到 7.88%，增幅超越 GDP 平均增幅 2.62%；全国人均绿色 GDP 平均增速达到 7.17%，增幅超越人均 GDP 平均增幅 2.31%。这意味着全国内陆 31 个省（市、自治区）中大部分已开始从根本上转变经济发展方式。

第三，极少部分省（市、自治区）在绿色发展方面仍然存在一些问题，其绿色 GDP、人均绿色 GDP 增幅明显低于其 GDP、人均 GDP 增幅。这些省份的 GDP 增量中，绝大部分或者主要经济贡献仍来自于原有发展方式，应当引起特别关注和重视，加强产业结构调整，加快转变经济发展方式。

开展绿色 GDP 绩效评估有哪些作用？

对当地推进绿色发展提供精准建议。

中国环境报：课题组研究的是绿色 GDP 绩效，这与之前一些地方研究探索的绿色 GDP 有何不同？

欧阳康：一些国家和地区近一个世纪以来建立的 GDP 核算体系，为我们提供了重要的理论基础和经验借鉴。尤其是 20 世纪 90 年代以来，世界各国各地区对绿色 GDP 核算的理论和实践探索，使人们逐步认识，仅仅以 GDP 来指引经济社会发展已经暴露出种种弊端，亟待修正以 GDP 为核心的经济社会评价体系。然而，据我们所知，目前世界各国各地区都还仅仅将绿色 GDP 的研究视野停留在国民经济核算的范围内，还陷入了测算模型、资源定价等细节问题的纠缠中。

我们认为，要做出精确的绿色 GDP 核算确实是一件十分困难的事情。但如果从宏观、系统的视角来审视绿色 GDP 就会发现，其实影响绿色 GDP 测算结果的有很多因素，而其中一些因素对绿色 GDP 的测算结果并不产生较大影响，甚至可以忽略。

当我们还不能对其进行十分精准的计算时，我们可以构建一种理论模型和算法，对其绩效即最终结果展开绝对值和相对值的测算。进一步，可以推论不同地区、行业、产业对当地绿色发展的影响，进而对当地推进绿色发展提供精准的建议。

中国环境报：怎样理解绿色GDP绩效评估和绿色GDP核算之间的关系？

欧阳康：课题组所涉及的绿色GDP绩效评估，意图在经济学、统计学、政治学、生态学等多学科视野下，建构基于绿色GDP的发展绩效评估理论模型，客观描述评估对象的绿色发展现状。

主要目标在于通过绿色GDP绩效评估，实现对不同评估对象绿色发展现状的有效区分和科学比较，为地方政府提供理论参考和现实依据。鼓励先进，督促后进，有效推动不同地区的绿色发展。同时，通过比较分析和科学论断，帮助评估对象寻找最适合自身实际的绿色发展模式。

绿色GDP绩效评估既不同于传统的绿色GDP核算，更不是要去替代绿色GDP核算、绿色发展绩效指数等相关研究，而是要探索绿色发展、绿色GDP研究的新思路，推进绿色发展研究，并以这种研究为不同地区的绿色发展找到科学、可行的指导理论。

中国环境报：《中国绿色GDP绩效评估报告（2017年全国卷）》有什么特点？

欧阳康：这个报告是课题组历经3年多时间研究的阶段性成果。课题组采用大数据挖掘等方法，结合我国相关统计学、能源学、生态学等学科的研究成果对自然资源的分类办法，以及我国长期形成的、可供采用的统计学实践数据，构建了基础数据统计与评价指标体系，即由3个一级指标、11个二级指标、52个三级指标构成的统计与评价指标体系。

同时，还构建了GDP增长中各种损耗的45个分行业统计与评价指标体系，然后对GDP增长中的各种损耗进行分行业地统计与评价，从而构建出新的矩阵型二维指标体系。充分改进了以往绿色GDP算法中资源耗减和生态损耗的指向性，并在此基础上采集到全国内陆31个省（市、自治区）2014年、2015年，45个不同行业的能源消耗、环境损失、生态损耗等共计682个有效数据。为保证大量数据处理的科学性，课题组专门研发了绿色发展科研平台用于处理这些数据。

中国环境报：开展绿色 GDP 绩效评估有哪些难点？

欧阳康：在绿色 GDP 基本算法模型中，从实物量到价值量的换算一直是绿色 GDP 核算与绩效评估的难点。在本次研究中，经过反复研讨，课题组最终采用了市场价格法实现实物量到价值量的换算。但这种方法仍然存在资源定价难以达成共识的诟病。

为保证研究结果的客观性，研究中所涉及任何自然资源消耗、环境损失、生态损耗的定价都采用了国家发改委等权威机构及出版物公开发布的数据进行测算。这既与 GDP 本身的测算策略保持了相对一致，又用同一个尺度来评价不同对象，最大限度保证了结果的科学性、公平性。

中国环境报：根据已有研究，您对继续推进绿色 GDP 绩效评估研究，服务绿色发展、国家治理和全球治理有何建议？

欧阳康：坦率地讲，课题组已经发布的 3 个研究报告还只是我们的阶段性成果。我们也在积极寻求多方面的合作，期待有更多的有志之士加入，共同为我国的绿色发展和国家治理现代化做出应有贡献，也希望与国际上相关机构和有识之士合作。

绿色 GDP 研究，几乎是当今世界各国政府、科学家都在投入大量精力展开研究的世界性课题。我国在此领域一度进展缓慢，既有投入不够的原因，也有统计口径和计算方式的困难，还有地方政府观念转变的原因等。

不管如何，我们的态度是不忘初心，继续前进。因为这件事情对国家、社会和我们每个人而言都是百利而无一害的。尤其对于我国这个后发国家，如果不解决好绿色发展的国家治理问题，就难以实现中国社会发展对西方社会的中国式弯道超越，难以真正引领世界发展，难以成为真正意义上的世界强国。

我们认为，绿色发展理念是以习近平同志为核心的党中央对人类社会历史发展规律的深刻把握，是中国特色社会主义理论乃至人类文明发展理论的重大创新。如何加速绿色发展理念的落地，促进其生根发芽，是当前我国贯彻落实绿色发展理念中亟待解决的重大理论与现实问题。

绿色 GDP 绩效评估是贯彻落实绿色发展的重要抓手，已经时不我待。各级政府必须用科学数据说话,将绿色发展的目标、任务层层压实,步步推进,才能引领国家治理现代化,使中国实现21世纪的弯道超越,加速人类社会步入绿色发展的历史进程。

绿色 GDP 绩效评估论要：缘起、路径与价值[①]

摘　要：对 GDP 这一经济社会评价指标历史局限的理论揭示，以及以 GDP 规模和增长速度为导向的发展模式在全球各地遭遇不同程度的现实困境，促使了"绿色 GDP"的诞生，并孕育了"绿色 GDP 绩效评估"。绿色 GDP 绩效评估在生态学、政治学、管理学、经济学等多学科视野下，依据"绿色 GDP"概念的科学内涵，选取绿色 GDP 的绩效评估指标，开展数据采集和结果分析，可以有效实现对全国各地绿色发展路径的精准指引，加速推进国家治理体系和治理能力的现代化，最终从多个层面重塑中国在全球治理中的国家形象，为人类命运共同体提供可持续的发展路径。

关键词：绿色 GDP；绩效评估；发展与治理

绿色发展是党中央新一届领导集体科学把握人类社会历史发展规律，深刻体现中国特色社会主义价值取向的新理念、新思想、新战略。当前，全国上下对绿色发展的理念认同已经深入人心，相关制度建设、政策传播等工作有序展开，成就显著。然而，绿色发展到了什么程度，现状如何以及我们如何认清各地绿色发展的复杂现实，有针对性地为下一步的发展规划做出决策，就成为当前我国绿色发展面临的重大问题。所谓绿色 GDP 绩效评估，即要在管理学、政治学等跨学科视野下，借鉴环境经济学、生态学等多学科成果，构建科学合理的绿色 GDP 绩效评估指标体系，利用实证数据，科学描绘评估对象的实际情况，然后利用这些数据对各地的绿色发展现状，开展精准诊断，服务地方和国家的治理、决策。

[①] 本文作者为欧阳康，原文首发于《华中科技大学学报》（社会科学版）2017 年第 6 期。

一 绿色 GDP 绩效评估的缘起

近一个世纪以来，尤其是二战之后，世界各国在 GDP 指引下获得高速经济增长的同时，也逐渐认识到 GDP 在指引人类社会发展上的内在局限。这些局限所带来的生态危机，政绩观、发展观、价值观扭曲，治理策略失效等后果，已经直接影响到一个民族的政治稳定、国家安全、人类命运。诺贝尔经济学奖获得者约瑟夫·斯蒂格利茨（Joseph E. Stiglitz）、阿玛蒂亚·森（Amartya K. Sen）在分析 GDP 的局限性与 2008 年世界金融危机之间的关系时认为，"在 2004 年至 2007 年期间，表面上辉煌的世界经济增长表现是以损害未来增长为代价实现的。……不过，如果我们更了解常用衡量标准，比如 GDP 的局限性，那我们可能就不会对危机发生前几年的经济表现感到那么兴奋了"[①]。英国经济学家海兹尔·哈德尔森（Hazel Henderson）在论证了增长经济学的前提假设后，甚至认为，"既然增长经济学所依赖的假设是错误的，那么，传统经济学衡量'进步'的指标，客气些讲是有限的，说得不好听，简直是骗人，这一点是不足为奇的。这些指标的魁首就是国民生产总值或 GDP"[②]。另一些较为温和的经济学家在指出 GDP 的局限时，还提出了修正 GDP 的任务。美国经济学家本·伯南克（Ben S. Bernanke）认为，"实际 GDP 与经济福利并不等价。它最多也只是衡量经济福利的一个重要指标，这在很大程度上是因为它只包括那些通过市场定价并出售的产品和服务。还有很多经济福利做出贡献的因素没有在市场上定价和出售，因此在 GDP 计算过程中，这些因素大部分甚至完全被忽略了"[③]。伯南克所指的这些因素其中就包括了 GDP 增长中的生态环境等损耗。

改革开放以来，作为经济社会发展评价指标的 GDP 逐渐被我国人民所熟

[①] [美]斯蒂格利茨：《对我们生活的误测：为什么 GDP 增长不等于社会进步》，阮江平等译，新华出版社 2011 年版，第 37—38 页。
[②] [英]伊金斯：《生存经济学》，赵景柱等译，中国科学技术大学出版社 1991 年版，第 29 页。
[③] [美]罗伯特·弗兰克、本·伯南克：《宏观经济学原理》，李明志译，清华大学出版社 2010 年版，第 102—103 页。

知。随着我国GDP数值的增长，能源消耗也快速递增，这种发展态势给生态环境带来了严重压力。据统计，在过去GDP高增长的几十年间，我国土地荒漠化每年增加2460平方千米，1/4人口失去干净的饮用水，1/3的城市人口不得不呼吸被污染的空气。除此之外，一些利于GDP增长却高污染、高能耗的产业始终难以淡出各地的产业结构，由此造成我国各地高经济增长与生态环境承载力之间的激烈矛盾、冲突。根据刚刚公布的《2016年国民经济和社会发展统计公报》显示，在监测的338个城市中，空气质量达标的城市占24.9%，未达标的城市占75.1%。日益逼近的生态红线迫使我们不得不再度认真、深入地思考以GDP为核心的评价指标到底是否合适。十年前，时任浙江省委书记的习近平同志就指出，"我们已进入新的发展阶段，现在的发展不仅仅是为了解决温饱，而是为了加快全面建设小康社会，提前基本实现现代化；不能光追求速度，而应该追求速度、质量、效益的统一；不能盲目发展，污染环境，给后人留下沉重负担，而要按照统筹人与自然和谐发展的要求，做好人口、资源、环境工作。为此，我们既要GDP，也要绿色GDP"[①]。

改变以GDP为核心的评价体系，并不意味着就要放弃GDP。GDP对经济社会发展的指挥棒作用并未完全消失，也不可能彻底淡出历史。利用GDP监测、评价经济社会发展状态，检验宏观经济政策的科学性和有效性，分析宏观经济的水平变化和发展趋势，指引经济社会发展规划，制定全球治理的行为规则，仍有其积极的意义，其作用也是显而易见的。当前我国正处于社会主义初级阶段，完全放弃原有以GDP为核心的经济社会评价体系，既不现实，也不能更好地完成当前一个相当长的历史时期的阶段性发展任务。因此，对原有以GDP为核心的经济社会评价体系进行必要的修正、完善，构建以"绿色GDP"为核心的经济社会评价体系，既保留GDP的已有优势，又引入新的元素修正其不足，才是最现实、最有可能被各方所接受、最符合我国现阶段国情的必要之举。将"绿色"与"GDP"结合起来开展经济社会发展的评价就成为一种理论与现实发展的理性选择。

---

① 习近平：《之江新语》，浙江人民出版社2007年版，第45页。

如何将"绿色"与"GDP"结合起来？20世纪90年代的"绿色GDP"已经是一个大家所熟知的概念。墨西哥、挪威、瑞典、澳大利亚等国家都纷纷围绕"绿色GDP"展开了深入的理论与实践探索。我国政府和学者也在积极探索，但已有理论与实践研究都未能走出国民经济核算的思维框架。现阶段，如果还是用传统的"核算"思维来处理绿色GDP的问题可能已经不现实。最根本的问题在于，追求核算结果的绝对精确性与核算所涉及的对象、方法等方面的复杂性之间似乎具有暂时不可调和的局限与矛盾。最近几十年，各国科学家对绿色GDP核算结果的探索，几乎都印证了这一点，即如果期待穷尽核算之后的精确数值，或许只是一种理想。换一种思路，根据理论与实践中对"绿色GDP"科学内涵的已有理论与实践共识，选取影响绿色GDP和生态环境损失的因素，作为评价指标，进而采用一种"绩效评估"的思路，根据现有的统计学实践，倒是既可以反映现实状况，又能对未来发展有所指引，这就是"绿色GDP绩效评估"。在这个意义上，绿色GDP绩效评估既追求"GDP"，又体现"绿色"，是兼具"理想"与"现实"的必然产物。

二 绿色GDP绩效评估的路径

向绿色GDP结果的绝对精确性做出理性妥协，并不意味着就放弃绿色GDP核算，更不意味着应该放弃绿色核算研究。"绿色国民经济核算研究的时间短，基础更差，更需要逐步完善。不能因为技术方法和统计制度的不成熟就停滞不前，不研究绿色GDP核算体系。更不能因为国际上没有核算标准我们就不搞绿色GDP核算，研究本身就是一种探索。"[1] 反而，绿色GDP绩效评估是要利用统计学、计量经济学、环境经济学的已有核算方法，以及对有关影响绿色GDP结果的定量分析模型作为基础和借鉴。但是，绿色GDP绩效评估又不能局限于这些"绿色GDP核算"的数理分析，还需要从政治学、管理学等学科加以考察，从而以复杂性思维处理经济与生态、社会的系统问题。因此，

---

[1] 王金南等：《关于绿色GDP核算问题的再认识》，《环境经济》2007年第9期，第21页。

绿色 GDP 绩效评估在其本质上首先是一种跨学科视野的研究与探索，它所采用的方法也必然是多学科的。

开展绿色 GDP 绩效评估的关键在于评估指标的选取。所谓指标，即为衡量对象的单位或方法。评价指标的选取主要有定性和定量两类基本方法。定性指标的量化处理一般可以采用直接评分法、分解合一法、模糊统计法、两两比较评分法、分类统计法、专家评分法、定性排序法和尺度评分法等。[1] 在过去的研究中，采用经验来构建评价指标体系十分常见。这类方法一般是由研究者根据目的性、全面性、系统性、可行性等几个主观原则，结合已有理论和实践经验，确定一套指标体系，甚至会加权处理各个指标，然后得出一个评价结果。无论这类方法所涉及的是"经验"还是"加权"，都使得这类方法具有较大的随意性，其评价结果带来的争议也比较多。为了尽可能避开这种主观性的干扰，构建绿色 GDP 绩效评估指标体系的理论基础，可以直指概念本身，以"绿色 GDP"的概念内涵为基础而展开，构建与之相应的指标体系。之所以这样处理，是由"概念"本身的基本属性决定的，这恰恰是许多研究者容易忽视的"路标"。

所谓概念，康德认为，"通过理性形成的表象是概念……一般的表象是概念，概念是一般的表象"[2]。因此，概念是具有内容的，这个内容就是概念本身的所指。根据概念的这种所指，我们就可以找到指标选取的最初源头。如果我们将所有涉及绿色 GDP 的指标定为 n 个指标，在无法穷尽目标指标的情况下，则可以基于数理统计学方法，通过判别分析、聚类分析等方法，筛选、选取具有代表性的指标。除此之外，我们还可以通过先行假定指标，并通过分析不同指标之间的因果关系，来确认最相关、最具因果性的指标，并据此构成多级、综合性的指标体系。这是绿色 GDP 绩效评估从定性指标到定量分析转变的关键之链。根据统计指标计算的结果必然是一种具有"绝对性"的数理统计结果。仅仅有这种结果并不能看到绿色 GDP 的效率，或者说相对情况。考虑到在实际发展过程中，不同地区的经济规模、人口数量等不同差异，则需要

---

[1] 苏为华：《多指标综合评价理论与方法研究》，中国物价出版社 2001 年版。
[2] ［德］康德：《逻辑学讲义》，许景行译，商务印书馆 2011 年版，第 201 页。

进一步通过比较的方法，分析不同地区绿色GDP的"相对"效率。美国统计学家罗伯特·查多克（Robert E. Chaddock）、威廉·洛维奇（William V. Lovitt）和亨利·霍尔齐劳（HenryF. Holtzelaw）认为，指数法是统计学的杰作。西方指数理论的发展为我们进一步从相对角度看绿色GDP的绩效提供了解决这个问题的理论路径，它可以与"绝对值"统计结果形成呼应，有效弥补其不足。因此，较为理想的绿色GDP绩效评估结果应该是"绝对值"与"相对值"的共同表述。

与任何一种评价指标体系一样，我们并不可能构造出一劳永逸的发展绩效的测度方法和体系。不断完善、修正这种评价体系既是科学评价的必要，更是实践发展的必要。从已有有关绿色GDP的研究来看，绿色GDP仍是有待深入研究，逐渐成熟的课题。在其实践中，大多数国家仍停留在生态资源、能源损耗等指标的实物量统计阶段。这表明，绿色GDP绩效评估仍存有很大的研究空间。它的发展需要在更为广阔的理论和实践视野下，采用多种方法，从指标选取、数据采集、理论分析等多个环节展开并逐步深入、层层递进，才可能实现预期的研究目标。因此，绿色GDP绩效评估并不是绿色GDP核算的替代品，也不是一种纯粹管理学意义上的理论研究，而是一种文理综合、新的跨学科研究。它所开辟的不仅是有关绿色发展研究的一片新天地，而是提供与绿色GDP核算、绿色发展绩效指数等已有探索相互借鉴、相互促进的研究路径。

过去的几年间，本课题组在上述基本思想的指引下，依据最严格意义上的"绿色GDP"定义，创新性地构建了新的"矩阵型"二维绿色GDP绩效评估指标体系，在中共湖北省委、湖北省人民政府、湖北省统计局、环保厅等单位的大力支持下，采集到了湖北省17个地区2008年到2014年间，39个不同行业的能源消耗、环境损失、生态损耗等，共计418710个有效数据，利用自主研发的"绿色发展大数据分析平台"，开展了省级绿色GDP绩效评估，全面展现了2014年湖北省17个地区GDP、人均GDP、绿色GDP、人均绿色GDP、绿色发展绩效指数五个基本维度的不同排名情况。同时，研究结果还利用17个分析图、17个数据表，客观呈现了湖北省17个地区从2008年至2014年间GDP、人均GDP、绿色GDP、人均绿色GDP、绿色发展绩效指数五个基本维度的年度变化情况。① 研究表明，课题组提出的新思路和新方法非常直观地反映了被评估地区在产业结构、规划布局等影响绿色 GDP 绩效的多个治理误区，并在地方领导干部政绩考核等问题上提交了政策建议，为政府决策和发展提供了重要理论参照，已经初步展现出绿色 GDP 绩效评估的理论与实践价值。

三 绿色 GDP 绩效评估的价值

绿色 GDP 绩效评估的首要价值是对各地的绿色发展实现精准指引。"发展"具有一定的内在规定性，它是现时空迈向未来时空的历史进程。因此，处于发展进程的任何人都需要通过一定方式展望未来，从而尽可能在未来实现预期目标。通常，各国、各地政府都会确定在未来希望实现的经济增长、生态环境目标，如更加可持续的发展方式或者生产、生活方式，根据这些目标，为识别具体的空气质量、经济行业规模调整等问题提供更为详细的规划。绿色 GDP 绩效评估则延续了 GDP 在测度经济发展的合理性和可持续性方面的监测作用，强化了 GDP 指标对资源利用效率的引导，从而促进可持续发展、绿色发展的实现。通过绿色 GDP 绩效评估，可以为可持续的经济发展道路提供多种可选情景，并通过对一定时间内绿色 GDP 绩效评估结果的动态分析，为发展规划者提供实现绿色发展的过渡路线。一旦确定了这种长远的发展路径，并知晓了当时的状况，基于绿色 GDP 绩效评估的政策制定就是最好的政策分析工具。这种分析可以为政策制定者提供多种政策选项，并提供多种可能的发展结果预测。由此确定的政策模型还可以用来检测各种与绿色 GDP 相关的税收、可交易许可或者污染排放的经济意义、发展意义，以及宏观经济政策对生态环境的动态影响等，它的政策蕴含具有多重重大意义。

绿色 GDP 绩效评估可以成为中国推进国家治理体系和治理能力现代化的重要引擎之一。我国的国家治理体系是在中国共产党领导下建立的经济、政

---

① 其详细的研究报告内容可与华中科技大学国家治理研究院"绿色 GDP 绩效评估跨学科研究课题组"组长欧阳康教授联系。

治、文化、社会、生态文明和党的建设等各个领域的体制机制、法律法规等一系列中国特色社会主义制度。治理能力则是运用这些制度实现国家发展目标的能力。实现国家治理体系和治理能力的现代化内在地包含了对国家治理体系、国家治理能力的现代化实现方式、途径等方面的重构与再造。绿色 GDP 绩效评估最直接的应用则是将其结果引入现行领导干部的政绩考评中。它在快速改变地方领导干部不惜牺牲生态环境为代价而单纯追求 GDP 规模方面，形成新的经济社会发展指挥棒，将极大地激发政府和各经济主体对生态环境保护的内在积极性和发展活力。同时，绿色 GDP 绩效评估还会促使国家治理中统计制度、生态环境数据确权、污染排放制度、绿色发展绩效评审等一系列制度改革。这种改革又将倒逼国家治理的各个环节快速引入大数据、人工智能等现代化的治理工具，迫使国家治理各层面的各类决策都不得不从传统的"经验决策"加速转向综合的"精准决策"，从而快速提升国家治理的现代化水平和能力。这种国家治理体系与治理能力的良性互动，将会深刻地影响中国未来的国家治理模式与路径，影响中国在全球治理中的身份选择。

绿色 GDP 绩效评估还可以在推进全球治理、重塑人类命运共同体、完善中国的国家形象方面做出更加积极的贡献。"要提高全球治理的质量，最为需要的就是共同信守全体人类共同接受的价值。"[①] 和平、增长、改革、文明仍然是全球治理中在这个时代无法回避的共同追求。追求可持续发展，维护子孙后代的发展利益，则是不同国家和地区的共同愿望，是当代全球治理中最大的价值共识。绿色 GDP 绩效评估以"绿色 GDP"这一国际话语为切入点，撬动全世界对中国形象、中国未来的思考。中国在过去半个世纪以来的发展，尤其是最近四十年的发展，对生态资源的消耗让西方国家似乎看到了过去它们在现代化进程中的影子。据此，西方发达国家可以非常容易地采取各种措施来实现它们在全球发展中的政策调整和战略规划。有学者认为，"绿色 GDP"本身是一个舶来品，这种中国语境下的"俗称"看起来并不严谨。这恰恰是"绿色 GDP"这个概念的优势。它融通了中西话语共识，继承了 GDP 在传统经济社

---

① 参见 The Commission on Global Governance, Our Global Neighborhood: The Report of the Commission on Global Governance。

会评价上的经验积累和理论深度，却又很好地弥补了 GDP 的现实不足。更重要的是，由此延伸的概念、命题、理论突破性成就，将有助于我国从实践、理论两个基本层面快速获取绿色发展的世界话语权，引领全球治理走向新的阶段。这也正是绿色 GDP 的理论研究虽然艰难，但从未被西方现代化程度较高的国家所抛弃的重要原因。因为这是未来全球治理话语权的制高点和趋势，即使是发达国家也从未彻底放弃这方面的跟踪探索。

当然，绿色 GDP 绩效评估在其理论和实践上还有很长一段路要走。这里面既包括研究方法有待完善、指标体系设计有待更加全面、科学等理论问题，也有认识上有偏差、重视程度不够、技术方案不够完善等实践问题。绿色 GDP 绩效评估的理论与现实困难不是我们放弃研究的恰当理由。生态环境资源是有限的，只要我们打算追求可持续发展，就没有理由放弃这种研究。当下，我们需要的是去努力思考如何可能通过绿色 GDP 绩效评估实现预期研究目标，又或者是通过其他方式达到绿色 GDP 绩效评估的预期效果。但无论是哪种情况，绿色 GDP 绩效评估都在追求全球可持续发展，探求绿色发展新模式方面，具有了自身独特的理论思路和实践价值。

绿色 GDP 绩效评估指引地方治理的实证新探索[①]

摘　要： 通过对"绿色 GDP"概念内涵的要素解构，确立绿色 GDP 绩效评估指标，开展绿色 GDP 绩效评估实践，客观呈现了评估对象的绿色发展现状，能够更加科学合理地评价地方治理的绿色发展绩效。进而采用主成分分析法和偏最小二乘法对绿色 GDP 绩效评估结果中，GDP 相当、绿色 GDP、绿色指数具有明显差异的两个地区展开因素判别比较分析，则明确找到了致使绿色 GDP、绿色指数偏低的行业结构性因素。其分析结果，为地方政府开展有针对性的经济结构调整，采取行业激励与限制等策略，指引地方发展快速走上"绿色快车道"提供了重要的理论框架和分析工具。

关键词： 绿色 GDP；绩效评估；地方治理

20 世纪以来，西方世界在经历了高速经济增长之后，率先遭遇了生态环境问题。二战之后，发达资本主义国家开启了全球性的资本扩展和资本主义生产方式的急速输出。世界各国在享受发达资本主义国家发展模式所带来的经济狂欢时，也将经济高速增长的"生态魔咒"带到了世界各地，并演变为全球性的生态危机。中国在改革开放之后，经济增长所负载的生态环境恶性后果逐渐显现。如何走出高速经济增长的生态阴霾，不仅是世界各国政府、学者普遍关心的焦点问题，同时也是推动中国社会健康发展，实现绿色发展实践转型，正在面临，并必须积极破解的重大理论与现实问题。

一　从 GDP、绿色 GDP 到绿色 GDP 绩效评估

早在 20 世纪初，亚瑟·庇古（Arthur C. Pigou）、罗纳德·科斯（Ronald H. Coase）等经济学家就开始把经济发展的评价与治理结合起来，探索如何从

[①]　本文作者为赵泽林，原文首发于《华中科技大学学报》（社会科学版）2017 年第 6 期。

税收、产权制度设计层面解决经济增长中的生态环境问题。60年代，罗马俱乐部科学家引入数学模型和系统分析法，对经济与生态的发展绩效展开了量化研究。各国学者和政府经过超过半个世纪的理论与实践探索，最终都从不同路径论证了唯GDP至上的发展评价体系存在多种局限。90年代，联合国为了指引世界可持续发展，修正了以传统GDP为核心的国民经济核算体系（System of National Accounts, SNA），提出了以"绿色GDP"为核心的"综合环境与经济核算体系"（System of Integrated Environmental and Economic Accounting, SEEA）。2003年、2012年，联合国综合各方理论与实践，又发布了新修订的SEEA 2003和SEEA 2012框架。[①] 所谓"绿色GDP"，实际上只是一种通俗而简便的说法。它的实质与核心是通过对GDP核算体系的修订，扣除GDP增长中所带来的环境污染、生态损耗等负面效应，得到GDP的净增长值。在联合国发布"综合环境与经济核算体系"后，追求客观、精确的绿色GDP核算结果，并以此来评价各国的绿色发展成绩，指引全球的绿色发展治理体系改革，成为各国政府、学者创新绿色发展绩效评估与治理体系的基本路径和研究焦点。

我国早在20世纪80年代，就有学者开始探索如何把污染造成的经济损失计入经济发展绩效的评价中。21世纪初，我国国家环保总局和国家统计局联合启动了"综合环境与经济核算（绿色GDP）研究"项目，形成了《中国环境经济核算体系框架》《中国环境经济核算技术指南》《中国环境经济核算软件系统》等成果，并于2005年开始在10余个省市开始绿色GDP试点工作。与此同时，国家统计局等机构也与加拿大、挪威等国家合作，开展森林资源、水资源等核算工作。2006年，国家环保总局和国家统计局发布了《中国绿色GDP核算报告》。随后，我国绿色GDP理论与实践探索一度陷入低潮。但中国环境规划院等研究机构和世界上其他国家、地区的相关机构，不仅没有放弃对绿色GDP的理论与实践探索，而且在逐步深化绿色GDP的研究，并取得了一些新的重要进展。在绿色GDP的核算意义和基础理论方面，绿色GDP的概念

---

① United Nations, et al., "System of Environmental-Economic Accounting 2012: Central Framework", *United Nations*, 2014.

内涵、核算框架等基础问题已经逐渐完善,并逐渐认识到绿色 GDP 不是"要不要做"的问题,而是"如何做"的问题。[①]

从现有理论和实践探索来看,要追求绝对精确、包罗万象的绿色 GDP 核算,仍需要相当长的一个时期才能达到预期目标。不过,根据现有绿色 GDP 的研究成果,从最为严格意义的"绿色 GDP"科学内涵出发,构建指标体系,开展"绿色 GDP 绩效评估"既可行,也有科学依据和理论基础。所谓"绿色 GDP 绩效评估",是在管理学、政治学等跨学科视野下,借鉴环境经济学、生态学等多学科成果,通过有效区分、精准诊断、科学指引,服务"治理、决策",是一种"理想与现实兼顾"的新探索。这种研究思路和方法在其本质上是"结构主义"与"解构主义"哲学思想、方法在绿色 GDP 问题上的综合性具体应用。结构主义的基本主张是,所有的社会现象,不管其表现显得如何多样、复杂,它们都是由具有内在关联性的要素个体构成的。作为一种方法的结构主义一直是 20 世纪后期各学科研究的重要方法。皮亚杰甚至认为,"结构主义从根本上讲就是一种方法,具有'方法'这个词所包含的一切含义"[②]。而"解构主义"的代表人物德里达则认为,"结构意味着不可简约的结构"[③]。这里的前一个"结构"已经不是传统意义上的"结构",而是一种透过表象之后才能看到的"潜结构"。这种"潜结构"恰恰是最能反映某个"名称"所对应的、必要且充分的构成要素的。当我们把"结构主义"和"解构主义"作为一种思想方法来分析"绿色 GDP"时,那么,这个概念的所指及其"结构"便不再是边界模糊和难以捉摸了。如此一来,"绿色 GDP"也就有了明确的边界和内涵。

正是在上述基本哲学思想和方法的指引下,本课题组经过两年多的艰辛探索,从不同"绿色 GDP"定义出发,解构"绿色 GDP"的科学内涵,分解"绿色 GDP"的实质性要素,获取具有共识性的指标,构建由 3 个一级指标,11 个二级指标,52 个三级指标、45 个分行业统计与评价的新型"二维矩阵

[①] 王金南等:《关于绿色 GDP 核算问题的再认识》,《环境经济》2007 年第 45 期,第 19 页。
[②] [瑞士] 皮亚杰:《结构主义》,倪连生译,商务印书馆 2006 年版,第 137 页。
[③] [法] 德里达:《论文字学》,汪堂家译,上海译文出版社 2015 年版,第 167 页。

型"绿色 GDP 绩效评估指标体系，形成 10 个数据采集表单。在湖北省委、省政府、湖北省统计局、环保厅等单位的支持下，课题组采集到了湖北省 17 个市州 2008 年到 2014 年间，39 个不同行业的能源消耗、环境损失、生态损耗等，共计 418710 个有效数据，利用课题组专门研发的"绿色发展大数据分析平台"进行处理、分析，得到了湖北省 17 个地市州的 GDP、人均 GDP、绿色 GDP、人均绿色 GDP、绿色指数五项排名结果。根据这个排名结果，我们发现，在湖北省 17 个地市州 2014 年的各项排名中，有一个地区 A 情况较为特殊，该地区的 GDP、人均 GDP 排名均靠前，而绿色 GDP、人均绿色 GDP、绿色指数排名则处于最后末位。[①] 为了进一步探究致使该地区出现这种情况的关键因素，从而为该地区下一步的发展提供决策基础，服务地方治理，笔者进行了二次分析。

二 以绿色 GDP 绩效评估指引地方治理的实证分析

为了精确探寻影响地区 A 绿色 GDP、绿色指数的关键因素，课题组首先对地区 A 所表现的基本特征进行了量化表征，并选取了与该地区 GDP 相当，而绿色 GDP、绿色指数较高的另一地区 B，进行比较分析。

根据湖北省统计局已经提供和经过科学测算的数据（表 1）显示，地区 A 与地区 B 的 GDP、人均 GDP、绿色 GDP、人均绿色 GDP、绿色指数五项中，地区 A 的绿色 GDP、绿色指数均明显低于地区 B。因此，采用这两个地区的有关数据进行比较，既能找到影响地区 A 绿色 GDP 绩效的具体关键因素，又能使研究对象最具可比性。考虑到影响地区 A 和地区 B 差异因素可能存在的偶然性，课题组从用于绿色 GDP 绩效评估的原始数据中抽取了 2008 年至 2014 年连续七年地区 A、地区 B 最具代表性、最常用的原煤消耗、天然气消耗、汽油消耗作为能源消耗数据值作为数据样本，进行分析。

---

① 详情可与华中科技大学国家治理研究院"绿色 GDP 绩效评估跨学科研究课题组"组长欧阳康教授联系，本文所引各地区绿色 GDP、人均绿色 GDP、绿色指数值均属该课题组研究所得。

表1　　　　　　　2014年地区A、地区B的经济发展状况

	地区A	地区B
GDP（亿元）	1207.10	1200.80
人均GDP（亿元）	4.93	3.56
绿色GDP（万元）	826.51	974.24
人均绿色GDP（万元）	3.37	2.89
绿色指数（参考值为1）	0.68	0.81

为了精准发现影响该地区绿色GDP绩效的各行各业，课题组根据我国统计和经济运行的实践，将地区A和地区B所有规模以上的经济行业，再次细分为下列39个行业（表2），以便于能够将因素分析精确到具体的行业。

表2　　　　地区A、地区B用于比较分析的行业名称、编号

编号	行业分类（变量）	编号	行业分类（变量）
1	煤炭开采和洗选业	16	造纸和纸制品业
2	石油和天然气开采业	17	印刷和记录媒介复制业
3	黑色金属矿采选业	18	文教工美体育和娱乐用品制造业
4	有色金属矿采选业	19	石油加工炼焦和核燃料加工业
5	非金属矿采选业	20	化学原料和化学制品制造业
6	其他采矿业	21	医药制造业
7	农副食品加工业	22	化学纤维制造业
8	食品制造业	23	橡胶和塑料制品业
9	酒饮料和精制茶制造业	24	非金属矿物制品业
10	烟草制品业	25	黑色金属冶炼和压延加工业
11	纺织业	26	有色金属冶炼和压延加工业
12	纺织服装服饰业	27	金属制品业
13	皮革毛皮羽毛及其制品和制鞋业	28	通用设备制造业
14	木材加工和木竹藤棕草制品业	29	专用设备制造业
15	家具制造业	30	汽车制造业

续表

编号	行业分类（变量）	编号	行业分类（变量）
31	铁路船舶航空航天和其他运输设备制造业	36	废弃资源综合利用业
32	电气机械和器材制造业	37	电力、热力生产和供应业
33	计算机通信和其他电子设备制造业	38	燃气生产和供应业
34	仪器仪表制造业	39	水的生产和供应业
35	其他制造业		

以原煤消耗数据为例，将上述 39 个细分行业作为变量，应用主成分分析法（Principal Component Analysis，PCA）[①] 比较地区 A 和地区 B 在 2008 年至 2014 年连续 7 年的原煤消耗差异，结果发现，每个地区不同年份的数据相对聚集，而地区间的数据有明显的分离，说明两个地区原煤消耗存在差异，如图 1 所示。

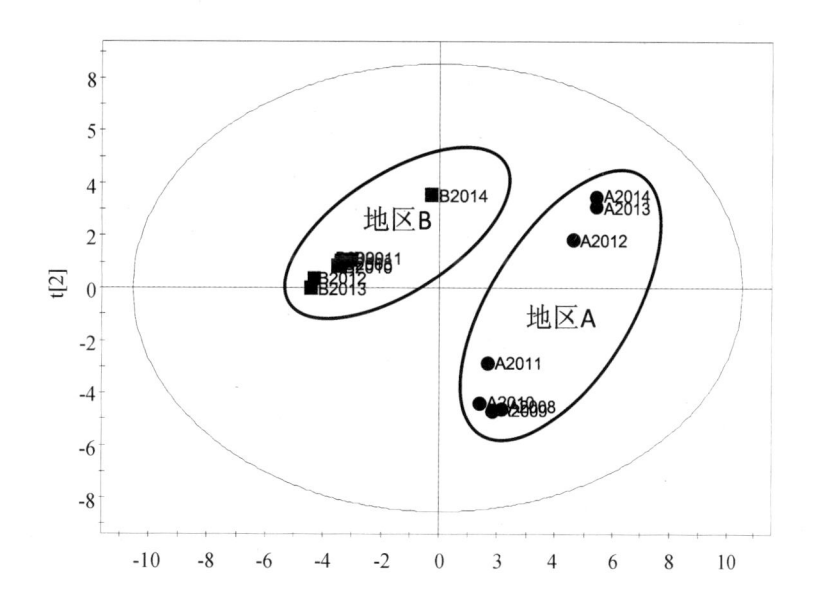

图 1 地区 A 和地区 B 原煤消耗差异图

注：图 1 系对原始数据经统计分析后的数据原图，该系统只能输出彩色三维图和黑白二维平面图，前者适用于系统中直接观察，后者适用于打印输出。输出的二维平面图所出现的相对聚集，甚至重叠现象，说明所选取的地区 A、地区 B 原始数据未出现失真现象，并且有可比性。

---

① Jolliffe I., *Principal Component Analysis*, John Wiley & Sons, Ltd., 2002.

为了找到造成这种差异的主要因素,我们进一步用偏最小二乘法判别分析(Partial Least Squares Discrimination Analysis, PLS-DA)①对39个行业的原煤消耗进行比较分析得到图2,变量分布离中心点越远表示该变量的贡献越大,从图中可以看出变量1(即煤炭开采和洗选业)对两地区间的原煤消耗差异贡献最大,回到原始数据,我们发现地区A煤炭开采和洗选业的原煤消耗值远大于地区B。

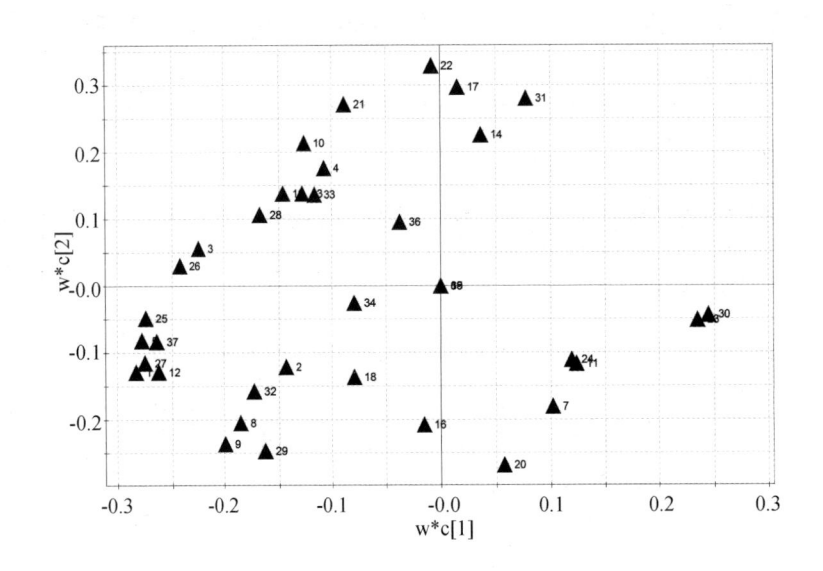

图2 地区A和地区B间39个行业原煤消耗差异分布图

进一步将结果转化为更为直观的变量重要性图(Variable Importance Plot, VIP,图3),VIP得分大于1的变量均是两地区间原煤消耗差异显著的行业,值越大差异越大,VIP得分小于1的变量表示两地区间原煤消耗无显著差异的行业。由图可见,造成两地区之间原煤消耗差异的主要行业有1煤炭开采和洗选业、5非金属矿采选业、27金属制品业、25黑色金属冶炼和压延加工业以及37电力、热力生产和供应业。

用同样的方法分析地区A和地区B天然气消耗、汽油消耗的差异,得到图4、图5。造成两地区之间天然气消耗差异的主要行业有32电气机械和器材

---

① Danvind J., "PLS Prediction as a Tool for Modeling Wood Properties", *Holz als Roh-und Werkstoff*, Vol. 60, No. 2, 2002, pp. 130–140.

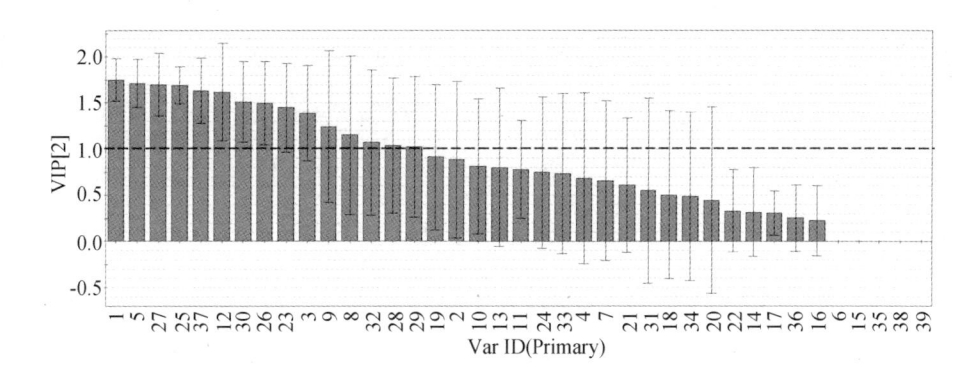

图 3 地区 A 和地区 B 间 39 个行业原煤消耗差异排序图

制造业、27 金属制品业、25 黑色金属冶炼和压延加工业、26 有色金属冶炼和压延加工业以及 24 非金属矿物制品业。而造成两地区之间汽油消耗差异的主要行业是 31 铁路船舶航空航天和其他运输设备制造业、27 金属制品业、37 电力、热力生产和供应业、1 煤炭开采和洗选业以及 26 有色金属冶炼和压延加工业。

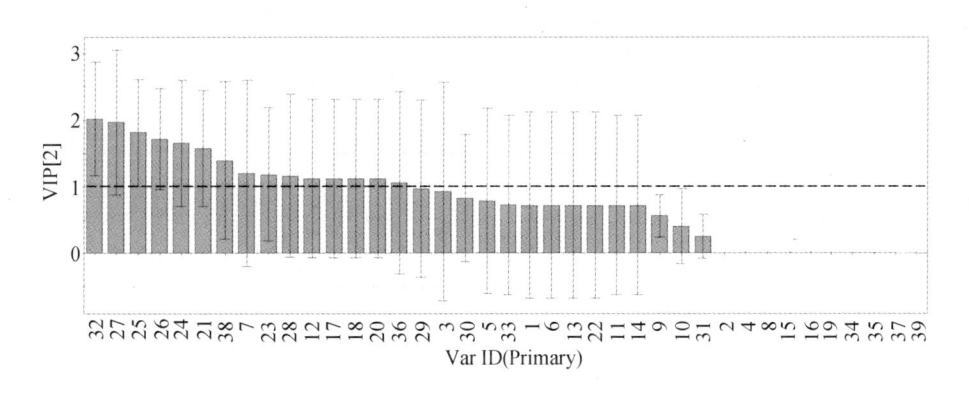

图 4 地区 A 和地区 B 间 39 个行业天然气消耗差异排序图

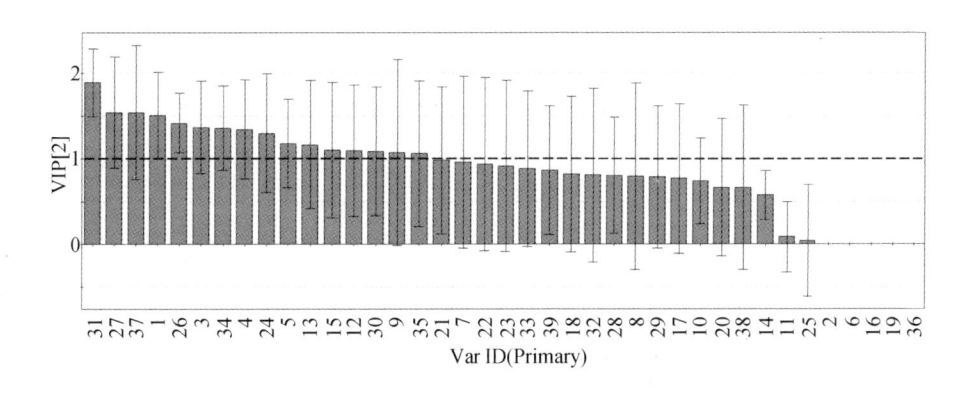

图 5 地区 A 和地区 B 间 39 个行业汽油消耗差异排序图

综合以上结果，地区 A 在 2008 年到 2014 年间的历年能源消耗数据表明，金属制造业、有色金属冶炼和压延加工业、黑色金属冶炼和压延加工业三大行业是影响地区 A 绿色 GDP、绿色指数偏低的主要经济行业因素。从服务地方治理与决策的层面看，以上数据分析至少已经说明以下几点：第一，地区 A 是一个以金属相关行业为支撑且产业结构相当稳定的地区。想在短期内实现既保持该地区的 GDP 增长，又实现绿色发展，则相当困难。这种产业结构的惯性影响将极有可能影响该地区相当长一个时期。如果地区 A 要实现绿色发展，则必须做好持久战的准备，做好长期战略规划，否则，只会适得其反。第二，在其他因素不变的情况下，地区 A 如果要继续保持 GDP 的持续增长，但又要实现绿色发展，提升绿色 GDP 绩效，就需要分别优先减少金属制品业、黑色金属冶炼和压延加工业、有色金属冶炼和压延加工业三大行业的投入、生产量，积极创造新的绿色行业。第三，在其他因素不变的情况下，地区 A 如果要继续保持 GDP 的持续增长，但又要实现绿色发展，水的生产和供应业、造纸和纸制品业、文教工美体育和娱乐用品制造业等几个行业可以保持原有规模发展。

如果我们增加数据样本的抽取，而不仅仅限于原煤、天然气、汽油这些能源的分析，引入污染排放、生态损耗等更多的因素考虑，并引入其价值量，则可以为该地区做出更加精准、深入的分析。我们还可以根据这些数据来测算出到底需要减少多少比例，就能实现 GDP、人均 GDP、绿色 GDP、人均绿色 GDP、绿色发展指数的同步高增长，其分析结果能够为地方治理提供更加丰富的决策支持信息，可以帮助政府做到精准决策。限于此文篇幅，笔者则将另文论述。本文的分析已经从地方经济行业的角度，为地方治理提供了相对有效、科学、精准的发展指引，为提升地方治理能力，推进绿色发展的实践转型，提供了科学的数据支撑和新的理论参照。

三 结论与启示

习近平同志指出，"我们已经进入了新的发展阶段……我们既要 GDP，又要绿色 GDP"[①]。保持经济的高速增长，但同时又要尽可能地保护生态环境已经十分紧迫。如何利用已有成熟的评价体系，又引入新的元素，积极引导地方治理实现经济社会的健康绿色发展，实现精准决策是我国贯彻落实绿色发展理念的关键。习近平总书记在参加河北省委常委班子专题民主生活会时又强调："要给你们去掉紧箍咒，生产总值即便滑到第七、第八位了，但在绿色发展方面搞上去了，在治理大气污染、解决雾霾方面做出贡献了，那就可以挂红花、当英雄。反过来，如果就是简单为了生产总值，但生态环境问题愈演愈烈，或者说面貌依旧，即便搞上去了，那也是另一种评价了。"当前，我国正处于社会主义初级阶段，完全放弃原有的 GDP 评价体系，既不现实，也不能更好完成当前一个相当长的历史时期的阶段性发展任务。因此，对原有以 GDP 为核心的经济社会评价体系进行必要的修正、完善，构建以"绿色 GDP"为核心的经济社会评价体系，既保留 GDP 的已有评价优势，又引入新的元素修正其不足，才是最现实、最有可能被各方所接受、最符合我国国情的必要之举。

现阶段，在我国积极构建以绿色 GDP 为核心的绩效评估体系，具有以下三大重要作用：第一，可以帮助我国社会各界科学、客观、全面认识我国各地绿色发展的现实，尽最大努力消减西方话语对我国绿色发展路径选择、政府决策的干扰，掌握绿色发展的评审权、话语权。第二，可以指引各级地方政府，根据科学数据，开展精准决策，对各地方的发展规划、产业布局做出具有针对性的调整。第三，可以积极引导各级领导干部，解放思想，尽快破除"唯 GDP 论英雄"的政绩观发展观，引导全社会把对"GDP"的关注，转移到对"绿色"的关注上来，加速全国各地的绿色发展实践转型。同时，绿色 GDP 绩效评估还可以有效激发地方政府积极应用大数据开展地区治理的热情，加速推进国家治理体系和治理能力的现代化。美国经济学家弗兰克和伯南克指出，"实际 GDP 与经济福利并不等价。它最多也只是衡量经济福利的一个重要指标，这在很大程度上是因为它只包括那些通过市场定价并出售的产品与服务。

---

① 习近平：《之江新语》，浙江人民出版社 2007 年版，第 45 页。

还有很多对经济福利"[①]。在全世界人民都高度重视生态环境之时，构建新的以"绿色GDP"为核心的绩效评估体系，可谓恰逢其时，必然对人类社会的健康发展产生深刻而广泛的积极影响。

不过，要在全国范围内推广绿色GDP绩效评估还需要积极破除以下现实困难。第一，思想观念上的障碍，党和国家需要高度重视相关理论与实践探索。绿色GDP绩效评估要想得到应用，还需要党中央高度重视，加大支持力度，快速转变各级领导干部的政绩观、发展观，主动接受绿色GDP绩效评估。第二，体制机制上的障碍，需要加速国家治理体系改革，尤其是要优先加速我国统计、环境保护方面的治理体系改革。重构我国统计、环境保护部门的数据采集机制、治理运行机制，分清权责，提升治理效率。第三，政策支持上的障碍，党和国家需要进一步加大绿色GDP相关研究的投入。"绿色GDP"并非新鲜事物。这一概念提出近20多年来，墨西哥、挪威、澳大利亚等国都在积极支持相关研究。但总体上看，有关绿色GDP的理论研究仍是一个有待深入研究，但又具有良好前景的项目。而绿色GDP绩效评估则可能是破解绿色GDP理论与实践研究之困极具潜力的新探索。

[①] [美]弗兰克、伯南克：《宏观经济学原理》，潘艳丽等译，清华大学出版社2010年版，第102—103页。

附录五　华中科技大学国家治理研究院简介

华中科技大学国家治理研究院系国内首家以"国家治理研究院"命名的高校智库，现为国家治理湖北省协同创新中心、CTTI（中国智库索引）入选智库、AMI（中国智库综合评价）高校核心智库。2018年1月，研究院在中国大学智库机构百强榜中名列第18位。

华中科技大学国家治理研究院院长由华中科技大学原校党委副书记欧阳康教授担任。研究院现有专兼职研究员35人，外籍客座研究员18人，在读博士生12人，内设国家治理理论与比较研究中心、治理信息采集与大数据处理中心等机构。

国家治理研究院成立以来，成功举办了4届"全球治理·东湖论坛"国际学术研讨会，5届"国家治理现代化高峰论坛"，主持并完成近20项国家治理方面的国家社科基金重点、委托项目等省部级以上课题，发表有关国家治理的学术论文60余篇，出版《全球治理与国家责任》《国家治理研究》（辑刊）等"国家治理研究丛书"，成功发布、出版国内首个由高校智库公开发布、出版的地方性、全国性绿色GDP绩效评估报告。其中，欧阳康教授的"关于根治华北雾霾的技术方案和综合治理建议"得到习近平、李克强、张高丽等中央领导人的肯定性重要批示，所提建议内容写进"十三五"规划，"以绿色GDP绩效评估引领国家治理现代化"等政策建议案被教育部评为"优秀专家建议稿"。

研究院为所有承担科研项目的人员均提供了专门的办公室、会议室等工作场所，并承诺为本项目研究最大限度地做好时间、人力等方面的支撑、保障工作，确保研究顺利进行，圆满完成相应任务。

华中科技大学国家治理研究院官方网站网址：http://isg.hust.edu.cn/

华中科技大学国家治理研究院微信公众号

微信号：hustgjzl

华中科技大学国家治理研究院聚焦国家治理，为国家治理现代化提供有力的决策参考和理论支撑，为完善和发展中国特色社会主义制度，实现国家治理体系和治理能力的现代化做出应有的贡献。

参考文献

［1］欧阳康：《生态悖论与生态治理的价值取向》，《天津社会科学》2014年第6期。

［2］欧阳康：《生态哲学研究的若干辩证关系》，《人民日报》2014年7月18日第7版。

［3］欧阳康：《回归与超越——我国生态文明建设的双重价值取向》，《生态文明与人的发展》2013年11月8日。

［4］欧阳康、赵泽林、刘启航：《推广绿色GDP绩效评估引领绿色发展方向》，《教育部简报（高校智库专刊）》2016年8月16日。

［5］欧阳康、刘启航、赵泽林：《关于绿色GDP的多维探讨——以绩效评估推进我国绿色GDP研究》，《江汉论坛》2017年第3期。

［6］欧阳康、赵泽林、刘启航：《关于在湖北开展绿色GDP绩效评估的建议》，《国家治理参考》（政府内参）2015年第5期。

［7］欧阳康、赵泽林、刘启航：《以绿色GDP绩效评估引领湖北绿色健康发展》，《国家治理参考》（政府内参）2016年第8期。

［8］欧阳康、赵泽林、刘启航：《继续推进绿色GDP绩效评估》，《中国社会科学报》2016年6月29日第4版。

［9］欧阳康、赵泽林：《以绿色GDP绩效评估引领国家治理现代化》2016年11月14日，光明网理论频道。

［10］欧阳康、赵泽林、刘启航：《中国绿色GDP绩效评估报告（2016年湖北卷）》，2016年5月23日公开发布。

［11］欧阳康、刘启航、赵泽林：《绿色GDP绩效评估应成绿色发展抓手》，《环境经济》2016年第5期。

［12］王金南等：《绿色国民经济核算》，中国环境科学出版社2009年版。

［13］过孝明等编著：《绿色国民经济核算研究文集》，中国环境科学出版社2009年版。

［14］丁言强编译：《环境经济综合核算（2003）》，中国经济出版社2005年版。

［15］李佐军：《中国绿色转型发展报告》，中共中央党校出版社2012年版。

［16］郭强、王秋艳：《中国绿色发展报告》，中国时代经济出版社2009年版。

［17］胡鞍钢：《中国创新绿色发展》，中国人民大学出版社2012年版。

［18］科学技术部社会发展科技司、中国21世纪议程管理中心：《绿色发展与科技创新》，科学出版社2011年版。

［19］杨懿文等：《GDP蜕变之路》，新华出版社2014年版。

［20］中国国际经济交流中心课题组：《中国实施绿色发展的公共政策研究》，中国经济出版社2013年版。

［21］中国环境与发展国际合作委员会：《绿色发展的管理制度创新2014》，中国环境出版社2015年版。

［22］北京师范大学经济与资源管理研究院、西南财经大学发展研究院：《人类绿色发展报告2014》，北京师范大学出版社2014年版。

［23］赵凌云等：《中国特色生态文明建设道路》，中国财政经济出版社2014年版。

［24］廖明球等：《绿色GDP投入产出模型研究》，首都经济贸易大学出版社2012年版。

［25］李金早：《告别GDP崇拜》，商务印书馆2011年版。

［26］朱海玲：《绿色 GDP 应用研究》，湖南人民出版社 2007 年版。

［27］解三明：《绿色 GDP 的内涵和统计方法》，中国计划出版社 2005 年版。

［28］［美］巴里·康芒纳：《封闭的循环——自然、人和技术》，侯文蕙译，吉林人民出版社 1997 年版。

［29］杨启乐：《当代中国生态文明建设中政府生态环境治理研究》，中国政法大学出版社 2015 年版。

［30］张颖：《绿色 GDP 核算的理论与方法》，中国林业出版社 2004 年版。

［31］周镇宏：《绿色 GDP》，人民日报出版社 2002 年版。

［32］沈满洪：《生态文明建设思路与出路》，中国环境科学出版社 2014 年版。

［33］秦书生：《社会主义生态文明建设研究》，东北大学出版社 2015 年版。

［34］张春霞：《绿色经济发展研究》，中国林业出版社 2008 年版。

［35］北京师范大学经济与资源管理研究院等：《2015 中国绿色发展绩效指数报告：区域比较》，北京师范大学出版社 2015 年版。

［36］北京师范大学科学发展观与经济可持续发展研究基地等：《中国绿色发展绩效指数年度报告》，北京师范大学出版社 2010 年版。

［37］徐春：《可持续发展与生态文明》，北京出版社 2001 年版。

［38］周艳辉主编：《增长的迷思：海外学者论中国经济发展》，中央编译出版社 2011 年版。

［39］［瑞士］罗格·博奈、罗德维克·沃尔彻：《继续生存 10 万年：人类能否做到？》，吴季等译，科学出版社 2012 年版。

［40］《马克思恩格斯选集》第 1 卷，人民出版社 1995 年版。

［41］《马克思恩格斯选集》第 4 卷，人民出版社 1995 年版。

［42］胡绍雨：《清洁发展目标下的中国公共财政优化研究》，中国财政经济出版社 2012 年版。

［43］周敬宣：《可持续发展与生态文明》，化学工业出版社 2009 年版。

[44] 唐啸、胡鞍钢：《绿色发展与"十三五"规划》，《学习与探索》2016年第11期。

[45] 王玲玲、张艳国：《"绿色发展"内涵探微》，《社会主义研究》2012年第5期。

[46] 王丹、熊晓琳：《以绿色发展理念推进生态文明建设》，《红旗文稿》2017年第1期。

[47]《习近平总书记系列重要讲话读本》，学习出版社2016年版。

[48] 洪大用：《经济增长、环境保护与生态现代化——以环境社会学为视角》，《中国社会科学》2012年第9期。

[49][美]保罗·A.萨缪尔森、威廉·D.诺德豪斯：《经济学》，人民邮电出版社2008年版。

[50] 王树林、李静江主编：《绿色GDP：国民经济核算体系改革大趋势》，东方出版社2001年版。

[51] 王克强、赵凯等主编：《资源与环境经济学》，复旦大学出版社2015年版。

[52][美]罗伯特·弗兰克、本·伯南克：《宏观经济学原理》，清华大学出版社2010年版。

[53] 习近平：《之江新语》，浙江人民出版社2007年版。

[54] 夏翃：《我国绿色GDP核算研究与发展历程》，《特区经济》2006年第12期。

[55] 栗战书：《文明激励与制度规范：生态可持续发展理论与实践研究》，社会科学文献出版社2012年版。

[56] 叶文虎主编：《中国学者论环境与可持续发展》，重庆出版社2011年版。

[57] 崔亚伟、梁启斌、赵由才主编：《可持续发展：低碳之路》，冶金工业出版社2012年版。

[58] 刘鸿志编译：《绿色发展的实证研究和探索》，中国环境科学出版社2012年版。

［59］李永峰等主编：《可持续发展概论》，哈尔滨工业大学出版社 2013 年版。

［60］刘培哲等：《可持续发展理论与中国 21 世纪议程》，气象出版社 2001 年版。

［61］蔺雪春：《绿色治理：全球环境事务与中国可持续发展》，齐鲁出版社 2013 年版。

［62］张清东、谭江月主编：《环境可持续发展概论》，化学工业出版社 2013 年版。

［63］［美］W. 塞西尔·斯图尔德、莎伦·B. 库斯卡：《可持续性计量法：以实现可持续发展为目标的设计、规则和公共管理》，刘博译，中国建筑工业出版社 2014 年版。

［64］张旭如：《资源型城市可持续发展教育：以山西省临汾市为例》，中国环境出版社 2013 年版。

［65］李永峰、乔丽娜、张洪主编：《中国可持续发展概论》，化学工业出版社 2014 年版。

［66］毛传新：《可持续发展：制度、政策与管理》，光明日报出版社 2013 年版。

［67］杨京平主编：《环境与可持续发展科学导论》，中国环境出版社 2014 年版。

［68］陈传宏、田保国主编：《21 世纪初期中国环境保护与生态建设科技发展战略研究》，中国环境科学出版社 2001 年版。

［69］王洪、李海波主编：《生态可持续发展导论》，东北大学出版社 2014 年版。

［70］陈雄：《环境可持续发展历史研究》，光明日报出版社 2015 年版。

［71］刘学敏：《转型·绿色·低碳：可持续发展论集》，经济科学出版社 2013 年版。

［72］庞素艳、于彩莲、解磊主编：《环境保护与可持续发展》，科学出版社 2015 年版。

［73］牛文元主编：《世界可持续发展年度报告》，科学出版社2015年版。

［74］［法］让-艾·格罗斯克劳德、拉金德拉·K. 帕乔里、劳伦斯·图比娅娜主编：《创新与可持续发展》，潘革平译，社会科学文献出版社2015年版。

［75］［荷］赫兹·莱廷格：《通往可持续环境保护之路：UASB之父Gatze Lettinga的厌氧故事》，宫徽、盘得利、王凯军译，化学工业出版社2015年版。

［76］诸大建：《可持续发展与治理研究：可持续性科学的理论与方法》，同济大学出版社2015年版。

［77］袁光耀等编著：《可持续发展概论》，中国环境科学出版社2001年版。

［78］中国21世纪议程管理中心：《国家可持续发展实验区创新能力评价报告》，科学技术文献出版社2015年版。

［79］饶品华等主编：《可持续发展导论》，哈尔滨工业大学出版社2015年版。

［80］牛文元主编：《中国绿色设计报告》，科学出版社2016年版。

［81］卢中原主编：《面向世界新变化的可持续发展战略》，中国发展出版社2016年版。

［82］周国强、张青主编：《环境保护与可持续发展概论》，中国环境出版社2017年版。

［83］叶文虎：《可持续发展引论》，高等教育出版社2001年版。

［84］刘燕华、周宏春主编：《中国资源环境形势与可持续发展》，经济科学出版社2001年版。

［85］黄建欢：《区域异质性、生态效率与绿色发展》，中国社会科学出版社2016年版。

［86］刘会齐：《绿色发展的社会主义政治经济学》，复旦大学出版社2016年版。

［87］陈颖、王亚男主编：《环境影响评价与低碳绿色发展》，中国环境出版社2016年版。

［88］刘薇：《北京绿色发展与科技创新战略研究》，中国经济出版社 2015 年版。

［89］吕薇等：《绿色发展：体制机制与政策》，中国发展出版社 2015 年版。

［90］徐焕主编：《当代资本主义生态理论与绿色发展战略》，中央编译出版社 2015 年版。

［91］张颢瀚主编：《绿色发展之路：来自盐城的实践探索》，中国社会科学出版社 2015 年版。

［92］田文富：《生态文明视域下环境伦理与绿色发展研究》，河南大学出版社 2015 年版。

［93］潘家华、韩朝华、魏后凯主编：《城市转型与绿色发展：中国经济论坛（2012）文集》，中国社会科学出版社 2014 年版。

［94］林智钦主编：《绿色发展全球梦》，中国经济出版社 2014 年版。

［95］许新桥：《绿色发展道路探索与研究：关于黔东南发展问题的若干思考》，中国林业出版社 2014 年版。

［96］赵建军、王治河主编：《全球视野中的绿色发展与创新：中国未来可持续发展模式探寻》，人民出版社 2013 年版。

［97］陆小成：《城市转型与绿色发展》，中国经济出版社 2013 年版。

［98］冯之浚：《循环经济与绿色发展》，浙江教育出版社 2013 年版。

［99］科学技术部社会发展科技司、中国 21 世纪议程管理中心编著：《绿色发展与科技创新》，科学出版社 2011 年版。

［100］中国环境与发展国际合作委员会：《生态系统管理与绿色发展》，中国环境科学出版社 2011 年版。

［101］周远清主编：《中国的绿色发展道路：节能、减排、循环经济》，山东人民出版社 2010 年版。

［102］王秋艳主编：《中国绿色发展报告》，中国时代经济出版社 2009 年版。

［103］诸大建主编：《生态文明与绿色发展》，上海人民出版社 2008

年版。

［104］孔德新：《绿色发展与生态文明：绿色视野中的可持续发展》，合肥工业大学出版社2007年版。

［105］联合国开发计划署驻华代表处：《绿色发展必选之路》，中国财政经济出版社2002年版。

［106］王新前：《绿色发展的经济学——生态经济理论、管理与策略》，西南交通大学出版社1996年版。

［107］［美］罗伊·莫里森：《生态民主》，刘仁胜、张甲秀、李艳君译，中国环境出版社2016年版。

［108］王德发：《绿色GDP：环境与经济综合核算体系及其应用》，上海财经大学出版社2008年版。

［109］朱海玲：《绿色GDP导航》，湖南大学出版社2010年版。

［110］王树林、李静江编：《绿色GDP：国民经济核算体系改革大趋势》，东方出版社2001年版。

［111］廖明球等：《绿色GDP投入产出模型研究》，首都经济贸易大学出版社2012年版。

［112］"A 'Green' GDP", *Economic and Political Weekly*, Vol. 44, No. 49, 2009.

［113］Chialin Chen, "Design for the Environment: A Quality-Based Model for Green Product Development", *Management Science*, Vol. 47, No. 2, 2001.

［114］Shiyi Chen and Jane Golley, *Will Chinese Industry Ever Be "Green"?*, ANU Press, 2013.

［115］Jim Ife, "Social Policy and the Green Movement", *The Australian Quarterly*, Vol. 63, No. 3, 1991.

［116］Michael Jacobs, "Green Blues in Europe", *Economic and Political Weekly*, Vol. 24, No. 28, 1989.

［117］Matthew E. Kahn, "The Green Economy", *Foreign Policy*, No. 172, 2009.

[118] Jeremy Rowan-Robinson, Andrea Ross, William Walton, "Sustainable Development and the Development Control Process", *The Town Planning Review*, Vol. 66, No. 3, 1995.

[119] Colin C. Williams, Andrew C. Millington, "The Diverse and Contested Meanings of Sustainable Development", *The Geographical Journal*, Vol. 170, No. 2, 2004.

[120] E. Gene Frankland, "Green Politics and Alternative Economics", *German Studies Review*, Vol. 11, No. 1, 1988.

[121] David Gibbs, "Towards the Sustainable City: Greening the Local Economy", *The Town Planning Review*, Vol. 65, No. 1, 1994.

[122] Oluf Langhelle, "Sustainable Development: Exploring the Ethics of 'Our Common Future'", *International Political Science Review*, Vol. 20, No. 2, 1999.

[123] Alan M. Rugman, Alain Verbeke, "Corporate Strategies and Environmental Regulations: An Organizing Framework", *Strategic Management Journal*, Vol. 19, No. 4, 1998.

[124] Walter Radermacher, "Indicators, Green Accounting and Environment Statistics: Information Requirements for Sustainable Development", *International Statistical Review/Revue Internationale de Statistique*, Vol. 67, No. 3, 1999.

[125] Achim Steiner, "Focusing on the Good or the Bad: What Can International Environmental Law do to Accelerate the Transition Towards a Green Economy?", *Proceedings of the Annual Meeting (American Society of International Law)*, Vol. 103, 2009.

[126] Thomas J. Wilbanks, "Presidential Address: 'Sustainable Development' in Geographic Perspective", *Annals of the Association of American Geographers*, Vol. 84, No. 4, 1994.

[127] Andrea Ross, "Modern Interpretations of Sustainable Development Modern Interpretations of Sustainable Development", *Journal of Law and Society*, Socio-

legal Perspectives, Vol. 36, No. 1, 2009.

［128］Kamal Hossain, "The Effectiveness of International Law in 'Greening' the Economy: Challenges for the Developed and Developing World", The Effectiveness of International Law, 2014.

［129］Arthur J. Hanson, "Trilateral Environment and Sustainable Development", *International Journal*, Vol. 66, No. 2, 2011.

［130］Stanislav Shmelev, *Green Economy Reader: Lectures in Ecological Economics and Sustainability*, Springer International Publishing, 2017.

［131］Walter Leal Filho, Diana-Mihaela Pociovalisteanu, Abul Quasem Al-Amin, *Sustainable Economic Development: Green Economy and Green Growth*, Springer International Publishing, 2017.

［132］Angang Hu, "China: Innovative Green Development", Springer-Verlag Berlin Heidelberg, 2014.

［133］Dupont R. Ryan, Ganesan Kumar, Theodore Louis, *Pollution Prevention: Sustainability, Industrial Ecology, and Green Engineering, Second Edition*, CRC Press, 2017.

［134］Richards, Tobias; Taherzadeh, Mohammad J., *Resource Recovery to Approach Zero Municipal Waste*, CRC Press, 2016.

［135］Voula P. Mega, *Conscious Coastal Cities: Sustainability, Blue Green Growth, and The Politics of Imagination*, Springer International Publishing, 2016.

［136］Khalaf, Moayad N., *Green Polymers and Environmental Pollution Control*, Apple Academic Press, Boca Raton, 2016.

［137］Emilie van Haute, "Green Parties in Europe", Routledge, 2016.

［138］Rocco Papa, Romano Fistola, "Smart Energy in the Smart City: Urban Planning for a Sustainable Future", Green Energy and Technology, 2016.

［139］Yanqing Jiang, "Green Development in China: Models and Discussions", Springer Singapore, 2016.

［140］Alberto Ansuategi, Juan Delgado, Ibon Galarraga, *Green Energy and*

Efficiency: *An Economic Perspective*, Springer International Publishing, 2015.

[141] P. Thangavel, G. Sridevi, "Environmental Sustainability: Role of Green Technologies", Springer India, 2015.

[142] Woodrow Clark, "Global Sustainable Communities Handbook: Green Design Technologies and Economics", *Butterworth-Heinemann Ltd.*, 2014.

华中科技大学国家治理研究院简介

华中科技大学国家治理研究院成立于 2014 年 2 月，由著名学者欧阳康教授担任院长。国家治理研究院的成立，是响应党的十八届三中全会"推进国家治理体系和治理能力现代化"的号召，贯彻习近平总书记关于"加强中国特色新型智库建设"的重要批示，落实教育部"中国特色新型高校智库建设推进计划"的具体行动。

研究院设立了国家治理理论与比较研究中心、国家治理体系与政策研究中心、湖北区域治理与中部发展研究中心、国家治理调控与评价体系研究中心、治理信息采集与大数据处理中心、政府决策支持系统研究中心、新闻中心等机构。研究院的具体工作主要是紧密围绕"八个一工程"展开，即每年一次国内高峰论坛、每年一次国际学术会议、一个系列学术讲座、一套研究丛书、一个学术刊物、一个咨询研究成果要报、一个学术网站、一个国家治理信息数据库和政府决策支持系统。研究院成立以来先后承担了多项国家、教育部和湖北省委省政府委托的重大研究项目，取得了丰硕成果。研究院所举办的年度性"全球治理·东湖论坛"，是湖北乃至中国参与全球治理的重要平台，也是湖北加强对外开放的新渠道。2016 年 3 月，研究院正式成为"国家治理湖北省协同创新中心"。

研究院立足中国现实，积极谋求中央和地方党政的支持，与国际国内相关机构密切合作，在国家治理的重大理论和实践问题上协同攻关，借鉴国际经验，按照"国家急需、世界一流、制度先进、贡献重大"的要求，致力于国家治理和中国未来发展的重大理论和实践问题研究，探索中国和平崛起的科学发展道路，为完善中国特色社会主义制度，推进国家治理体系和治理能力现代化提供理论参考和决策咨询。研究院将积极向世界宣传中国和平发展战略，积极参与全球治理问题的理论与实践探索，以更加宽广的视野观察世界、思考中国，为世界和平发展和人类文明进步贡献中国智慧。力求用五到十年的时间建成中国一流、世界知名的具有广阔世界视野和鲜明中国特色的高水平新型智库。

华中科技大学国家治理研究院官方网站网址：http：//isg.hust.edu.cn/

微信号：hustgjzl

华中科技大学国家治理研究院聚焦国家治理，为国家治理现代化提供有力的决策参考和理论支撑，为完善和发展中国特色社会主义制度，实现国家治理体系和治理能力的现代化做出应有的贡献。